ミシェル・ペロー 編

女性史は可能か

〔新版〕

杉村和子
志賀亮一 監訳

藤原書店

UNE HISTOIRE DES FEMMES
EST-ELLE POSSIBLE ?

sous la direction de Michelle PERROT

This book is published in Japan by arrangement with
les Editions Rivages, Paris,
through le Bureau des Copyrights Français, Tokyo.

〔新版によせて〕

時代の変革に参加する
――『女の歴史』日本語版完結を記念して――

ミシェル・ペロー

一九九一年から九二年にかけてといえば、すでに一〇年まえになりますが、このとき、『女の歴史』〔フランス語版タイトル、*Histoire des femmes en Occident*〕が、フランスとイタリアで出版されていました。一〇年後、同書は、世界の主要な言語のいくつか（一二ヵ国語）に翻訳されており、日本語版も完成しました。それは、藤原書店社長・藤原良雄氏と、女性の、そして男性の訳者の方々のおかげです。そしてまた、とくに、日本の女性読者のみなさんのおかげです。日本の女性読者たちは、この西ヨーロッパの女性史のなかに、自分たちの歴史を書く必要性と、それを書くための手段とをみいだしたのでした。この好奇心と共感からなる多大な努力に対して、この作業にかかわったすべての女性と男性に、ここで感謝の意を表します。

この一〇年間には、多くのできごとがありました。まず、ジョルジュ・デュビィが、一九九六年に他界しました。わたしは最初に、かれに讃辞を贈りたいと思います。かれは、わたしたちが生きていた「性の革命」の奥深さを確信して、その生涯と仕事の最後の一五年間を、中世の女性たちの歴史に捧げました。一九八七年、イタリアの出版社ラテルッァが、『女の歴史』の出版計画を提案しました。この提案が具体化されたのは、まさにデュビィの熱烈な支持のおかげでした。かれは、わたしがこの作業のために組織したチームに協力してくれましたが、このことは、わたしがそのときまず指摘したいと思ったほど、幸福な出会いでした。

この一〇年間で、探究は大きく進展しました。フランスでも、世界中でも。女性史は、実り豊かな部門としてだけでなく、なによりも、ひとつの問題提起としても認められています。それは、歴史を物語ること全体に対して、ますますふさわしい、欠くことさえできない問題提起となっています。しかも、私的生活や、家族や、性行動や、愛や、家や、身体に関してだけでなく、公的生活や、教育や、信仰や、知や、労働や、権力や、政治などなどに関しても。これらすべての領域で、問いが提出されています。女性たちはどこにいるのか?、と。またとりわけ、性差はどのように機能しているのか、男性たちと女性たちとのあいだで、どのように分割がなされているのか、両者のあいだでは、境界線が移動しているのか、と。「ジェンダー」(文化と歴史によってつくられた性差)という概念は、すこしずつ、鍵となる考え方として認められてきました。ジョルジュ・デュビィとわたし自身が、『女の歴史』の序文(第I巻①、三—二四ページ)で表明した願いどおりになったのです。

わたしたちは、女性たちを、その固有性において、かの女たち専用の場において、かの女たちの日常生活において記述（とはいえ、こうした記述もまだ必要です。女性たちに対する差別が、別個に、女性固有の世界、女性特有の文化を構築しているからです）しただけではありません。わたしたちは、両性の出会いと衝突の領域をも探索しました。すなわち、暴力、戦争、誘惑、創造といった領域です。権力の政治史、表象の文化史は、とりわけ活気に満ちていました。

また、わたしたちは次第しだいに、女性たち自身の行動を強調してきました。かの女たちを、犠牲者とのみみることを拒否したのです。それは、いく人かの女性の個別の行動ですが、かの女たちは、その伝記をつうじて、また、知られている度合いに差はあれ、作品や文書を公刊したことによって捕捉されたのです。また、この点に関しては、シモーヌ・ド・ボーヴォワールの『第二の性』刊行五〇周年がひき起こした反響も、強調しなければなりません。それは、一九九九年一月に、パリで行なわれました。そして、その際には、この女性史創生の書の、過去における、また現在におけるインパクトの強さを測ることができました。

さまざまな女性解放運動（複数で記すことが、これら運動の多様性に合致しています）が、集団として活動してきましたが、これに関しては、いまやフランス革命から今日まで連続した歴史があります。女性たちは、二度の世界大戦や、対独レジスタンスといったできごとのなかで活動しましたが、そこでは、（隠れた、眼にみえない）「受動的抵抗」という概念が、特別な重要性をもっていました。

これらすべての領域において、文献一覧はきわめて豊富であり、ここでそれらすべてに言及することなどできないほどです。ですから、総合的な著作（フランソワーズ・テボー『女性史を書く』ENS、一九九八年、『批判的フェミニズム事典』PUF、二〇〇〇年〔邦訳、藤原書店近刊〕、フランソワーズ・コラン他『デリダからプラトンまでの女性たち――批判的哲学思想アンソロジー』、プロン社、二〇〇一年などなど）の重要性を指摘するにとどめたいと思います。それらが、おびただしい著作の生産のなかで、読者たちが自分の位置を知る手立てを提供してくれるからです。また、ひとつの雑誌の存在を指摘するにとどめたいと思います。すなわち、『クリオ――歴史・女性・社会』誌のことですが、同誌は、一九九五年以来、年に二度、テーマをもった号（「宗教」、「民族」、「少女たち」、「労働組合運動」などです）を出し、さまざまな著作の書評やセミナー、会議、かず多くのシンポジウムに関する大量の情報を掲載しています。これらのセミナー、会議、シンポジウムは、フランスでも世界中でも、研究者たちを結集していますが、これらの研究者たちは、なんらかの側面で、女性史やジェンダーと関わっています。そしてそこでは、男性たちの歴史が、次第に大きな位置を占めつつ――このことは指摘しておかなければなりません――あります。

そういうわけで、フランスにおける女性史の発展は、両性の平等を求める運動と連動してきました。そしてこの運動は最近、思いがけないかたちをとり、研究者たちをおおいに驚かせることになりました。すなわち、おもに政治の領域において、「数的対等《パリテ》」法の成立をみたのです。この法以後（数的対等は、制度的原則となりますから）、各政党は、あらゆる性質の選挙（地方規模であれ、全国規模であれ、つまり地方自治体選挙であれ、国政選挙であれ）で、男女同数の候補者を立てなければならなくなります。この措置は、フランスという国にとって驚異だったはずです。この国は、普遍主義と個人主義の原則におおいに固執しているからです。けれどもこの措置は、政治という場での女性の存在に関して、フランスが恐ろしく立ち遅れていたことからきています。フランスの女性たちは、ようやく一九四四年になって投票権を獲得したにすぎません。また、一九九七年でもまだ、現行国民議会選挙の結果、女性議員は一〇パーセントしかおりません。こんな事態はおそらく、これが最後になるでしょう。とはいえ、数的対等の原則が採択されるには、女性たちの強力な活動と同じに、人々の精神の変化も必要でした。人々は、決定的にではないにしろ、「国家」から女性たちを排除することが、もはやできないと意識するにいたったのです。

けれども、政治という場をこえて、数的対等は、生存全体に関わっています。労働と職業、教育と創造など。そしてとくに、もしもそういうことができるなら、こうした領域の連鎖の両端に。まずは、家庭内という領域ですが、ここではまだ、両性間での役割分担がほとんど進んでいません（最新の統計が示すところでも、フランスでは、家内労働と家事の四分の三が女性たちによって遂行されています）。つぎに象徴体系ですが、ここでは依然として、男性という特性が女性という特性に優るものとみなされています。ジョルジュ・デュビィとわたし自身は、『女の歴史』の序文で、あの「未完の、しかし奥深い革命」を称えましたが、数的対等とは、この革命の一側面にすぎないのです。

わたしはここで、各巻を編集した人々――ポーリーヌ・シュミット＝パンテル（第一巻「古代」）、クリティアーヌ・クラピシュ＝ズュベール（第II巻「中世」）、アルレット・ファルジュとナタリー・ゼモン＝デイヴィス（第III巻「十六―十八世紀」）、ジュヌヴィエーヴ・フレス（第IV巻「十九世紀」）、フランソワーズ・テボー（第V巻「二十世紀」）――と、七〇人の執筆者たちに、讃辞を贈りたいと思います。この『女の歴史』を書き、構築するにあたって、わたしたちは、みずからの時代の主要な変革のひとつに参加するのだという意識をもっていたのです。

ですから、わたしは、『女の歴史』の翻訳が日本で完成したのをみて、喜びにたえません。わたしが知るかぎり、日本でも、女性史がおおいに発展しているからです。

二〇〇一年三月

（志賀亮一訳）

〔新版によせて〕

世界的成功を収めた『女の歴史』
――『女の歴史』日本語版完結を記念して――

アラン・コルバン

西ヨーロッパの女性史は、すでに確たる伝統となっている。この女性史は、一九六八年の事件〔いわゆる「五月革命」のこと〕の直後に出現したが、このときには、さまざまな社会的敵対関係に関する意識が、大きく変化していた。そして、社会のなかにおける女性たちの地位に関して、認識が高まる一方で、フェミニズムの権利要求が台頭していた。また、新たな分析のかずかずが、この領域において、さまざまな表象の重みを明らかにしていた。このときまで、いくつもの言説が、女性を従属的な地位に置きつづけてきていたが、そうした言説は、徹底的に解体された。この社会的劣位を支える論理のかずかずも、暴きだされた。そのうえ、さまざまなことが明らかになっていくにつれて、政治的行動も起こってきた。このとき、アメリカやヨーロッパで、女性史と名づけられたものが誕生したが、それを開拓したのは、女性たちであり、しかもその大部分は闘う女性たちだった。フランスでは、アメリカ合衆国で確認されているのとはちがって、大学という体制が、この革新に対して長いあいだ意図的に沈黙を守っていた。だから、トゥールーズや、ヴァンセンヌや、アヴィニョンで、大学に女性史の講座が創設されたのは、ごく最近のことにすぎない。

　この意図的な沈黙に、女性研究者たちは奮いたった。そこで、かの女たちは、いく人かの稀少な男性歴史家に支援されて、いくつも務めをみずからに課した。じっさい、女性史は、当初から複数の学問分野にまたがるものとして登場した。哲学者たちは、カトリック教会の教父たちから十九世紀の思想家たちまで、理論家の著作を吟味した。このときまで、いくつかの職業が、長期にわたって女性固有のものとみなされ、しかもその数を増大させていたが、社会的事象の専門家たちは、ミシェル・ペローの庇護のもと、こうした職業の出現と増加の様子を検討した。ペローは、こうした調査の大部分で、その震源となっていたのである。身体文化の歴史家たちは、女性の身体に関するテクストと、女性の本性と称せられてきたステレオタイプについて、研究した。他のものたちは、女性たちの政治的闘争の跡をたどった。これらの闘争は、始まるとすぐに、実現性のないユートピア的運動だと決めつけられていたのである。すなわち、選挙権要求や、反売春闘争や、避妊の認知を目指す闘いのことである。

　一九七〇年代をつうじて、さまざまなグループの内部で、歴史学を革新しようとする試みがなされてきた。右のように女性史が広がりをみせたのは、その専門家たちが、こうしたグループのすべてから輩出していたからである。

だが一九八〇年代になると、女性史は、これとはすこし違った展開をみせる。フェミニズムの権利要求のうち、そのいくつかには、部分的に世論が味方についた。たとえばフランスでは、政治権力がそれらを採択した（女性問題担当省の創設、避妊を認める法律、自発的妊娠中絶を認める立法、国際婦人デーの挙行）。この間に、アメリカ合衆国で、ジェンダー・ヒストリーが登場する。もはや、女性たちに課せられた条件を分析することではなく、性別をめぐる社会的・文化的構造のメカニズムと、両性間を結ぶ関係を理解することが問題となったのである。そしてここから、男らしさの歴史を構築することが可能になり、言語の問題が、なににもまして関わるようになった。

『女の歴史』全五巻は、ジョルジュ・デュビィとミシェル・ペローの監修になるが、その重要性はまさに、このすばらしい業績の総体が、女性史の右の二つの段階の結節点に位置していることにある。ミシェル・ペローは、フランスという領域において、女性史研究を創始したが、そのペローは、久しい以前から、戦闘的すぎる歴史の危険性に気づいていた。女性を劣位に置く考え方を告発することにばかりとらわれて、男性という特性に、それ相当の地位を与えていなかったからである。ペローは、いくつかの著作を編纂してきたが、この全五巻が公刊されるすこしまえにも、そうした一冊を世に問うている（本書『女性史は可能か』）。本書には、将来、性別《ジェンダー》の歴史となるべきものをフランスに導入したいという、ペローの関心が現れていた。
それは、女性史の領域を拡大したいという意図でもあるが、この意図は、『女の歴史』にみごとに結実している。そして『女の歴史』は、まさにそのことによって、世界的成功を収めている。女性史という歴史の領域が、これほど野心的な試みの対象となったことは、かつてなかった。この試みは、古代をその根としつつ、西ヨーロッパ史の全世紀を包含して、さまざまな共同体における女性たちの状況を、幅広く再検討するにいたっている。女性史という歴史探究の領域は、日本でもすでに実り多いものとなっている。ジョルジュ・デュビィとミシェル・ペロー監修の大著の出版により、比較研究という観点をえて、日本の女性史研究がさらに豊かなものになることを願わずにはいられない。

（志賀亮一訳）

二〇〇一年三月

日本語版への序文

最近三年間の女性史（一九八四～一九八七年）

ミシェル・ペロー

本書が刊行されて三年がたちましたが、この間、女性史になにが起こったでしょうか。出版された文献は数多くあります。古い文書や未刊の文書[1]、ことに私的文書、日記、書簡など、もっぱら女性が書くとされてきた形式の文書が[2]、編集・刊行されました。労働、女子教育、若い娘の人格の誕生[3]などに関する研究も、刊行されています。しばしばドラマティックな三面記事をつうじて、女性のおかれた困難な状況が読みとれる文書や[4]、日常のしぐさをしのばせるアルバム[5]……、などもあります。また、今日のフランスでは、これまでは大したことのないジャンルだった伝記が隆盛をきわめていますが、これらの伝記は、これまで過小評価されてきた、創造にたずさわった女性に関して、あらたな光を投げかけました[6]。その一方で、普通の女性たちに関しては、もっと集団的にとらえるアプローチが試みられています。[7] さらには、女性の姿を明らかにしようという関心が、程度の差こそあれ、『私生活の歴史』（G・デュビー、Ph・アリエス）や、『家族の歴史』のなかにもみられます。[8] 大学でも探究が続けられています。ただし、一九七〇年から八〇年にかけての経済危機とその余波のため、また時を同じくして、女性史への情熱が以前にくらべていくらか低下したため、探究のテンポはおくれがちになってはいますが。

このことによって、おそらく、この間の移り変わりのいくつかに、説明がつくでしょう。たとえば、『(女性史のための)カイエ・ペネロップ』誌は、一二号を数えたのち、出版されなくなりました。充分な売れゆきを確保できなかったからです。ところが、もっと社会学的色あいの強い『新女性問題《ヌヴェル・ケスチヨン・フェミニスト》』誌[9]や、もっと文学的な『カイエ・デュ・グリフ』誌が、すすんで女性歴史家に誌面を開放するようになりました。

ある意味では、女性史が、制度的なレヴェルやさらにいえばアカデミズムのレヴェルで、以前よりも正統なものと、みなされるようになったのです。たとえば、『アナール』誌は、「女性の文化と権力」[10]のような集団の手になる論文を、ためらいもなく受けいれるだけでなく、「女性史」という項目を、開設さえしています。若い研究者の集団である「現在における歴史」協会は、この新しい分野のために一日の研究集会をあてました（一九八七年、二月）。最近の『社会科学報告書』には、この分野に関する二つの業績表がのっています。[11] 巨大な労働組合組織F・E・N（「国民教育連合」）も、社会学者や女性歴史家に呼びかけて、父権社会に関して幅ひろい再検討をはじめています。このほかにも、多くの再認識の徴候があります。

一方、他の国の女性歴史家とのきずなも強化されています。それも、とくに――最近のことですが――ヨーロッパという範囲において。たとえば、この分野の女性歴史家たちの大規模なシンポジウムが、アムステルダムで召集されました(一九八六年、三月)。また、フィレンツェ・ヨーロッパ大学では、十九世紀と二十世紀の女性の労働に関する円卓会議が開かれ(一九八五年、十一月)、ジゼラ・ボックの指導のもとに、二十世紀の女性の状況の変化を――それも、主として国家との関係における変化を――、比較研究するためのプログラムが発表されました。さらに一九八七年には、西ベルリンの夏期大学で、「性別の問題」が中心課題とされることになっています。女性史に対する要求がいまもっとも強く、それを推進する力がもっとも活発なのは、おそらくイタリアであり、さらにはギリシアであり、そして現在ではスペインです。最後に、現在ある出版社で、西ヨーロッパ世界を広くカバーする女性史の出版が計画されています〔『西欧女性史』。詳細は「日本語版へのあとがき」を参照〕。これが実現すれば、上でのべた成果が集積され、各国女性歴史家を結ぶきずなもより強いものとなるでしょう。

こうした蓄積は、もはや単に「初期の」段階ではなくなっていますが、そのほかにも女性史においては、概念や方法に関する検討もつづけられています。「女性史」という名称さえも疑問の対象となっています。それは、便利ではあっても、はたして適当なのかというわけです。また、女性は、ほんとうに歴史の対象となったのでしょうか。[12] おそらく否です。少なくとも、「男性」

ほどには、まだ歴史の対象ではないのです（男性は、第一、男性としての歴史をもっているはずです）。もっというと、「男性」は、自分たちがひとつの全体を体現しており、しかもそれは人類全体と合致しているのだと、主張しています。これに対して、「女性」は、あい変わらず部分を意味しているにすぎないのです。「少数の存在」というこの規定こそが、まさに問題であり、女性を部分としてあつかうやり方を正当化しているのです。にもかかわらず、依然として「女性」そのものが論じられているわけではなく、もっぱら、女性の役割・務め・身体・社会性などが論じられています。女性は、その性によって区別された存在として、つまり男性との暗黙の対比において論じられているのです。

　また、女性の「文化」や「権力」といった分析のためのカテゴリーに対する批判が、『アナール』誌のある論文の中心に据えられています。たとえば、「女性の文化《キュルチュール・フェミニーヌ》」という概念があります。この概念は、いわば生物学的で、閉塞的で、隔離されたものであり、既成概念を補完するとともにそれと調和すべきものであり、民族学のやや固定した世界からきたものです。たとえばこの概念が、疑問の対象となっています。この概念が現実にある衝突や、明白なあるいは潜在的な対立をおおい隠してしまうからです。ところが、歴史、つまり歴史上の事件や変革は、こうした衝突や対立によってこそ、かたちづくられているのです。もっとも、いく人かの女性たちは、それでも依然として、女性ならではの社交性や表現といったものの現われる場と、その形式を検討することが、必要だと主張しています。そうしたものこそ、変わることのない、女性のアイデンティティのしるしだというわけです。

　他方、「権力」に関するアプローチの方は、まだましだとみなされています。ただし、それには条件があります。「女性の権力」という概念——今日、それを否定するひとはほとんどいませんが——を文化の代用品とせず、むしろ動的な要素とみなす、という条件です。男性の支配によって組みたてられ、意味をもたされたひとつの全体を、動かす要素とするのです。そのわけは、以下のとおりです。過去や現在において、社会には、さまざまなタイプのものがありました。けれども、少なくとも西ヨーロッパには、今日、男性と女性の間により大きな平等を求める流れがあります。にもかかわらず、それらがなんであれ、男性による支配が存在するという考えは、ひろく信じられており、人類学者や社会学者たちによって確認されています。そして、この考えを認めることが、女性学の探究の基準であり、女性学の探究と単に「女性による」研究との境界線をなしています。女性たちは、男性に対して、またときとして、同じ女性たちに対して、補償を求めたり、抵抗したり、誘惑したり、適応したりしてきました。こうした行動に注目し、時の流れのなかで、その変化を探究するには、男性の支配を認めることから出発するのが、好都合だからです。これは、壮大なプログラムであり、階級闘争の研究よりも、むしろ、ミシェル・フーコーのやり方に近いものから、ヒントをえています。つまり、そのねらいは、社会体という厚みのなかから、戦術や戦略の巧妙な手段のかずかずを、明らかにすることなのです。

　性別が階級に等しいという考え方は、実際のところ、あまり適当とは思われません。家父長の権威と、雇用主の権威とは、それらがたとえ重なりあうものであるにしろ、別々の現実です。この場合、社会=経済的な見方より、生物=文化的な見方のほうがふさわしいと思われるのです。生物学的な性別によって、各個人が、歴史のつくり出した文化的空間に、はめ込まれているからです。たしかに個人を条件づけるのは、社会的で、しかもきわめて象徴的なこの構築物、つまり性《ジャ》別《ンル》です。ひとは、男性または女性として生まれます。そしてこの区別が、社会的=文化的構造をもたらし、そのうえ、この構造は、自然をもおおい隠すほどのものなのです。そして、この人為的構造を解体することこそ、探究の道すじであると同時に、意識改革の道すじなのです。

性別の構築=解体という分野では、社会学や哲学が、一歩先んじています[13]。たとえば哲学において、エリザベート・バダンテールが、一冊のベストセラー、『どちらの性もともに[14]』〔邦訳『男は女、女は男』〕を著わしていますが、同書には、ギリシアの都市国家から、現代までにいたる、歴史人類学の一大絵巻が描かれています。それによると、性による差別化は、十九世紀に、その最高の段階に達しました。当時、公的なものと私的なものとを対立させることが、ブルジョワ社会の組織原則となっていたからです。ところが、その後、わたしたちの時代は、性による役割や義務の分担を、非差別化する方向に進んでおり、そのことによって、新しいタイプの愛情関係がもたらされようとしています。一方的に所有しようとする、破壊的な情熱にかわって、個人による道すじの選択を、これまでよりも尊重する、きわだった優しさが、現われてきているようです。そして、非差別化と、性差への無関心のなかにみられる、この平等性に関して、多くの疑問と論争が生じているのです。

　女性歴史家たちの中では、アメリカの女性歴史家たちが、パイオニアとなってきました。たとえば、ジョーン・スコットは、近年の歴史叙述を総合して、有用な業績をあげています(15)。ひるがえってフランスでは、労働における男性と女性との関係が、とくに研究されてきました。それによると、フランスでは、十九世紀から二十世紀へと移るころ、とくに「女むきの職業」というものが定義され、これが、性別による社会構造の、一連の模範となりました。当時の女性は、さまざまな見習い――修道院か、家庭での、見習いでした――によって、実際的な技術を身につけていました。ところが、こうした見習いは、制度化されていなかったがゆえに、公認のものではありませんでした。そこで雇用主たちは、それを、「生得の資質」とみなしたのです。こうして「女性であること《フェミニテ》」という概念が、誕生したのです。これが、「女むきの職業」というものの内実であり、それは、男女間の不平等な関係から、生みだされたものだったのです(16)。エレニー・ヴァリカスがその注目すべき博士論文のなかで、十九世紀のアテネにおいて、中産階級の女性たちのあいだで、どんなふうにして「女性であるという意識」が形成されていったのかを、示しています。ヴァリカスによると、その意識とは、女性のおかれた状況と、その服従に関する自覚であり、それは、フェミニズムの発展のために必要な――もちろん、けっして充分ではなかったのですが――条件だったのです。厳密な経験論的分析と、理論的定義とによって、ヴァリカスの論文は、方法論的モデルとなっています。

以上が、ここ何年間かの動向の指標です。ところで、こうした動向を総決算することを忘れてはなりません。ともかくも、勝利を叫ぶべきなのでしょうか。おそらく、そうではないでしょう。研究の手段の乏しさと、体制の脆弱さは、フランスにおいて、あい変わらずはなはだしいものがあります。このことは、おそらく、フランスの女性学研究者——ひいては、フランスの女性たち——が、政治権力と、その決定によって、一定抑圧されていることのあらわれなのです。そして結局は、女性たち自身が、男性との間に、調和のとれた関係を保ちたいがため、現在あたえられている「地位」に、しぶしぶながら満足していることのあらわれなのです。こうした調和のとれた関係こそが、依然として、大多数の女性に、幸福への道と考えられているからです。女性に関する研究の正統性と、有益さとが、認められたとはいっても、それは、儀礼的な祝福の域をほとんど出ていません。それは、相も変わらず、周縁的なものであり、もろいものなのです。歴史学の分野全体の中で、歴史に性的次元のあることが認められたとは、とてもいえません。

これを認めさせることこそ、主要な課題です。それが、女性史のつぎの段階で実現することを、期待しようではありませんか。

女性史は可能か〔新版〕／目次

女性史は可能か

［新版］

凡例

一　原書のイタリック体は、訳書では傍点で示した。

二　原書で《　》でくくられたところと、大文字で表記されたところは、「　」で示した。

三　〔　〕は訳者による補足である。

序文

ミシェル・ペロー

Ian Beck『三つ編みのおさげ髪』(Migneco and Srith)

女性史に関するこのシンポジウム・「サン＝マキシマン会議」を成功させた発案者は、アラン・ペールである。このことを記して謝意を表したい。ここでの三日間は、非常に美しい場所だったこともあって、意見交換や「熟慮内省」には絶好の機会となった。女性の歴史家（ならびに、かの女たちから参加を要請された、男性の歴史家たちも）が一堂に会し、このシンポジウムは実りをあげただけでなく、楽しい歓談の機会ともなった。

それは、まったく予期せぬチャンスに恵まれたといえる。いわゆる「女性史」を手がけているものたちが、各自の考えや方法を、まさに、ぶつけ合い、検討する絶好のチャンスであった。すでに軌道にのりはじめた研究は、本当のところ、どんな意味を持っているのか？「女性史」研究の根底には何があるのか？ それはなぜ必要なのか？ どんな結果や影響がでているのか？ それによってどんな知識が生みだされたのか？ それはなんの役に立ち、だれのためになるものなのか？ 要するに、それはどの程度まで進んでいるのか？ これまでは、あらゆる分野で、わずかばかりの「初期の蓄積」がなされた時期にすぎない。ちょうど、埋もれた歴史の発掘だけでこと足れりという段階であって、まだ大して多くの問題が提起されているわけではない。だから、いまこそ、これまでの歩みを反省してみる時を迎えたのだ。「時間をかけなければならない。うしろをふり返り、たどった道を逆むきにさかのぼる時間が必要な」（アルレット・ファルジュ）のである。

まず、月並みなことだが、「歴史《イストワール》」という語に二つの意味のあることが、すぐ念頭に浮かぶだろう。この語は、ある場合には、できごと、つまり、行なわれていること、あるいは、すでに起こったことを意味し、またときには、これらのできごとを物語ったもの、すなわち、書かれた歴史、研究分野としての歴史を意味する。本書でとり上げようと思っているのは、後者の場合である。性別のひとつのカテゴリー――ここでは、女性というカテゴリー――の歴史を書くことが可能かどうかを、問題にしたいのだ。ただしそれには、最初に定義する時から、「女性史」に実証的内容のあることが前提となる。この実証的内容とは、女性たちに固有のできごとがあり、そして、いろんなことが、とくにそれに関わって起こっている、という事実なのである。

十年前には、このことにわれわれはまださほど確信はなかった。みてのとおり、女性たちは、妊娠・出産・育児という生命の再生産に黙々と専念させられ、日常の家事万般に際限なく追われ、世間の性による分業をあまんじて受けいれてきた。しかも、この分業は、地球上のどこにでも変わることなく女に課せられ、その起源ははるか太古の昔にさかのぼるとまで考えられていたのであり、したがって、女性たちは、(歴史学の、ではなく)むしろ人類学の対象ではなかったろうか? 「女性には歴史があるのだろうか?」。これは一九七三年から一九七四年のジュスィウ(パリ第七大学)のある授業につけられた表題であるが、これこそ、われわれの当時のためらいを物語っている。このように、ほんの小さな逸話から、過去にたどってきた道のり全体をおし量ることもできるのである。われわれは、いまや、女性たちが歴史をもち、歴史をつくり出すことを疑わない。したがって、女性史を書くことだってできる、ということも疑わない。しかもそこには、充分こだわるに値する問題さえある。

そこで、まず、歴史叙述について、二言、三言触れておきたい。歴史が「学問的《シアンティフィック》」研究分野として存在して以来、つまり、大ざっぱにいって十九世紀以来ということだが、歴史叙述のなかで女性のあてがわれた地位は、すこしも一定せず、さまざまであった。それは、女性というものが男性の表象物の関数だったからであり、今日まで、歴史家といえば男性しか考えられなかったからである。また、かりに女性が歴史を書いたとしても、別の書き方をしたかどうか疑わしい。なにしろ、この場合、書いた「人物個人の」性別は大して重要ではないのだ。たとえばミシュレは、歴史の原動力のひとつは、男女両性の関係にあると見ている。だが、ミシュレは、「女性＝自然」対「男性＝文化」という図式をたて、このふたつの項のあいだに潜在的に葛藤するものがあって、それによって歴史が変化させられている、と考えているのである。だから、母性としての女性の力が優勢なとき、それは善の機能を発揮する。しかし、政治権力を簒奪し、私生活の範囲から逸脱すると、女性は悪の権化となる。このとき、歴史は乱脈となり、女は魔女となる。(1)

十九世紀後半になると、母権制問題がヨーロッパで人類学の論争の的となった。エンゲルスは、バッハオーフェンやモーガンの主張を検討し、『家族・私有財産・国家の起源』を著わし、女性の解放を所有の革命に従属させた。その一方、実証主義的歴史学、これは、周知のように、大学での「職業的専門《メティエ》」の歴史学者になるためには、絶対に不可欠な学問で、セーニョボースがその権威であったが、この歴史学は、女性をテーマにすることをまったく斥けていた。もっと大きくいえば、日常的身辺雑事に関することをまったく受けつけない。それは、もっぱら政治や国事の研究に専念し、外交や軍事が、国家や国民の歴史の舞台を、ひとりじめしてしまっている。

一九三〇年代以後、『アナール』学派(マルク・ブロック、リュシアン・フェーヴルら)の影響力が大きくなったことによって、歴史学の展望は、たしかにややましになった。だがそれも、歴史学の研究分野がいちじるしく広がったという点で、よくなったというだけのことで、主たる関心は、あい変わらず、経済的、社会的事象なのである。もろもろの社会的カテゴリーの構造や結びつき、階級闘争などの研究が前面におし出され、性別という次元は、ほとんど考慮されていない。家族の問題に関しても同様である。家族という概念は、ル=プレやその弟子たちの保守的なイデオロギーがあまりにも濃厚だったため、むしろなおざりにされている。一九二〇年から一九六〇年までは、女性史はフェミニズムの歴史と混同されていて、個々ばらばらの、相互に関連性をもたない研究者、たとえば、レオン・アバンスール、ジュール・ピュエッシュ、マルグリット・ティベール、より最近では、エディット・トマらの業績があるにすぎない(ジュヌヴィエーヴ・フレスの報告参照)。その結果、われわれと同時代の女性社会学者たち(マドレーヌ・ギルベール、エヴリーヌ・シュルロなど)は、歴史的データの発掘にみずからとり組まなければならないありさまになっている。歴史人口学のような、歴史学に新しい分野を開拓した研究部門でさえ、女性という問題への関わりはかなりお粗末である。つまり、女性を子供の出生に関わる片割れとしかみていないため、「世帯もちの女」だけをとりあげ、女性のなかでかなりたくさんいた独身女《ひとりもの》には目を向けていない。(2) 家系図の復元作業でも、男性の苗字だけをたどるという具合に、歴史を父系的視点でみる態度しか示していない(クリスティアーヌ・クラピシュ＝ズュベール)。もっとも、この分野でも、一九七九年に、「歴史人口学と女(たち)」と題して円卓会議を組織しなければならなくなったことは、それだけ研究状況に変化がみえてきたことを意味している。(3)

つぎの一連のことが、歴史学におけるこの風向きの変化にすべて有利に作用した。まず、歴史人類学という研究部門が発展したこと。この学問は、家族と性別役割分担とを研究課題の筆頭においている。つぎに、いわゆる「新しい歴史《ヌヴェル・イストワール》」が発展したこと。これは、日常的事柄や、その事柄の現われ方に、つまり、「心性《マンタリテ》」というやや不明確な用語でくくられているものすべてに、注意ぶかく目を向けている。(4) 以上のように、たしかに、女性史に耳を傾けようとする状況が、きり拓かれてきているのである。

だが女性史は、ほかの国の場合と同じようにフランスでも、女性たち自身の運動や、この運動の生みだした数多くの問いかけがきっかけとなって生まれた。女性たちは、一九七〇年から一九七五年にかけて、とくに力をこめて自分たちの思いや意思を表現したが、この時期は、MLF(女性解放運動)が政治的舞台に突撃し、フェミニストの新聞が飛躍的に発展した時期にあたっている。(5) 女性史の必要性が、やっとあちこちで日の目をみるようになったのである。それは大学も例外ではなく、この頃から、女性の教員たちも、女子学生たちの要求に応えるだけでなく、さらにすすんで要求を掘りおこすことさえできるようになった。もろもろの講義が計画され、その成果やあり方を検討してみるグループがつくられた。いろいろなシンポジウムが開催され、最初の報告がつぎつぎに現われた[6]。とりわけ、修士論文や学位論文のレヴェルで、女性史に関する研究に手が着けられはじめ、その成果をわれわれは今日手にしている。そして、一九八一年の五月に起こった政治的なもろもろの変化が、いくつもの点で、この分野の研究を効果的に刺激した。しかも、けっして御用学問的にというのではなしにである[7]。

そして今日では、女性の問題は時の寵児ともてはやされている。それは大学の中でも外でも同じことである。もろもろの学会が女性の問題に関する「研究日程」を設け、折紙つきの学術誌が、女性を論じた論文を掲載するだけでなく、特集号までも出している[8]。古くから続いている叢書(たとえば、アシェット社の『日常生活《ラ・ヴィ・コティディエンヌ》』シリーズのような)のなかに、「女性の……」というタイトルがみられるようになり[9]、たくさんの出版社がそれぞれに「女性」叢書を出している[10]。テレビもまた、フェミニズムの先駆的女性たちの人物像を、シリーズで放映している。

流行現象というべきか? おそらく、女性のことが認知されたひとつのしるしとして、喜ぶべきことなのであろう。だが、流行というものは、すべて意味深長なものであり、そこには、またたく間にすたれるという危険もある。流行が飽和状態に達すれば、その目的も死んでしまい、結局は、はっきりいってそれが何だったのかもわからない。

ともかく、幻想にとらわれないようにすることである。量的にいっても、学問的出版物の中で女性の研究に与えられている場は、まだ非常に微々たるものにとどまっている。それは、たとえば、『アナール』誌や『イストワール』誌をそういう見方で分析してみると、はっきりする（A・ファルジュ）。そこでは、女性史は依然として、まったく周縁的《マリジナル》な歴史、というイメージのままである。つまり、女性史とは、補足的につけ加えるひとつの章にすぎず、歴史学全体の変化をもたらすものではないのだ。実際のところ、女性に関するこのような新しい出版物の出現が、歴史的視点を本質的に変えたとは思われない。というのも、相も変わらず、旧態依然《ステレオタイプ》の扱い方が大勢を占め、女性に関して無言のままの態度が幅をきかせているからである。そこでかりに、女性史それ自体だけに範囲をかぎって考えてみよう。その場合にもはたして、女性史が、歴史的視点を本質から変えるという問いかけをなしうるだろうか？　まず問わねばならないのは、女性史そのもの――その内容、その方法――ではないだろうか。

三日間のこのシンポジウムでわれわれが目指したのは、なんらかの総括――ほかの場をかりて、すでにそれはなされている(11)――をすることではなく、以下のようないくつかの困難を、つまり、外因性のものや、とりわけ内因性のものを、検討することだった。さて、まず第一は史料の困難さである。これは、歴史であるかぎり、常にわれわれにつきまとう条件ではあるが、ここから、史料に残された（女性の）根跡がいったいどんなものなのか、という問題がくっきりと浮かびあがってくる。最近出版されたある著作、つまり、中世の結婚に関する問題のたて方を見直した著作（『騎士、女性、司祭』(12)、〔邦訳『中世の結婚』〕）の中で、ジョルジュ・デュビーは、つぎのように自問している。「自分たちのしたこと、しようと夢みていたことを、一方的に、声高にわめき立てる男たちに混じって、女性の存在していたことを忘れてはなるまい。女性については多くのことが語られているが、だからといって、どんなことがわかっているのだろうか？[1]」と。すべてのことはデュビーのこの言葉につきる。女性の手で行なわれたことや、その振舞いは、通常、わざわざ観察したり、注目されるというようなことがらではない。だから、時代によってかなり差があるとはいえ、第一級の史料価値をもつものに記録されていることは、まずない。女性たちは、道学者先生や聖職者などお偉方から、いつも、その振舞いが正しくないと詰問されたり、こうしなさいと説教されたり、つまりは、あるべき女の鑑《かがみ》というお談義の対象だった。そして、こうしたお説法が、女のあるべき姿をあまりに強く描きだした結果、かの女たちの実態を、人びとの眼からかくすことになったのである。象徴的、幻想的に描写されてきたため、女性は、言葉によるフィクション《リテラチュール》の中心テーマとなってしまったのである。もちろん、だからといって、こういった史料を無視することはできない。だが、エリザベット・ラヴー＝ラロやアンヌ・ロッシュが述べているように、どれほど用心してこれらの史料を読まねばならぬことか。女性を見るまなざしには、おそらく、ほかの何よりも強くフィルターがかかっている。だからまず、このフィルターがどんなものなのかを、解読しなければならないのである。

　このように女性像が歪曲され、その実像をかくす遮蔽物があることを考えると、女性の歴史家たちが聴きとり資料にとびついた事情は、よく理解できる。つまり、この資料が、労働者たちや、世間からはじきだされた人びと、そしてもちろん女たちなど、通常はなにも語らないと思われてきた人びとの、口を開く手段だと、一般に考えられてきたからである。「女性たちの大部分は、これまで抑圧されてきたけれども、その話に耳を傾ければ、歴史のなかにかの女たちをよみがえらせることになるだろう。そうすれば、声もあげず、従順だった女性たちが、突然、すがたを現わすことになろう。そのとき、聴きとりによる歴史は、男性的なものによって歪められた社会のなかで、ひとつの報復手段となる」のである。ダニエル・ヴォルドマンとシルヴィー・ヴァン・ド＝カステルは、「現代史学会」の枠内で行なわれた、三年間の経験について報告している。それによると、たしかに女性史の可能性が開かれてきてはいるが、その一方で、たとえば、「女性同士の」なれ合いの感情のような、厄介な問題がいろいろと生じているという。そこでふたりは、以下のようにみずからに問うている。いったいどんな意味で、いわゆる「女性の記憶《メモワール・フェミニーヌ》」について語りうるのか？　家族とか、私的なことがらとかにかかわる場合、文化的位相以外の表現の場があるのだろうか？　と。そのうえで、二人は、口述の記録は万能薬ではなく、他のすべての史料と同様、批判や入念な検討を加える必要があると、われわれに警告している。

　聴きとり調査の主要な成果は、なによりも、当初設定されていた問題をたて直さざるをえなくしたことだと、「嫁入り道具《トゥルソー》」という注目すべき研究のなかで、アニェス・フィーヌは語っている。「インタヴューをうけた老齢の女性たちが熱心に語ってくれるのは、単にどのような嫁入り道具を持参したのかでも、また、その経済的価値がどうであったのかでもないからである。かの女たちの話を聞くと、嫁入り道具が女性たちの生活のなかで、なにか非常に重要なものだったことがわかる。そこには、いくつかの儀礼的な品じなが含まれているが、嫁入り道具とは、これらの品じなの意味するものを、はるかに超えたなにかだったのだ」。すなわち、ひとつの歴史、しかも、とくに「母と娘の間で織りなした長い歴史(13)」なのである。この興味深い聞き語りのテクストは、聞いたり、見たり、感じたりすることを可能にする。それは鏡の裏側を見せてくれるのである。この見地からいって、それはかけがえのないものなのだ。

だが、長期的な時間の枠のなかで、女性の歴史を見ようとすれば、古典的な史料をもひとしく活用せざるをえないのは、当然である。ただし、その際には、これら古典的な史料にはまた別の新しい問題点のあることを、知っておくほうがいい。というのも、対象を構成するのは、それに対する視点の方だからである。それについては、ポーリーヌ・シュミット＝パンテルが、ギリシア歴史に関して、大変に説得力のある実例をあげてくれている。古代社会においては、女性に関することをはっきりと語るのはきわめて稀である。しかしながら、M・Z・ロザルドやA・ウェイナーのような、フェミニストたちの著作は、問題意識を新たにすることによって、図像史料《イコノグラフィ》の研究を再検討しなければならないことを示している。「死、食物、衣服、戦争、儀式の所作、財産、贈与、生産活動一般などなど、すべてについて調査しなければならない。そうすることによって、男性と女性とのあいだで、空間がどのように分割され、役割がどのように分担されていたのかを、明らかにすることができるだろう。(中略)こういうスタイルの調査にとっては、図像のあらたな解読法が、基本的な根拠のひとつとなる。ただ、その場合、壺に描かれているさまざまな場面全体を、女性の空間としてとらえなおすだけでは十分ではない。むしろ、それらを連続するものとみて、戦士の出征と帰還、葬儀、祝宴、その他の祝いごとといった、古代ギリシアのポリスにとって重要な瞬間において、男性と女性がどんなときに同席し、どんなときに別々に参加していたのかを、検討しなければならない」。この方法は、たくさんの資料に幅広く適用できる。周知のように、記録は、けっしてそれ自体語るものではない。それに光を当てる視点を変えることによって、その記録から別ななにかが抽出され、また違った情報が伝達されるのである。

その内容という領域でも、女性史は同様に変化した。しかも、その精神と対象の両方において。女性史は、はじめ、ただ、埋もれていたものを再発掘したり、記憶を再確認するといったものにすぎなかった。忘却されていたり、「失われていた」もの、あるいは、その真偽さえはっきりしていなかったものを、目に見えるようにすることが問題とされていた——それは、いまでもなお大切なことであり、必要なことでもある。けれども、女性に関する記録や記憶が欠落してきた理由については、あまり問題にしていなかった。ところが、女性史が、女性たちの闘争と同じく、途切れながちなものになったのは、まさにこの欠落があるがゆえにだったのである。だから、現在ではもう、歴史から欠落しているものの明細表をつくるだけでは、充分とはいえない。ジュヌヴィエーヴ・フレスは、「歴史研究に関していえば、歴史から欠落したものと、その復元を論ずる場合、まず古文書史料が対象にほかならないと考えられるだろう」と指摘したうえで、「歴史から忘却されたもろもろの原因を研究する作業が、是非とも必要である」と強調している。われわれが理解したいのは、記憶のされ方そのものである。女性が「記憶されている場」とは、どんなものなのであろうか?

女性は、ぶたれ、あざむかれ、侮辱され、低賃金で働かされ、ひとりぼっちで、売春行為までさせられた犠牲者、というイメージをはりつけられている。こうしたイメージにひきずられ、また、支配と抑圧の根底をなすものをとらえることに懸命になっていたため、女性史はまず、女性の不幸の歴史だった。その次には、女性の「文化《キュルチュール》」とまではいわないにしても——もっとも、これはかなり論議の余地のある概念であるが——、かの女たちの行動や表現の様式、しぐさ、話している言葉などを通じて、女性を、なにごとかを企むものとしてとらえようとする。女性史は、行動的女性や、反逆する女性を、つまり、こうした女性たちの存在を、生き生きと描こうと躍起になる。この方法は、謝肉祭にみられるように、日常性に対して価値を逆転するものだといってもいいだろう。だが、このように瞬時に豹変して、価値を逆転させたため、女性史は信用を失ってしまう。アラン・コルバンは、たとえば、こうした方法によって、男性の苦悩が、女性のイメージの背後に隠されてしまっていることに、驚きを示している。すなわち、イメージ、苦悩、涙、体調によるふさぎの虫といったイメージを、陰険かつ作為的に女性に割りふる一方、まったく現実的とはいえない不自然な態度を、男らしさとして男性に強制している、というのである。すべてか無か、裏か表かというような、男性的なものと女性的なものとを二分するやり方は袋小路に入ってしまう。男女が混じって、おのおのの領分を区別できないような場《ゾーン》の境界線のはっきりしていないところが、研究対象としてはより成果が期待できる。女性たちが権力をもっていたか否かを問題にするよりは、むしろ、女性たちの権力の性質がどんなものだったのかを、問う方がいいだろう。

女性史の対象に関していうと、その対象の所在はまず女性たちの「生まれつきの」役割の分野——母性、出産、売春——にあった。その次に、女性たちの「労働」——家政、賃金労働、「有閑」階級の仕事、女性の「手職《メティエ》」とその「熟練度」の問題——に注意が向けられた。すなわち、文学と歴史の境目で、こうした事柄の代表的な例が研究されたのである。ところで、女性たちの闘いは、たしかに注目を浴びてきた。けれども、フェミニズムについては、まだ手つかずの部分がたくさん残っている。とくに、フェミニズムを、通常は否定されている、その政治的な次元全体の中で、分析しなければならない。

女性史は、まず最初、女性の身体の歴史であった。カトリーヌ・フーケは、なぜそのような「まわり道をたどらざるをえなかった」かの理由をいろいろ分析しているが、ともかく、はじめに生物学的なものが検討の対象となったのである。イヴォンヌ・クニビレールはいう、「女性の年代記《クロノロジー》は、おそらくそこから出発し、生物学と男性の支配の二つから解放」されなければならないと。かの女は、「時代別生物学《クロノ＝ビオロジー》」とでもいうようなものを提案している。実際、女性の身体は、あまりにも崇められていたので、そのために、女性の身体がもっている自然の本性が、かえって否定されたり、むりやりおさえこまれたり、ヴェールをかけられたりしてきた。だからこそ、それをもう一度把握しなおす必要があったのである。この女性の本性《フェミニテ》をみなおすことによって、女性固有の書き方《エクリチュール・フェミニーヌ》を一新する源としなければならなかったのだ（E・ラヴー＝ラロ）。女性として生きる権利を要求し、女性であるということを受容し、公然とそれを宣言する姿のうちにこそ、女性のアイデンティティをもとめなければならない。

生物学によって把握された身体に関するこの歴史は、たしかに一応踏むべき段階ではあった。しかしそれは、のり越えていかねばならぬ段階であり、そして、事実、現在はそうなっている。それは、この問題に関しておおかたの発言が、強調・力説してきたことである。それは要するに、つい最近、アメリカで、歴史叙述全体を巻きこんだ論争をむし返したもので、その問題点は、生物学的な性に「ジャンル（性）」という概念を対置していることにある。ところがこの「ジャンル」という概念は、性別役割分担とか、文化的営為とか、性別を象徴する具体的な表象などによって定義されており、生物学的な性よりはるかに複雑な概念なのである。アンヌ・ロッシュはこの点でジャック・ルヴェルの意見とつながっている。まず第一に、「女性固有の書き方《エクリチュール・フェミニーヌ》」という概念、いいかえれば、女性の身体の表現という考え方は、根っからの古い観念をただやき直しているにすぎない。つまり、この考え方こそが、性支配に裏打ちされた言説《ディスクール》すべての基礎だったのである。「象徴体系にも性差があることは、否定できない。けれども、この象徴体系そのものは、曇らされたものなのである」とロッシュはいう。この曇らされたものに関する省察が欠けていれば、女性固有の書き方とは、「男性的なものの裏返しにしか」ならないだろう。

ジャック・ルヴェルがいうには、「性差というカテゴリーを生物学的なものに矮小化することは、おそらく、性別の存在そのものと、その社会的機能を考えるうえで、もっとも頑強な障害なのだ」。女性を生物学的自然性《ナチユール》に還元することは、「女性のアイデンティティは、まず、女性固有の生理学から生まれるのだ」ということである。となれば、男性についても、同じことがいえることになろう。だから、「女性の領分をつくり上げているはずの痕跡」をあとづけていくことよりも、歴史における社会的役割分担を研究することの方が、はるかに大切なのである。

それと同じく、女性的「文化《キユルチユール》」としていろいろ具体的に列挙されているものが、本当にそういえるのか疑ってかかる必要がある。それは、おそらく、第二義的な空間に固定された女性像にすぎない。つまり、昔ながらの変わらぬ自然性という概念を、別の表現におきかえたものにすぎず、これこそが、文化の相続とか伝統などという考え方の基礎になっている。だからこそ、女性的「文化」というこの概念は、最近、イタリアで活発な論議をまき起こしたのだ(14)。このように、同じことを別の言葉でくり返すだけの論議を際限なくむし返すのは、危険である。

男女両性の関係、つまり性差の問題の主たるものはこれである。「男性的なるものと女性的なるものとを、どんな歴史分析のなかででも、対等に考察しなければならない。そして、その二つのあいだにある関係が、歴史の原動力となりうることに、思いをいたさなければならない」(P・シュミット＝パンテル)、これこそ、ギリシアのポリスに関して女性歴史家たちが選びとった方法である。それはまず、「自然／文化」とか「家庭《ドメスティック》（うち）／社会《ピュブリック》（そと）」という、あまりにも単純すぎる二分法をとりはらったうえで、社会的慣習、残されたいろいろなタイプの言辞、それらを表象する指標、肖像などを問いなおしてみることである。また、女性たちにしつらえられている地位を説明するうえで、「女性蔑視《ミソジニー》」いう視点を振りかざしたりしないことでもある。男女の領域をあまりに明確な線引きで分割してしまうのでなく、男女の役割がはっきり見えない領域、相互に重なりあっている領域、分割されていない領域、逆転している領域の存在を認めると同時に、男女の役割を相互に補完的なものとしてあまりに調和的にとらえるのではなく、相互の葛藤や矛盾をむしろ認めることでもある。そして最後に、事柄には両義性があることを容認し、いっさいの「教条的な言葉《ラング・ド・ボワ》」をしりぞけることである。以上のようなことが、今後の歩みの方法論的な枠組みになるだろう。これにしたがってこそ、すべての社会階層を全体の中に組みこみ、ひとつもとりこぼさないですむようになるのではないだろうか(15)。

われわれはつぎのように思う。女性史という新しい分野をつくることが、問題なのではない。もしそんな女性史なら、それは波風の立たぬ譲歩にすぎず、女性たちはそこで、あらゆる矛盾を隠れみのにして、気ままに羽をひろげてみるだけになろう。そうではなくて、男女両性の関わり方の問題を中心軸に据え、歴史を見る眼差しの方向を変えることが、もっとずっと重要なのである。要するに、これがなされなければ、女性史はありえないのである。

女性史のとり組みとその成果

——アルレット・ファルジュ

「マラーの凱旋」ルイ・ボアイ作。女性の参加を示し、"よい"革命を表現。

現在人びとによって「女性史」とよばれているものは、一九七〇年代に、イデオロギーと社会の大変動のなかから生まれた。当時は、そのような歴史が可能であるかどうかを問うことなど、まったく問題にならなかった。それは、まったく自明のことであり、完全に必然性のあることだったから、女性史をつくり出し、書かなければならなかったのだ。つまり、歴史学の領域で、それが新しいテーマとして誕生したとき、同時に、その研究実践もはじまっていたのである。

しばしば激しく展開された、政治的、イデオロギー的論争のなかに根ざすという意味で、女性史の出発点は特殊なものであるが、そのために女性史は、きわめて独特な存在条件を、もつことになった。つまり、出発点は、たしかにイデオロギー的なものであったが、しかしそれは、同時に、女性としての存在にかかわるものでもあり、そのことが、女性史の相貌の、もっとも本来的な一面を決定したのである。この新しい分野は、男性を排除し、もっぱら女性たちのみによってつくり出された。というのも、研究をひき受ける決心をしたのが、女性だったというだけでなく、その唯一の研究対象もまた、それまで知られることのなかった、女性たち自身だったからである。同じようにイデオロギーの嵐のなかで生まれた労働史の場合には、そのようなことがなかった。研究にとり組んだのが、労働者自身ではなく、ほとんど知識人だったからである。ところが女性史のほうは、研究の主体と対象とが一致していたため、ますます、イデオロギー的立場を鮮明にしながら、歴史学のなかに入りこんだのであった。

こんなふうに知の領域へ闖入したため、女性史は、問題意識のたて方からはじまって、ほとんどとぎれることのない、ひとつの連続したメカニズムを作動させることになった。すなわち、ひとつの実践が結果をもたらすやいなや、ただちに、それにかかわる立場や、さまざまな疑問点、その解決方法などを、再検討しなければならなくなるのである。

実践と結果とは、このようにたがいにぴったりと重なりあって、一連の反響や反駁をよび起こし、いまではこうした反響と反駁の歴史さえも、可能になっているほどである。

ところで、この反響と反駁の歴史は、可能であるというだけでなく、むしろ必要でさえある。というのも、「女性史」は、それがつねにどのように受けとめられ、受けいれられてきたのかということと、ほとんどきり離すことができないからである。もしきり離したりすれば、女性史はまったく理解できないものになる。また女性史は、受けいれられただけでなく、それ以上に期待もされていた。もちろん、はじめのころは、飛躍的な発展をとげるフェミニズムに欠くことのできない、同伴者でしかなかった。けれども、それが、女性の存在にかかわるものであったがゆえに、女性史は、たえず多くの期待や希望を、生みだしてきたのである。また、公認の歴史学に新しい広がりをもたらそうと決意していたために、女性史は、大学の世界に一種の驚きを生みだしたのである。そして、激変する時代と時を同じくしていたため、新聞や、出版社や、ラジオ・テレビなどのマスコミにも、たちまち反響をよんだのである。

このころの女性史は、研究の場もまだほとんどきり拓かれておらず、精密化にとりかかってもいないし、道もついていなかった。にもかかわらず、そこには、さまざまな反応や呼びかけが、ある意味で過剰なまでに氾濫しており、しかもそれらは、しばしば相矛盾するものだった。また、フェミニズムの内でも外でも、感情的かそうでないかは別にして、数多くの反響がうずまいていた。女性史に対して、全体として公式に沈黙をまもっていたのは、大学という機構だけだった。だが、この沈黙自体もまた、フェミニズムの歴史の一部をなすのである。

こうして、賛否両論の反応とその錯綜ぶりもまた、女性史をかたちづくってきた。いまや、これまでの十二年をふり返って、まとめを試み、展望をさぐる時がきたのである。いまや、女性に関する知に、基礎的な蓄積がある程度できていることに、なんの疑問もない。したがって、この知の中身、つまりその有効性と問題性を問い、さらに、それが決定的に獲得されたものであるのかどうかを、問いなおす必要がある。女性史研究の素材と結果になんらかの作用をおよぼした、あらゆる「できごと」を一列に並べ、一定の距離を保ちつつ、批判的に検討しなければならない。それによって、おそらく、あらたになにが必要であるのかが、はっきりするであろうし、あらたな方向性を見い出すこともできるだろう。あらたな反応と批判の形態を、ある程度予想することができるだろう。さらには、歴史学と、女性史研究とを、より緊密に結びつけることも、可能となるであろう。ただし、そのためには、女性史研究の構造そのものまで変えてもいい、という覚悟はいるけれども。

正確な把握はどのようにすればできるだろうか。ここでは、判断したり、後悔したり、不可解な称賛をみさかいなくふりまくことは、問題外である。むしろ時間をかけなければならない。うしろをふり返えり、たどった道を逆むきにさかのぼる時間が必要である。また、考察が幅広く、しかも地についたものとなるように、基準となる点を定める時間もいる。これは欠くことのできない時間であり、必然的な段階のようなものである。というのも、女性史に対する要請は、日ごとにふくれあがり、根強いものとなっているからである。したがって、獲得した成果だけでなく、行きづまりからも、なにかをひき出さなければならない。問題意識を凝縮したうえで、これまでの足あとを省みるとともに、これからの道すじを探らなければならない。

現在のところ、問題は共同の作業を組織することにあり、そのために重要なのは、女性・男性を問わず、すべての研究者を網羅したリストをつくることである。困難ではあるが、男性の同僚たちと話し合うこと――はじめてのことであるが――ができれば、それはおそらく、ひとつの勝利となろう。しかもそれは、できるなら、そこからはあと戻りのできない、原点でなければならない。

女性史の十二年間は、長さの違う、ふたつの時期に分けることができると思われる。最初の時期は長い。すべてがはじまり、女性史の基礎と境界線が、全体として決定された時期である。このころからすでに、女性史に対する受けとめ方は多様であった。第二の時期はもっと最近の、一九七九―八〇年以降の時期であり、このころになると、反応はしだいにはやくなり、問題意識は多岐にわたって、たがいに重なりあうようになる。かつては、研究を発表するのが、対象と自己が同一となる女性研究者や、フェミニズムを動機とするものたちだけだったが、状況が変わってくるからである。

それはすなわち、テーマが、ほぼ完全に世に認められるようになったことを意味する。しかしまた、それは、できうるかぎり鋭く、的確に、方法論と問題意識を問わなければならない理由でもある。

一九七〇—一九八〇年——長い、活気にあふれた初期

社会的束縛や、生物学的束縛からみずからを解放すること。紋切り型《ステレオタイプ》と強いられた機能の影響力とから脱却し、それ自体として存在すること。これこそ、一九七〇年代の女性解放運動が、なによりも強く叫び、求めたものだった。その叫びは、またたく間に広がったが、大きな反響を残しはしたものの、前進の勢いがおとろえた。だが、ただちに、あらたな叫び声がほとばしった。すなわち、存在し、要求するためには、記憶がなければならない、隠された過去にわけ入り、歴史学がかつてとりあげたことのない、わたしたち女性の先達をみつけ出さなければならない、という声が。

ところが、このどうしても必要な記憶を探しもとめていくと、たちまちのうちに、それが存在しなかった理由につきあたる。だから、すべては、はじめからやっていかなければならず、探しもとめていかなければならない。というのも、歴史が、時の流れを中性的に物語ることによって、

女性を消しさってきたため、女性研究者が手にするのは、一連の累々とつづく男性の資料だけだからである。こうして、女性の不在は、資料の面からも再度裏打ちされてしまう。こうして女性は、ふたつの表情をもつことになる。ひとつは、忘れられていたヒロイン、ないしは、例外的に記憶されていた女性という顔であり、もうひとつは、歴史の中で沈黙をしいられてきた、女性全体という顔である。これらは、ふたつのテーマとして、大学での研究や、運動家の書くものをつらぬき、フェミニストの新聞にも、また出版界にも同時に登場する。すなわち、一方では、忘れさられていたわたしたちの先達、わたしたちの母や姉たちの伝記が、ふたたびとりあげられる。と同時に他方では、古文書が女性について一見沈黙していることをよりどころとして、女性がその犠牲になってきた抑圧を、浮き彫りにしようとするのである。女たちを救いださねばならないとすれば、それはふたつの場合とも無からである。古い資料のなかで用いられている用語が、このことを教えてくれている。隠喩とは、もともと、うわべを示しながら、奥にあるものをかいまみさせるものである。それは、隠されたものを補い、沈黙を破り、ふたたび記憶喪失におちいらないようにするものなのだ。

はじめは否認と忘却のなかからつくり出された女性史が、最初の時期に心性史と結びついたのは、だから、当然のことだった。だが女性史は、心性史の飛躍だけでなく、人類学の飛躍の助けをも同時に受けている。いまや、すべての人間科学によって忘れられてきたものを、復元すべき時期にきている。社会からはみ出した人びと、異常者とみなされてきた人びと、狂人、囚人など

「歴史から排除されてきたものたち」[1]が、歴史学の対象になってきている。かれらは、すべての人間科学において、名誉を回復されつつある。だから、女性もまた当然、そこにみずからの席を見い出すはずなのである。

こうして新しい領域がきり拓かれ、初歩的な知識がつみ重ねられるなかから、すでにいくつかの問題が生じている。実際、知らしめよう、認識させようとすれば、ほとんどの場合、なんの警戒の念もなしに、多かれ少なかれ一種の実証主義に行きつくものである。たしかに、この実証主義は緊急の手段として必要である。急がねばならないし、これまでいわば無視されてきた領域を、きり拓いていかなければならないからである。だが、まず記述することを優先し、問題を深めるのをおろそかにしていては、いくつかの問題をあとに残すことになろう。なんといっても、女性に関する事実は、ほとんどもっぱら支配と抑圧を軸として現われてくるということが、遠からず確認されるからである。

ところで、この最初の時期の正史をつづるならば、その主なテーマが、身体、性、母性、女性の生理学などに関連するものであったことがわかる。あたかも、この最初の時期には、「女性の自然性」からはなれることが、不可能であったかのようである。しかしこの「女性の自然性」は、それが歴史的に解釈される時期になると、ただちに否定される。たとえば、女性の労働に関する研究でも、初期のうちは、このような生理的機能を重視する視点が、一部出てくるであろう。伝統的に女性本来の姿《アイデンティティ》とみなされているものに、もっとも近い労働を、まずとりあげようとするからである。看護婦、産婆、乳母、小学校の教師、あるいは家政婦についての著作や論文が、こうして生まれる。ところが、「女性の労働」は、じつは、それほどはっきりと分化しておらず、性別による役割分担にぴったり一致しているわけでもない。そのことがわかるのは、もっとあとになってからである。性別による役割分担とは、それぞれの時代に対応して、社会が決めるものなのである。[2] 女性の生理学的側面は、このように、さしあたっての課題、埋めるべき空白として選ばれた。だが、伝統的な女性の役割を、歴史的にとらえようとすると、こういうテーマの選び方は、ある種のパラドックスにつきあたる。それは逆に、わが文明を古代から現代までつらぬく、女性の一貫して変わらぬ自然性という根づよい神話を、おそらくは再確認することになるのである。

女性史が誕生すれば、どんなふうにそれを書くかが、同時に問題となってくる。女性固有の書き方《エクリチュール・フェミニーヌ》で歴史を書く必要があるか否か、ということがである。この問題は、歴史学という学問の分野を越えている。それは、女性固有の書き方をどう規定するのか、という問題なのである。たとえば、歴史学の分野には、考え方にも、書き方にも、女性であることからくる主観性を求めない、女性研究者がいる。だが、これらの研究者たちでさえ、つぎのような疑問を一致して投げかけている。すなわち、そういう自分たちの著作さえもが、女が書いたというプリズムをとおして、読まれているのではないか、と。

だから、ここでこそ、既成の研究機関が女性史をどうみているかに、話を移さなければならない。研究機関の反応に呼応して、必然的に、一定の数の研究実践が生まれてくる。すると、こんどは、これらの実践がまた別の反応をひき起こす。こうしたことがくり返されていくうちに、女性史には、他のタイプの研究にはない独自のいろどりが、そえられることになるからである。

こうした作用をおよぼすという点で、研究機関のとる姿勢は、あくまで結果としてではあるが、相対的に決定的なものとなる。まずは驚いた——女性史の出現は、やはりひとつの勝利だったから——ものの、研究機関は、寛容な態度をきめこむ。そこで、女性に関する研究は、もっぱら、このあたえられた自由をよいことに、独自に展開されていった。だが、そのために、この寛容な態度のうらに隠された、ふたつの意味にこだわる余裕が、かえってなくなったのである。そこにはまず、なぜもっとはやく、歴史の流れのなかに、性差を導入することを思いつかなかったのか、という一種の罪の意識があった。また、アリバイ的にこのテーマを利用する一種のズルさも、そこに隠されていた。しかも、このアリバイには、ふたつのかたちがある。まず、いくつかの大学で、女性学研究がそこの誇りとなっている場合だが、そこには、教会が貧民を受けいれるときと、いささか似かよったものが認められる。もうひとつは、近代性、あるいは、進歩主義的イデオロギーの正当性という口実で、女性学研究を受けいれてきた大学の場合である。どちらにせよ、この寛容な態度は単なる追認であって、女性学研究を励ますものではない。だからそれは、たちまちのうちに、女性学研究をそれ専用の空間に、一種の囲い地の中に閉じこめることにつながる。この沈黙が男性研究者たちのほぼ完全な沈黙という背景のうえに、孤立させることにつながる。この沈黙が集団としての沈黙であることを、知っておかなければならない。つまり、もちろん、個人の間の意見交換は別にしての話だが、そこでは、行なわれたり、書かれたりすることに対して、いかなるタイプの反応もみられないのである。いかなる効果も返ってこないのである。これは、しかしながら、どんなことにもただちにコメントがつく人間科学のなかでは、かなり稀なことである。影響をおよぼしあうことも、まったくない。それはあたかも、たがいに問いかけもせず、見も知らぬ、まったく隔絶した、ふたつの歴史学がつくられたかのようである。女性史をとり巻いていたのは、寛容なふくれ面のようなものであるが、このような初期の姿勢は、いくつかの帰結、ないしは歪んだ影響をもたらすことになる。研究室のなかには、「正式な研究者」の地位をもたない女性たちがいた。こうした女性たちが、女性史到来の時を、研究者という、みずからの知的存在の可能性をもたらすものと受けとめたのは、けっして偶然ではない。たしかに、こうした研究者の地位は、女性をもふくむ正式な研究者の地位と比べれば、低いものだった。ところが、このことが、結局のところ、有害なプロセスを生みだすのである。つまり、地位の低さゆえに、かの女たちが従事していた研究の領域の、(ほかの研究への)影響力がさらに弱まってしまったのだ。くわえて、女性史にたずさわってきた女性たちには、ひとりひとりがどのような地位にあるにせよ、全体として、アプローチの方法にいくつかの弱点があった。こうした弱点に乗じて、各研究機関は、女性史を意図的に黙殺しようとする。すなわち、一方で許容しておきながら、女性史はしょせんつまらぬものという考えに、こり固まっていくのである。労働史の場合は、このようなことはなかった。他の分野の研究ほど優秀な研究がまだ出ていないときでも、労働史の正当性は、けっして疑われはしなかったのである。

このように、女性史は、実際には、すこしも寛大な目でみられていなかった。そして、そのために、いくつかの方法論的な行きづまりが、いっそう深刻なものとなったことは、疑いの余地がない（認められていないと感じることは、かならずしも、つねに発奮の材料となるわけではない）。また、研究者の就職差別も、いっそう厳しいものとなり、しかもそれは、しばしば性差と一致するようになっている。こうして、奇妙にも、堂々めぐりすることになったのである。

大学でも、よそと同じように、こうした状況全体をみわたして、あらたな考え方が生まれてきた。女性学が一種のゲットーになってしまうのではないか、という恐れが生まれてきたのである。たしかに、アメリカでのように、「女性学《ウイミンズ・スタディ》」を独立させ、女性学課程の修了証書を授与したとしても、フランスでは、そんな証書は、雇用市場でかならずや低い評価をうけ、ほとんど役に立たないにちがいない。そこで、内部討論をたび重ねた結果、女性学を歴史学全体から分離すべきでない、という要求が勝利をおさめたのである。女性の状況をテーマとする修士論文や、博士論文も、通常の課程で、他の研究と同じように扱われ、内部から研究機関に浸透していくほうがよい、と考えられたのである。

女子学生や、女性研究者が、より多くを求めるにつれて、あらたな問題意識も生じてきた。永遠におとしめられ、抑圧される女性、というテーマはもうウンザリだ、という気運がみられるようになったのである。そこで、このいわゆる「悲惨主義的」潮流に対して、生き生きとした、反逆する、能動的な女性の存在をテーマとする潮流が現われ、ときにはいくぶん勝ちほこって、女性のゆるぎない横顔を描きだすことになる。それは、女性蔑視の男性と、支配される女性という、出口のない「見取図」を転換しようとするものである。この女性蔑視という概念は、多くの研究でカナメの役割を果たしてきたが、その機能については、いかなる説明もなされたことがない。しかも、つねに道徳的判断をともなっているために、決定的不変性をもつカテゴリーとして、固定されてきたのである。

研究の数が増えてくるにつれて、そのなかのいくつかは、出版界に十分大きな反響をよぶようになった。大手出版社の多くが『女性』叢書を出しはじめ、新聞、テレビなどのマスコミも、このテーマにとびついた。しかも、大衆の期待は現実的なものだった。それは社会的要求にまでなっていた、ということさえできる。たとえば、いくつかの女性の職業では、その過去が深い考察の対象となりはじめていた。そして、職業活動のいくつかの部門では、女性の状況を考える手助けをしてくれる、専門の女性歴史家を必要としていた。なかでも、その需要がもっとも多く、かつ根強いのは、社会教育の領域だった。看護婦や（女性）ケース・ワーカーの養成学校では、その課程の中に職業史教育をとり入れた。監獄の教育指導官、教育相談員、グループ活動の指導員、家庭調停員など、さまざまなソーシャル・ワーカーたちも、女性と家族に関するテーマをめぐって、定期的に講演会をもつようになった。私的生活の歴史や、女性の歴史にも、きわめて熱い期待が寄せられはじめた。そのため、単にこうした需要に応えることが、困難になっただけではない。さらに困難なのは、エキスパートの役割を果たさなければならないことである。というのも、社会に関してすべてを説明できるエキスパート、などという役割そのものが、はなはだ異論の余地のあるものだからである。

ふたつの雑誌——『アナール』誌と『イストワール』誌

これまでの分析に平行して、ちょうど同じ時期の、ふたつの雑誌の動向を概観しておくのも、おそらく興味深いことであろう。このふたつの雑誌では、それぞれ異なったレベルで、歴史学がつくり出されていたからである。そのひとつは、『年報《アナール》——経済・社会・文明』（A・E・S・C）誌であり、その名声と国際的反響は、よく知られている。もうひとつは、『歴史《イストワール》』誌であるが、こちらは、きわめて広範な読者を対象に、一九七八年、スイユ社から創刊されたが、この創刊の背景には、歴史に対する大きな期待があるという確信があった。すなわち、歴史は現在に光をあて、未来への不安を解消してくれると、考えられていたのである。

一九七〇年から一九八二年までの間に、『アナール』誌は七一巻をかぞえ、七五一篇の論文を世に送りだした。そのうちの一八・五%、一三九篇が、女性によって書かれているが、この比率は、歴史学における業績数、および研究者数の男女比率に、ほぼ一致している。

一九七二年の「家族と社会」特集号（四―五合併号）は、別個に検討する価値があるので、ひとまず除くとしよう。この特集の二二の論文では、親族構造、家系、結婚戦略、およびそれらの変型が、とくにとりあげられている。ただし、そこでの研究で、女性の状況がとりたてて強調されているわけではない。ともかく、この特集を除くと、全体の四・五％、三四の論文が、女性、婚前妊娠、結婚、性、親族組織、家族共同体、およびそれらの変型をとり扱っている。そして、そのうちの一七篇が女性によって、残り一七篇が男性によって、それぞれ執筆されている。このように完全に同数の執筆者がいるということは、こうした問題に対する関心が、男性と女性に共有されていること、その動機として、歴史界全体が親族の構造に対して強い関心をもっていること、を示すものである。

この三四篇の論文のなかから、さらに、主として女性を対象とした一三篇を、「ぬきだす」ことができる（もっとも、判定がむずかしいものもある。まったく正確で、説得力のある判定をするには、すべての論文を検討するのが得策であろう）。この一三篇は、時期的にみると、以下のような分布となっている。

一九七〇年　二篇
一九七二年　一篇
一九七六年　二篇

一九七七年（「医療」特集号）　三篇
一九八〇年　一篇
一九八一年　二篇
一九八二年　二篇

七篇は男性執筆者によるもので、そのうち六人が外国人、他の六篇が女性によるものであり、そのうち一人が外国人である。(3)

どんなテーマを選ぶかは、おそらく、資料の入手状況にもかなり左右されているはずであるが、その分布状況には、意味深長なものがある。すなわち、一三篇のうち九篇までが、身体、出産、医療、修道女、娼婦に関するものなのである。(4) 残りは、男性的なもの、女性的なものという概念をとりあげている。つまり、ここにも、すでにのべたものと同じ女性研究の方法が、縮図となって現われているのである。すなわち、「自然性」、あるいは、もっとも原初的なかたちの女性の機能を、とりあげるやり方である。社会的、政治的紛争とか公的生活における女性の存在や、女性の労働をとりあげた研究は、まったくない。同様に、経済生活、生産と消費の体系のなかの女性についても、語られることがない。さらには、文化体系や、あるいは表現体系の研究にすら、女性の姿はない。また農業、工業を問わず、技術が問題になるときにも、女性の影はない。たしかに、『アナール』誌は、全体として、古代、中世および近代史の研究を優先させている。しかし、だからといって、この空白を正当化することは、まったくできないのである。

親族構造に関する論文も、こまかく検討する必要があろう。そうすれば、どんなふうにして、性差の問題がしばしば消去されてしまうのか、また、それがいつの時点からなのかが、もっとはっきりとわかるからである。

ともあれ、女性史と『アナール』誌とは、一種奇妙な関係にある。すなわち、そこには女性史が存在していないかのようにみえる半面、厳然と存在してもいるのである。女性史の不在、それは、『アナール』誌が、ほかで論じられていた、女性の問題に関する問題提起を、ほとんどまったく、とりあげなかったからである。家族と親族体系をめぐるはなばなしい論争には、そのような新しい問題意識がなじまない、というわけだ。この分野における、アメリカでの試みについても、まったく触れられていない。アメリカでは、家族や親族体系の研究にも、女性やフェミニズムの歴史に関する雑誌が、出現しはじめているのである。だからといって、正史編纂的傾向が、この雑誌に、とりたてて目立っているわけではない。それは、『アナール選集』——もっとも新しい、刺激的な出版物が、ブルーの両面刷で一覧表になっている——をみてもわかる。ただ、同誌は、その精神に忠実に周囲の知的、イデオロギー的興奮状態から、距離をおいているだけなのだ。戦闘的な実践活動に参加することよりも、方法論の革新を、つねに優先してきたのだ。『アナール』誌における女性史の存在、それは、同誌に発表された女性に関するいくつかの論文が、特異な運命をたどったことにみてとれる。

男の空間と女の空間、という問題を最初に扱った論文が、すでに一九七〇年に、この雑誌に掲載されていたというのは、考えてみれば、ふしぎなことである。それは、リュシエンヌ・ルーバンの論文である。(5)ところが、この斬新な論文は、かなり時代に先んじていたため、十二年後になってやっと、その方法論と問題意識について、大きな関心が寄せられることになる。すなわち、これに応えて、ふたつの論文が『アナール』誌に発表されたのは、なんと一九八二年のことなのである。そのひとつは、ニューギニアのトロブリアンド諸島から戻ったばかりの、アネット・ウェイナーによって発表された。(6)そして、もうひとつは、イタリア北東部・フリウリ地方の女たちを調査した、ルイーザ・アッカータ゠レヴィのものである。

また、これよりはやく、一九七二年に、ロバート・トレクスラーが、中世末期の独身女性と、フィレンツェの修道女に関する論文を、『アナール』誌に書いている。(7)この論文は、人口学を有効に用いた研究の好例である。かれの研究は、修道院が若い娘や独身女性であふれていた事実を、当時の経済や税制の状況と関連づけてとらえている。そして、そのために、伝統的解釈におちいることなく、経済的機能と、性別による役割分担の決定との関係を、解明するにいたっている。

つぎに、別のふたつの論文をとりあげてみよう。このふたつが、女性歴史家集団のなかだけでなく、フェミニズムの運動家たちの集団においても、象徴的な運命をたどったようにみえるからである。最初の論文は、一九七六年に、J・ロシオによって発表された。(8)そこでは、十五世紀フランスの売春という現象が、当時の若者の地位と緊密な社会構造との関連で、とりあげられている。この論文は、一時期、きわめてフェミニスト的であるとみなされ、広く引用されたり、活用されたりした。だが、その後は一転して、フェミニストの側よりも、むしろ、一種の男性優位の思想の側に立つものとみなされ、断固しりぞけられるようになる。このような評価の急変は、以下のように説明できるだろう。すなわち、その社会的機能を研究するのはいいとしても、J・ロシオは、最終的には、売春という現象を、制度として肯定してしまったのである。売春を、異なった世代間や社会集団の間で平和を維持するための制度、とみなしたのである。こんなふうに、売春をノーマルなものとし、それが社会に組みこまれていることを強調したのでは、批判を受けてもしかたがないといえよう。

これとは反対に、J・ジェリス(9)による、近代フランスの産婆と産科医に関する研究は、男性による女性の役割の剝奪という、女性史における有力なテーマにおおいに貢献した。ただし、この研究のもつ、きわめて鋭い側面のいくつかは、おそらく、まだ正しく評価されていない。というのも、ジェリスが、当時の政治関係と、医学知識における技術と道具の所有をめぐる論争の重要性を、指摘しているからである。

これまでの分析は、さっと目を通したといったものにすぎず、本来ならば、この雑誌は、もっとていねいに分析しなければならない。ここでは、とっかかりのアプローチとして、『アナール』誌における女性史の不在と存在について触れただけである。だが、それだけでも、女性史が、研究界全体のなかで、どのような位置をしめているかについて、かなり忠実なイメージがえられたものと思われる。

ところで、一九七八年五月に創刊された雑誌『歴史《イストワール》』は、『アナール』誌とはとても同じ基準でみるわけにはいかない。読者層が異なるからである。同誌は、これまでの雑誌(『イストリア』その他)に知的満足を感じていなかった中等教育の教師のすべてや、広く歴史を愛する一般読者をねらいとしている。そこで、同誌における女性史の地位と、編集への女性の参加ぶりを軸とし、発行部数の大きさ、歴史学の専門家に書かせようとする意志、読者に好まれたいし、納得させたいという野心などを手がかりとして、すみやかに同誌を検討することができる。

その創刊から一九八二年十一月までに、『歴史』誌は四九号を数えた。各号は約一二〇ページで、そのうち七〇ページが主論文にあてられ、残りは、特集記事やその他さまざまな欄にあてられている。四九号で三、五〇〇ページにのぼる主な論文のうち、八〇ページすなわち、二・三%が女性に関する論文である。

これも、合計で二、〇〇〇ページになる特集記事のうち、六四ページが、女性に関するものにあてられている。

なかでは、ふたつのテーマがとくに目立つようである。ひとつは、ジャンヌ=ダルク、カトリーヌ=ド=メディシス、エリザベス一世などの有名な女性に関するもの、もうひとつは、修道院やハーレムのような、女性の集団に関するものである。そのほかには、女性とフランス革命、女性と中世、フランス映画の中の女性労働者など、より問題性を含んだ論文が、ところどころにみられる。

また、もっともよくとりあげられている時代は、中世と近代であり、十九、二十世紀にはあまり触れられていない。

たしかに、『歴史』誌では、女性史や、フェミニズムや、現代の女性が、あまりとりあげられていない。だが、これと対照的に、同誌のなかで、女性が、積極的な役割を果たしていることもまた、たしかなのである。つぎにあげる数字は、主な論文に関するものでしかないが、五四篇の論文が女性執筆者によって書かれており、その時代区分はつぎのとおりである。

先史時代	一篇
古代史	九篇
中世	八篇
近代史	一四篇
現代史	一三篇
民族学・紀行文	九篇

このように、三、五〇〇ページのほぼ七分の一にあたる、五四〇ページをしめている。そして、女性が書く場合には、風俗史、社会史、民族学、伝記、ないし「時代への旅」という見出しの論

文が、よく選ばれており、もちろん例外があるにしろ、とくに女性について書くことは、反対にむしろ少ない。

このような分布の状況が、また、歴史学の専門職における女性の地位を反映していることを、忘れてはならない。歴史学は、男性のものとみなされてきた部門であり、したがって、男性の学者が依然として多い。つまり、このことによって、右の分布状況の説明がつくのである。ただし、これは強調しておかなければならないが、この雑誌は、しばしば、女性に関する論文を熱心に求めたことがあり、したがって、それに素材と結果を提供する責任の一端は、また女性の側にもあったのである。

一九八〇—一九八三年——女性史はいまどこにいるのか？

すでに強調したとおり、最近の三年間で、女性史の方法と、それがつくり出した成果とのあいだで、往復運動がますます速くなってきている。これはあきらかに、この研究領域が、いまや、公認のものとして受けいれられるようになったからである。いまはもはや、正当化や征服の段階ではない。たしかに女性史は、はっきりしたイデオロギー的問題意識と、実存に関わる姿勢とから生まれた。けれども、現在では、多くの人びとが女性史を手がけるようになり、その書き手とのあいだには、政治的なつながりが、かならずしもなくなってきている。

また、マスコミの反応も、見かけは、女性史を一般大衆のものとしている——あるいは、かれらにとってノーマルなものとしている——ようにみえる。けれども、その反応は、同時に、一種のブーメラン効果となって女性史に対立するようになり、それが、女性史のまわりに、たえず独特な雰囲気をつくり出す。たとえば、いきいきとした、反逆する女性を、浮き彫りにする研究が現われるとする。するとすぐさま、一方では、そんな研究はフェミニズムの消滅につながる、という反論がおこり、他方では、それは、「口出し好きの女」、「ガミガミいう女」という伝統的な女性像にすぎない、という非難が生じる。あるいは、作家が、多数の読者を獲得する作品を書くと、場合によって、その成功の理由を、女性をめぐる「悲惨主義」に求めたり、あるいは、単に永遠の詩的インスピレーションに求めたりする。

たしかに、研究論文（男性によるもの、女性によるものを問わず）のなかには、問題意識そのものをあらたにすることなく、テーマを時流に合わせただけのものもある。つまり、論文ならば段落をひとつ、学術論文ならば章をひとつ、一冊の本ならば一ページばかりを、書きくわえるだけで、「性差の概念」を真剣に問おうとしないのである。(11)

だが、それと同時に、女性による女性史研究の成果も、増えてきている。各大学での多くの研究や教育、このテーマについて各研究所ですすめられている調査、『ペネロップ』誌がよびおこした期待、(12)一九八三年十二月のトゥールーズでのシンポジウムなどをみるがいい。また、国立科学研究所は、はじまったばかりの女性に関する研究の、受けいれ機関をつくりだそうと努力している。このような期待と、流れと、研究機関の動きをみれば、こうした成果全体が、今日、あらたな問題意識（あるいは、意識群）を提起している、といってもいいすぎではないだろう。そして、この問題意識こそ、性差の分析を、政治的に定義しなおす原動力となるのである。

にもかかわらず、依然として、支配と抑圧の弁証法が、かくれたところで、あい変わらず作用しつづけている。そして、そのために、男女両性のあいだの対決、そして、両性がそれぞれこの対決に賭けたものの、社会的、経済的、政治的な歴史は、ほとんど不可能になっている。事実、多くの分析は（もしも、真剣に総括し、未来に向かおうとするなら、このことを認めておかねばならない）、堂々めぐりの論議からぬけ出ることができず、はじめに前提としたものに手をふれることなく、そのままそれを帰結にもちこんでいる。

たとえば、十八、十九世紀に関する研究の場合、テーマの選択にあたって、規範を扱った言説《ディスクール》やテクストにかたよる傾向が、ことに強い。このようなかたよりは、資料の入手が困難であるという点からみれば、当然なものである。けれども、このかたよりがあることについては、また、それがどんなふうにして現われてくるのかについては、とくに問題にしなければならない。たしかに、規範を語る言説にこと欠きはしないし、そこでは、女性が特別大きな位置をしめている。女性、男性の文学者、哲学者、医者、司祭と神学者、法律家そして教育者たちが、女性について、女性のもつ危険性、生理、病気、あるいは、女性が家族と社会のなかで担うべき機能について、いたるところに書いている。そして、こうしたテクストのおかげで、男の世界と女の世界との関係、一方の他方に対する束縛、などについてのイメージが浮かびあがってくる。したがって、このような文献が、多くの研究の対象となり、研究者の注意をひくのも、驚くにあたいしない。しかしながら、そうした研究には、ほとんどの場合無意識であるにしろ、他の時代に書かれたものに対して、よくもこんなことが書けたといういきどおりがみられる。そこにみられる分析を検討してみると、そのあとは歴然としており、このいきどおりでもって、分析の方向性が決められたかにみえるほどである。これらの研究は、このいきどおりのまじった驚きの効果をふりかざし、読者とテクストとのあいだにある明らかな時代のズレには、口をつぐんでいる。その研究をすすめる気力《ばね》は、女性について、いわれてはならなかったにもかかわらず、いわれてしまったものをありとみせることにある。こうして、研究の対象となった一群のテクストは、すこしずつ、一種の注釈のようなものとなり、かつて書かれた他のテクストを告発し、それによって、それ自体の価値を、わずかずつ高めるのである。

たしかに、女性について書かれてきた文献を広く知らせ、その枠内で、女性が演じさせられてきた役柄を、明らかにしておく必要はある。けれども、この必要性が、テクストの分析に優先してしまうと、堂々めぐりの奇妙な結果が生まれる。すなわち、テクストそのものを、つまり、言説の形態、その受けいれられ方、その類似点や相違点についての時代区分、その社会的・政治的機能などを、まず問題にする必要があるにもかかわらず、論文の書き手たちが、それを忘れてしまうのである。そのため、ちょうど鏡のとりこになるように、(女性の)書き手たちは、テクストのとりこととなり、(これらのテクストによって)すでにいわれてきたことを、かすかなこだまのように、いつまでもくり返すのである。これでは、いつまでたっても、テクストの中で、なにが逸脱や違反とされ、なにがどうでもいいこととされているのかに、気づかないであろう。テクストが、その時代の社会的空間のなかで、なにをつくり出し、なにを破壊していたのかが、わからないであろう。このように対象にしばりつけられてしまうと、注釈するつもりが、ときには逆の結果になってしまうことすらある。いきどおりが、ほとんどそのまま、奇妙な自己催眠にすり変わってしまうのである。研究の対象である言説のほうが、それに投げかけられている視線よりも強く、反射映像が、いつまでも本物のようにみえ、ちょうど鏡にすっぽりとはまり込んだような、状態になる。

この自己催眠を問いなおし、その動機をよく考えてみなければならない。そして逆に、男性を対象にした規範に関するテクストを、もっとよく検討しなければならない。女性の生活に関する資料(それが、実際のものであれ、男性によって書かれたものであれ)だけを分析し、それを、男性の生活に関する資料と、対比しないとすれば、そこには、おそらく、方法論的、および知的なある弱点がでてくるからである。

女性史は、過去ときわめて両義的な関係にあり、それについて論じることも、実りの多いことであろう。まず、一方に、女性の条件は時代とともに進歩してきた、と主張する研究がある。そして、他方には、その地位が、永遠に変わることなく、不当に過小評価されてきたとみる研究もある。これでは、まるで、歴史というものが、一本の線のようなものであるのは当然であって、そこには前進も後退もないかのようである。あるいは、現在が、完全に固定した過去そのままであるかのようである。女性の文化的、社会的、政治的アイデンティティの歴史を再現するということは、この歴史が、不変のイメージに凍結しないようにすることである。完了した過去と、伝統によって麻痺している現在という、現実と一致しないふたつのイメージに、とじ込めないようにすることである。歴史とは、矛盾の場、前進と後退のある場であり、筋のとおった部分と、とおらない部分とが、それぞれにふさわしい位置をしめて、重なりあっている場である。歴史は、永遠不変の場ではありえないのだ。

ごく最近になって――これは、おそらく、女性史のかなりめざましい成果なのであるが――、女性だけをテーマとした、男性による研究が現われるようになった。しかもそれは、学生や若い研究者によるものではなく、重要な研究ポストにあって、外国でもフランスでもそれと知られた業績をもつ、熟年の男性の研究である。この新しい事実は重要である。それは、もう十二年も前にはじめて提起され問題が、歴史学の領域で受けいれられ、認められたことを意味する。男性の女性に対する支配は、語られ、書かれうるようになった。しかも、支配する性に属するがゆえに、これまで告発されてきた、男性たち自身によっても、である。ジョルジュ・デュビー[13]とモーリス・ゴドリエ[14]が、それぞれのみごとな著作の中で、それぞれまったく違ったふうにではあるが、それについて語っている。ひとりは、内省と謙虚さをもって、もうひとりは、罪の意識と償いの念をもって、無知の恐ろしさを語っている。もちろん、それぞれの意見の、正当化のやり方、書き方と公表の仕方はいろいろであり、いってみれば、それらは、多かれ少なかれ、研究者の生存の条件とかかわっている。けれども、それがどのようなものであれ、この承認の影響については、よくよく考えてみなければならないし、その際、男女を問わず、歴史家たちが現在展開している論争において、いかなる困難も回避してはならない。

その他、それほど権威をもたない男性研究者の、きわめて最近の研究についても、一言いっておく。女性研究者が、女性の規範に関するテクストばかり好むことについては、さきに批判したとおりである。ところが、ここでとりあげた研究では、その影響が、男性研究者にも現われているのである。たとえば、あるテクストの女性蔑視を明らかにするという口実のもとに、このテクストとの奇妙な同盟(共犯関係といってもいい)が、結ばれる場合がある。ところが、そこで用いられている語彙が、口あたりもよく、歓心をくすぐるため、読者にはもはや、筆者がテクストの影響を告発しているのか、それとも増幅しているのか、よくわからなくなる。まるで、筆者自身が、はじめは有罪と認めていた女性蔑視の側に、ひそかにのり替えたようにみえるのである。

古代社会や近代社会の歴史においてだけでなく、人類学においても、今日、男性と女性の問題が、重要なテーマになっているし、それを分析することも、また興味深い。というのは、人類学においても、研究実践とその結果は、同時に解読できるからである。ここでも、男性と女性の関係という問題意識が十分に有効であり、これまでつみ重ねられてきた知の形態の転換を、可能にする。すなわち、男性と女性というプリズムを通して、わたしたちの社会を調査することによって、私的空間と公的空間の関係、あるいは、社会的ではあるが、あくまで家庭内の権力と、公的権力との関係、というテーマが明るみに出てくるのである。ところで、ここで、つぎのような疑問が出てくるかもしれない。これら人類学のアプローチが成功したのは、ある意味で、調査を政治の領域にまで広げえなかったことが、むしろ原因ではなかったのか。男性と女性の関係を、総体的な、社会的、政治的制度のなかで研究できなかったことが、原因ではなかったのか。という疑問が、それである。だが、家族と家政の領域は、さまざまな形態の男性の政治権力に対抗する権力、あるいは、これと対をなす権力とみなされている。したがって、この領域の研究によって、同時に、まったくあらたな研究が、影響力の不均衡、衝突、闘争が展開される領域を対象とする研究が、生みだされるはずである。「男性と女性の関係の研究が、女性史のあらたな否定となることを、拒否しなければならない」とは、最近あるセミナーで、ポーリーヌ・シュミット＝パンテルが語ったことばである。

結局、肝腎なのは、男女両性それぞれの役割のあいだの緊張の歴史を確立し、このふたつの対立と相互補完作用から、歴史という物語全体をつらぬく節目をつくり出すことであろう。ただし、その際には、知の閉じられた空間をつくり出してはならない。まったく逆に、必要なことは、歴史家が設定する問題を一新するために、性差の概念を導入することであろう。連続しつつ、しばしば重なりあう、いくつもの時期を追跡することであろう。そこでは、女性と男性のあいだで、力関係、無関心、権力闘争、憎悪、欲望などが、社会と政治の組織のすべてを織りなしてきただけでなく、両者が、文化体系と文化的想像力とを、分かちあってきたからである。同じく、男性の側にも、女性の側にも、決定的な変わることのないものをもちこんではならない。むしろ、細心の注意をはらって、変化や違いをあとづけることが、肝要なのである。そのために、両性が共有する世界の内部でこそ、社会的亀裂や経済的緊張が重要性をもつことを、強調しなければならない。男性の役割と、女性の役割とは、時代の流れや、社会階級の違いによってのみ、変化してきたわけではない。両者は、それぞれの歴史の各時期ごとに、一定数の機能をはたしてきたのである。歴史家は、男女を問わず、これらの機能が決定され、また、たがいに対立するありさまを、復元しなければならないのである。

中世学者、女性、時系列研究

クリスティアーヌ・クラピシュ＝ズュベール

健康図説のミニアチュア、1385。仕立屋の店で男性の職人と共に、衣服を縫う女徒弟たち。

中世の女性史が書かれるフィールドは、長い間にわたって、法律という枠のなかに、つまり「女性に関する法律」の分野に限られてきた。この分野は、十九世紀の実証主義歴史叙述によって、ひろくきり拓かれたのだが、当時は、これだけが、ただひとつの、ゆるぎない女性史の領域だった。つまり、これ以外の領域では、受け身で、ものいわぬ、往時の女性たちの影がかたちをなすことはないとみなされていた。ところで、中世の女性に関しては、今日でもなお、さまざまなことがいわれたり、またかつていわれていたことがくり返されたりしているが、それらはたいがい、この法律の歴史から直接導きだされたものである。現に、ごく最近でも、レジーヌ・ペルヌーがこう書いているではないか。「風俗について知りたいと思うなら、法律を、もっと正確にいえば、法律の歴史を参照するのがよい(1)」。だから、この息の長いアプローチから、その基本原則や、それがもたらしたものをひき出すのは、十分努力に値することなのである。

こうしたタイプの著書においては、女性は、法規によってのみ輪郭が描かれるため、その存在の法的な枠組みだけが、明らかにされることになる。もちろん、女性以外のカテゴリーに分類されているさまざまな民衆——たとえば、農奴とか、自由土地所有者とか、貴族の臣下など——も、まずはじめは、かれらに適用されていた法律をとおして認識される。ただ、これらの民衆とちがって、女性には、生活サイクルのさまざまな段階にいたるまで、法規によって完璧に記述されてしまう、という傾向がある。このように、一種のカテゴリーのゲットーに閉じこめられているため、中世の女性像は、歴史家の眼からみて、背後の社会全体という厚みを、ほとんどもたないことになる。つまり、この法律研究によるアプローチは、女性像を貧弱なものにしているのである。女性が、疑問の余地のない法文という重いマントで、すっかりくるまれてしまい、歴史の当事者だとは思われないからである。そこでは、女性は、法文にあやつられる人形にすぎない。かの女たちに適用される法律にすっかり還元され、けっして、法的人格とはならない。こうして、法規のなかに閉じこめられ、女性は、決定的に、「女性として条件づけ」られてしまう。

もっとも、この条件というものも、やはり歴史学の対象である。というのも、それは、それを規定する法律とともに進化するからである。ただし、歴史家というものは、すべてイデオロギー的な前提をもっているものであり、その前提のいかんによって、進化の意味が変わりうることには、注意しておかなければならない。まず、進化という概念が、楽観的な意味を帯びる場合もある。たとえば、ヤーコブ・ブルクハルト以来、進化とは、いく世紀もつづいた中世というブラック・ホールから、ルネッサンスの光の中へと進むことだった。ロドカナッチーの著書などは、さしずめ、女性の条件に関する、こうした前進的な見方のよい例であろう。そのタイトルの一部をかりていえば、「ルネッサンス以前、ルネッサンス、ルネッサンス以後」というふうに女性の条件を比較すると、女性は、ルネッサンスの時代にはじめて、男性と平等になったことになる。[2] ところが、こうした見方への反動ででもあるかのように、一九三〇年代以降の研究の多くは、中世後期および近代の女性をめぐる法的制度を、もっと暗い色調でとらえている。そこでは、女性の地位が悪化したのは、ブルジョワジーが飛躍的に発展するのと時を同じくして、大学や教会における女性蔑視が始まったためであることが、明らかにされている。だから、そこで強調されているのは、ロドカナッチーの場合とは逆に、中世中期には、「大聖堂の時代の女性」が、行動の自由に恵まれていたにちがいない、ということである。(3) たしかに、法的事実は、考えられるかぎり実証的に確認されている。だが、それでもなお、進化の意味に関して、このように完全に対立する解釈が、現われるものなのである。そこで、歴史家たちは、理論をはなれて実践のほうへうつろうとする。つまり、もっと具体的な足跡によって、人類の半数をしめている、女性の地道な足どりを、明らかにする方向へむかうことになる。

このずっと地道なアプローチは、まず、伝記の研究を通じてなされる。しかし、ここにもまた、女性史を伝統的な欠陥にひきずりこむ要素が存在する。それは、さきにのべた法律研究の場合には、法規の条項が厳密すぎることだった。だがここでは、むしろ、例外的な女性の逸話や、めだった行為が、とりあげられることにある。つまり、こうした特殊な女性たちの生涯は、大衆のそれからは孤立しているにもかかわらず、程度の差こそあれ、勝手にひとつの集団にまとめられ、女性一般の「集団的伝記」のようなものとして、検討されているのである。だが実際には、それらがひとまとめにできるのは、彼女たちの生涯が、共通して特殊なものであるためにすぎない。こうして、女性史においては、「群をぬいた」女性だけが、考慮の対象となる傾向が生まれる。そのうえ、こうした女性たちの集団には、統一性と整合性があるのだと、主張されている。けれども、それはみかけだけのことで、実際にはちぐはぐな集団にすぎない。つまり、どんなに否定してみても、この統一性と整合性の基礎は、それが女性全体を代表していない、という事実だけなのだ。これら先駆けとなった女性たちは、たとえば、アリエノール＝ダキテーヌや、ジャンヌ＝ダルクや、クリスティーヌ＝ド＝ピザンのような、男まさりの強き女だった。あるいは、単に社会的地位によって一般女性から抜きんでた、女修道院長や、王妃や、宮廷女性などの人たちだった。(4)もう一度くり返すが、かの女たちは、その地位によって、一般の女性に対する法規をまぬがれている。したがって、ここでは、法制史家たちのねばり強い注釈が、なんの役にもたたないだけなのである。

　ところで、その所属している社会階層とか、例外的な活動とかによって特殊化された女性たちが、集団として設定されやすい理由は、すぐにわかる。中世の物語り資料が、もっぱら、支配階級と注目すべき事件とを扱っているからである。ただし、このような傾向は、なにも中世史に特有のものではない。それは、女性について（たとえば、十九世紀のフェミニストたちについてであろうと）語られる時には何度でも現われてくる。しかも、女性の伝記のとり扱い方には、はじめの段階からそうした傾向があることを、指摘しておかなければならないようである。名高い女性はすべて考慮に値するというわけだ。つまり、集団的伝記に関するこの素朴な考え方は、結局のところ、性別ではなく、対象となる女性たちの特殊な状況を、研究の基礎資料《コーパス》を形成するただひとつの基準としている。これら女性たちは、理論上も、事実上も例外的な存在なのだ。だから、逆に考えれば、こうした女性をとりあげることは、かの女たちの無名の仲間を、いとも簡単に、従来からの硬直した歴史のほうへ、というよりはむしろ、歴史的でないもののほうへ追いやることになる。ところが、これら無名の女性たちは、機会にめぐまれず、「聖女列伝」によって顕賞されなかっただけなのである。

そこで、これら無名の女性たちは、日常的なもの、家内的なもの、ないし私的なものという側面から、つまり「風俗」という側面から、とらえられることになる――これが、女性に関する歴史学の業績の、第三のジャンルである。事実、中世研究は、おびただしい数の「日常生活の歴史」や「風俗の歴史」を生みだしてきたが、そこでは、「女性」に関する章が、ほとんどかならず、祭礼、食事、家、家具、娯楽などに関する章と、となり合っている。ここでは、女性は、もはや単なる法律上の一カテゴリーではない。また、暗い空に輝く星のようなものでもない。が、女性は、「もの」としての「歴史的事実」という、ひとつのカテゴリーに還元されてしまっている。[5] 女性を、日常的なもの、ないし家庭という空間に封じこめる作業は――あえて指摘する必要があるのだろうか――、まったく天真爛漫に行なわれ、そのイデオロギー的正当性など、分析されることもない。そこでは、女性に、あるいは「女性的なるもの《ル・フェミナン》」に、家内的存在という地位がおしつけられている。しかも、それは、ふたつの社会――歴史家の生きている当代の社会と、その研究対象（つまり女性）の生きていた、過去の社会――のなかで、女性がそうした地位にしばりつけられていることを、意味している。ところが、こんなふうに女性を描きだすシステムそのものは、けっして分析されることがないのだ。女性が「支配する」といわれている日常生活とは、いわば、該博な知識のつまった霧のようなものである。この霧にのみ込まれてしまうと、女性は、その動作のくり返しを通じて、また「もの」との関係においてのみ、描きだされることになる。ところが、もう一方の空間、男性の空間は、四次元、すなわち時間にむかって開かれ、その中で動いている。つまり、年代記の光に照らされている。そこでは、政治的なるものと、創造性との高貴な歴史が、生産技術の歴史とともに展開されている。だが、女性たちの家庭内での日常生活は、そういう意味での歴史性をもたない。たとえ、一部の歴史家が、女性を評価しなおすという賞賛すべき意図をもち、女性が日常生活の中に占めてきた「第一の地位」を、「女性が支配する要素」のひとつとみなしているとしても[6]、である。

このように、中世の女性史は、以下の三つの流れを特徴としていたことになる。まず、法律研究のもつ形式主義の流れ。つぎに、全体を代表しない特殊な例を、くり返しとりあげ、議論する流れ。最後に、女性が単に慣習上受けもってきたにすぎない役割を、はじめから生来のものとして認める、目にみえない流れである。しかしながら、ここ十五年ほどのあいだに、これらの明らかな弱点を克服しようとする努力がなされてきた。しかもそれは、単に、研究対象である女性というものを、もっと大胆かつ厳密に、定義することによってのみではない。それは、新しい方法論の助けをも借りている。そのうえ、これら新しい方法論は、女性史以外の分野で、すでに試されており、現われるとすぐに、万能薬とみなされてきたものなのである。すなわち、計量可能な資料体を集積することと、時系列的にアプローチすることである。この方法によって、明確には分類できない民衆とか、歴史叙述にはなじまないとされてきた部門が、科学的、かつ充分客観的に復元されることになった。単純な法律の規範によって女性の身分を定義し、その生存条件を決定してしまうかわりに、さまざまな実際の文書が対置された。たとえば、代々つづいた遺言状や、あるいは、財産相続の和解状、結婚契約書、土地の賃貸契約帳簿などが検討された。そして、そこに、女性たちが、これらの文書の当事者または証人として、たまたま関わりをもった部分を、みきわめる努力がなされた。かの女たちの戦略や、かの女たちが認め、維持しようとしていた、社会的なつながりの網の目が、みきわめられた。(7) たしかに、女性の行動は、男性のそれに比べれば、社会的な規範にかかわるところが少ないとされてきた。だが、右のような方法にしたがえば、それは、十分にあとづけることができるし、「女性の条件」を、これまで以上に真剣かつ細かに、研究することもできるようになる。それによって、女性の条件が、固定した、動かないものではないことが明らかになり、女性は、自律的な歴史的役割を、とりもどすからである。

このように、時系列的研究を導入することによって、あらたな成果と、そしてなによりも、方法論的な展望の転換が、もたらされるはずである。とくに、伝記的事実をいかにして集積するのか、という点に関して。(8) 個々人の変化に富んだ伝記を、緊密な資料体にまとめることは、中世に関していえば、おそらくむつかしいことであろう。しかも、女性に関しては、男性に関してよりも、いっそうむつかしい。ただしそれは、資料の源泉そのものの性質に問題があるからではなく、一般的にいって、そうした源泉を掘りおこす視点に、問題があるからである。たとえば、これまでも、人物の風貌描写や集団的伝記が作成されてきた。だがそれは、権力とはなにか、権力を握るエリートたちが、どのようにして養成され、どんな役割を果たしてきたのか、という問題意識に応えるためだった。(9) だから、資料体を構成する個人は、すべて男性となる。資料体が、生まれつき受けついだ地位とか、教育や経歴によって獲得した、能力や、権力をふるうための物理的な手段などによって、まとめられるからである。したがって、このような問題意識と、それに対応する分析は、はじめから、人口の半分を占める女性に、ごくわずかしか関わりをもたない。女性が、公式に認められた権力から、排除されていたからである。女性は、軍籍に加入することも、専門的な職業につくことも、官吏として任官されることも、公的な地位につくことも、できなかったからである。女性に認められた「経歴」といえば、せいぜい修道女としての経歴くらいだったが、これとても、修道院の壁のなかのものにすぎず、ありていにいえば、限られた世界の中の経歴でしかない。または、偶然によって(たとえば、司法令状によって名を知られた犯罪者など)、ないしは職業によって(「売春」婦など、つまり、特定のせまい領域にとじ込められ、他とははっきり区別された女性)、極限状況に追いこまれた女性の「経歴」があるだけである。よって、これは、女性をほとんど対象とはしない歴史探究の方法なのだ。それが、権力のメカニズムを理解したい、という問題意識からくる要求に応えるものだからである。つまり、このアプローチは、その問題意識や、それに応える手段からして、女性を排除しているのである。

だから、こうした状況のもとで、個人的な事実からなる資料体を構成したとしても、それは、女性に関しては、きわめて限られたものとなる危険性がある。生死などの純粋に生物学的な生涯や、家系図の中でだけの「経歴」に、せいぜいよくて、人口統計史学の動因の役割に、限られるおそれがある。たしかに、人口統計史学の助けをかりることによって、この数十年ほどのあいだに歴史学の問題意識を革新する多くのきっかけが生みだされてはいる。けれども、それは、女性史に関しては、はたして中立的なものだろうか。なるほど、人口統計史学は、男性側の数字と女性側の数字を、はっきりと平等に扱っている。だが、それでもなお、そこには逃れられない前提があって、それが分析を歪めていることをみのがすわけにはいかない。以下の指摘によって、そのうちのいくつかを、批判してみよう。

まず最初にとりあげることができるのは、用語選定の問題であろう。用語の選定は、かならずしも、つねにに無色透明であるとはかぎらない。というのも、それによって、一般に信じられている偏見が、くり返しとりあげられ、まるで科学的であるかのようなよそおいを、帯びてしまうことがあるからである。たとえば、「結婚市場」などという両義性のある表現が、なんの不都合も感じられることなく、使われてはいないだろうか。たしかに、この用語は、中立的である場合がある。それは、このことばが、需要と供給の至上命令によって定義されるときである。需給の原理は、たがいに配偶者となるべき、男性側グループと女性側グループに、平等に作用するからである。けれども、この表現は、女性に対して軽蔑的な面をもつこともある。配偶者の選択が、男女両グループの均衡にもとづいて、機械的に行なわれるのでなく、そこにさまざまな戦略がはたらく場合である。この場合には、男性が、つねに、人口統計学者によって、イニシアティヴを認められているのに対して、女性は、投資の対象物に、もっといえば、「市場」で求められ交換される商品にすぎないからである。(10)

だがこれは、起こりうる歪みのうちでは、まだいくらか滑稽なものにすぎない。歪みはまだほかに、しかも、おそらくもっとたちの悪いものがある。それは、人口統計的な、および伝記的な事実を、資料体に編成する過程そのものに作用している。こうした歪みは、資料体編成の基準となる項が、たいていの場合、男性的なるものだということからきている。女性史の基準点が、非＝女性的なものによって、決定されることからきている。女性に関する資料体は、残されたもののすべてを、かき集めたものではない。男性に関する資料体から、妻たちを抽出することによって、たいした苦労もなく編成されたものである。つまり、このやり方では、女性の特質をいくら研究してみても、分析の最終段階で、それは、(男性という)もうひとつ別の集団の選定基準に、従わせることになる。(11) たとえば、わたしたちの社会では、家系の歴史を書く際にも、夫側の姓を用いている。だがこれでは、たいていの場合、女性側の血すじが、そして結局は、女性から女性へとうけ継がれた連続性とか、伝統などが、抹殺されることになる。妻というものは、他家から嫁いできて、もともとは別の姓を名のっていたものだし、結婚して他家へいく娘もいる。もしも研究者が、もっとゆきとどいた検討もせずに、父系偏重の家系観をとるならば、これらの女性たちは、調査もれになるはずである。だから、反対に、女性の家系というものを、復元することはできないだろうか。そうすれば、それこそ、まったく違った歴史の戦略が、みえてくるにちがいない。そこでは、女性が、名実ともに、歴史の当事者と仮定されるからである[12]。

男性中心の基準点をもつ例は、もうひとつある。産児制限ないし避妊の問題であり、しかもそれは、近代の人口統計史家によって、重戦車のように完璧に、統計資料にうら打ちされている。だが、この問題に関する結論は、出るべくして出たものである。つまり、はじめから、フランスの男たちが、十分に性生活を統制できるようになった、まさにその時期をねらい打ちにしているため、数字がそのことを明瞭に示すのはあたりまえなのだ。こうして、産児制限や避妊は、すぐれて近代の、しかも男性によってつくられた習慣だと考えられるようになった。けれども、近代以前にも、産児制限や避妊法はあったのである。ただ、それらすべては、中世において教会から攻撃されていたように、はげしい非難の対象だった。すなわち、それらは、女性による魔術的所業であり、しかも、女性のしわざであると同時に、魔術でもあるがゆえに、二重の意味で、効きめのないものとされていたのだ。たしかに、呪文や、あやしげな薬草や、いい伝えの処方が避妊にどれほど効果があったのかを、統計によって測定することはむずかしい。だが、それでもなお、こうした処方は、他の現象との関係において、検討すべきであろう。たとえば、大幅な人口の減少期である中世末期には、魔女の弾圧が行なわれ、魔術を使うとみられていたもぐりの産婆が、不妊や、堕胎や、嬰児殺しをそそのかしていると糾弾された。たとえば、このふたつの現象をつなぐものを、問題にしてみるべきであろう。いい方を変えれば、こうした知識のすべてが、つまり出生率の原始的な調節法が、どれだけ女性によってなされていたのかを考察することはけっしてムダなことではあるまい。たしかに、それらは、容赦ないまでに非難されていたし、男性たちが出生率の調整をひき受けるようになってから、やっと、他に例をみないほど、容認されるようになったのだけれども。(13)

最後の例は、家庭の構造の、つまり「世帯」や、「所帯」の分析についてである。この分析は、家庭の機能や、その中で果たす男性・女性それぞれの役割、それぞれの生活態度、感情などに関する数多くの研究の出発点となっている。(14) ところが、社会学者や人類学者が、くり返し警告しているにもかかわらず、そこにみられるさまざまな家庭の形態を、計測したり、比較したりするためのものさしは、相も変わらずわれらが古きよき夫婦像であり、両親《ふたおや》というカップルの像なのだ。そして、このものさしの外側にあるものは、すべて、「延長」という術語でカバーされている。いい方を変えると、それらは、一種の突出したもの、余計なものなのであって、そのもととなる基本的な核に、かならずや吸収されるはずだとされている。このように、今日支配的となっているカテゴリーにしたがうことは、実は、昔の家庭の組織のシステムに依拠することなのだ。そこでは、未亡人、未婚の女性、ひとり暮らしの女性、のけものにされた女性は、類型論や分析からまずはじめに追いだされる。ところが実際には、こうした女性たちが、結局のところ、家庭という集団のかなめであり、きずなである場合もあるのだ。くり返していうが、夫婦とか、結婚にもとづく家庭とか、あるいは、これから派生した権威あるモデルは、無意識のうちに過去にさかのぼるものである。そのため、このモデルは、多くのものを無視しないかぎり、機能しない。つまり、多数に属さない集団を、下位グループという名で拒否するのである。ところが、こうした集団は、たとえ多数に属さないしろ、少なくとも、この分類法によって考えられているよりは、はるかに多く存在しているのだ。

このように、時系列的研究や、数量化、安易な数字信仰では、偏見から逃れることはできない。数字とは、それほど固執すべきものではないのだ。というよりも、昔からの遺産に、しつこくしがみついているのは、研究者たちの頭の方なのだ。無意識の選択基準を、率直かつ、絶え間なく、問題にしないのだとすれば、時系列的研究に安住していても、なんのためにもならない。この基準こそが、数字の選別を左右し、少数とみなされた現象を抹殺してしまうからである。たしかに、時系列的研究には、平均的な様相や全体の変化を、明らかにするという利点がある。だが、そこには、二次的なもの、偶発的なものを圧殺してしまうという、不都合な点もあるのだ。このことは、女性史にとって、けっして小さな危険性ではない。女性たちは、自分が支配してもいない体制の中で、営々と働きながら、しかも、男性が定めた規範から、はみ出している。しかるに、資料体の構成方法や、採用されている類型論や、用いられている基準は、例外なく、男性のつくった鋳型からきており、そのうえ、この鋳型の是非そのものは、まったく論議されていない。こんな時に、どうして、女性の歴史的特性を明らかにすることができようか。歴史における男性と女性というカテゴリーを、再検討しなければならない。そうすれば、もっとも強固に根づいた方法論が、男性中心だった人間《ひとびと》の歴史にもっとも貢献してきた方法論が、おのずと問題になってくるからである。

年代設定《クロノロジー》と女性史

イヴォンヌ・クニビレール

ウェルズリー・カレッジの同期入学の女子学生たち。長い式服と帽子が制服。

「事件」史は、長いあいだにわたり軽蔑の対象とされてきた。そうなったのは、「人間諸科学」が驚くほど発展したからであり、なかでも、人類学と、これによって豊かになった哲学における力づよい潮流、すなわち構造主義の作用によるところが大きい。たとえば、レヴィ＝ストロースによれば、すべての人間科学は、構造主義的記述の論理に、還元されなければならないものとなる。また、ロラン・バルトも、「クロノロジーの幻想」について述べながら（「歴史の言説《ディスクール》」、一九六七年）、歴史家の物語が、小説《ロマン》と同様、虚構《フィクション》に依存していることを非難している。われわれは、いまでも、このようなおどしに影響されているのだろうか。いや、ジョルジュ・デュビーの『ブーヴィーヌの日曜日』は、事件というものを復権させ、その結果、クロノロジーの地位の回復にも、貢献したようにみえる。いずれにせよ、個人としてであれ、種としてであれ、人間において固有なものとは、すなわち記憶であって、これこそが、アイデンティティの基盤であることは、たえず意識されてきた。さらに、記憶とクロノロジーとが、たとえ、ひとつのものではないにしても、記憶は、クロノロジーなしでは、すまされないものなのだ。

　クロノロジーの研究をしていると、多くの恐ろしい難問に、わけても、認識論にかかわる難問にぶつかる。しかも、この問題は、女性に固有な事柄について述べようとする時、いっそう困難なものになる。もちろん、わたしは、こうした問題すべてを明らかにしようとしているわけではない。単に、女としての経験と、女性史研究家としての実践をふまえて、いくつかの考察を行なおうとしているにすぎない。

さて、クロノロジーは、三つの段階をへて、形成される。まず、日時、つまり、事件の位置を確定し、つぎに、それらをある時系列に並べ、最後に、それを時期によって区分するわけである。それならば、女性史を書くためには、最初に、日時、できごと、事件を、選びださなければならないのだろうか。いいかえれば、女性に固有な事件、男性に固有な事件といった区別が、はたして存在するのだろうか。いや、このような馬鹿げた仮定をおし進めれば、「女性＝自然」対「男性＝文化」、私的生活対公的生活、あるいは、生物的時間対歴史的時間といった、果てしない対置のはざまに、まちがいなく落ちこむだけだろう。「女性に固有な」事件とは、身体と家庭生活に関連した事件、つまり、誕生、結婚、死亡などのことであろう。これらは、予期され、くり返され、重ねあわせることのできる事件であり、それぞれの社会集団は、これらの事件を受けいれ、そのまわりにひとつの文化的状況をつくり出してきた。だが、それらは、歴史学の対象とするには、あまりにも個人的で、かつ、不変なものだと、長い間考えられてきたものでもある。ところが、「歴史的な」事件とは、これとは反対に、なんらか一度きりのことであり、そしてとくに、集団全体に影響をあたえ、集団の記憶にとどめられる事件なのである。そもそも、どうして、私的生活の事件が、女性に固有なもの、ないしは、他の事件に比してとくに女性的なものと、考えられているのだろうか。男性もまた、生まれ、結婚し、死ぬのであり、洗礼式、結婚式、葬式に参列するではないか……。逆も同じことで、男性にしか関係がない公的生活の事件というのも、実のところ、あまり考えられない。政治、経済、社会上のできごとはすべて、女性にも影響をあたえる。軍制改革は男性にしか関係しない、という人もいるかもしれない。だが、軍隊は戦争し、戦争は、未亡人や、子供をなくした母親を、つくり出すではないか……。結局のところ、事件は、性の区別を問わないのである。だから、事件と性の区別との関連を自明の理として公式化することは、むしろ笑止千万なことではないのか。第一、女性は、私的生活と公的生活の対立の名のもとに、長きにわたって、時間の外に、つまり歴史の外に、置かれてきたことになっているのである。

本当の対立は、別のところにある。それは、主導権《イニシアティヴ》に関わる分野にある。仕事と役割の伝統的な分担の結果、「事件を起こす」とまではいわないにしても、女性が、その存在や、意志、欲望を、はっきりと残すことができたのは、たしかに、私的生活においてだった。長い間、政治的権利を奪われ、意思決定の場から遠ざけられていたために、女性は、ほとんどつねに、公的生活の事件、すなわち「歴史的な」事件を、なにもせずに受けいれるしかなかった。ほとんどつねに、といったけれども、それでも例外的な、したがって、それだけ注目にあたいする事件も、いくつかあったのである。それは、女性によって受けいれられたのではなく、つくり出された事件である。そして、それらのうちで、もっとも多かったのは、抗議、抵抗、権利要求、暴動など、ひとことでいえば、多かれすくなかれ暴力的なかたちの、反乱にかかわる事件だった。

しかし、このことにだまされてはいけない。こうした事件を比較・検討してみれば、そこから予想されるのは、フェミニズムの歴史ではなく、むしろ、女性と子供の受難の歴史だったことがわかってくる。つまり、異議申したてや、行動の激発は、苦しみが増えすぎて、もはや耐えきれなくなった時に、生じているのである。伝統的な歴史が、こうした事件をどのように扱ってきたかに注目してみると、そこには興味深いものがある。それらを記憶にとどめるのか、それとも無視するのかは、それが、男性の視野におさまるか否かで、決定されている。たとえば、一七八九年十月五日、六日、すなわち、パリの女性たちが、国王をさがしにヴェルサイユへ行進し、王を民衆の中に連れもどしたできごとは、真の歴史的な事件として記憶されている。かの女たちは、パンを要求していたのだが、結果としては、国王の権威を下げ、宮廷勢力を退けるのに貢献したのだった。歴史家は、その党派を問わず、全員このことを強調している。ところが、これとは反対に、オランプ＝ド＝グージュの『女性の権利宣言』は、すぐに忘れさられる対象でしかなかった。それは、われわれの時代までは、歴史的な事実とみなされていなかったのである。

軽視されたり、無視されたりしてきた事件を掘りおこし(1)、それに重要性をあたえ、その無視されてきた理由をのべることは、単に、それを忘却状態から救いだすだけではなく、基準を変革し、価値観のヒエラルキーをひっくり返すことなのである。

いかなるできごとも、そのままにしておかれるのではない。歴史家によって、すべてが判断され、分類され、等級づけられることは、明らかである。だから、ここで、選択フィルターや、選別作業そのものが、問題となってくる。クロノロジー作成の作業は、主題の選択が、事件の位置を見定めることより優先し、したがって、それが、時系列の構成をつかさどることは、よく知られている。ミシェル・ペローが語っているように、「歴史をつくるのは、視点なのである」。しかも、この視点は、けっして中立的なものではない。それどころか、つねに、根本的に主観的なものなのだ。だが、このことは、不安に思うべきことだろうか。いや、むしろ、人間科学を活気づける精気として、主観性を打ちだす方がよい。主観性を否定する人びとは、むしろ、いつわりの合理性に目がくらんでいるのだ。女性史が、反実証主義の流れに寄与しうるならば、それは結構なことではないか。反実証主義が、計量史学に警戒の念をいだいているからである。すなわち、数字は、あたかも中性であるかのようみえるが、それは、時としてアリバイにすぎず、数量化しえない現実に直面したわれわれを、安心させるための手段に、ほかならない場合もあるからだ。

　男性により設定された時系列は、それなりの整合性と、方向性、視点を有している。これに対して、女性によるクロノロジーは、それとは別の視点を提案する。この視点は、はじめ、歴史の書かれていたはなばなしい舞台の上では、人を面くらわせるもの、または意味のないものにみえたかもしれない。それは、おそらく、はじめに、一種のゲットーのようなものがあったからである。いわゆる「研究体制」が、女性史を、一般の歴史とは別個に、平行的に、相互間の交流もなく発展させてきたからである。しかし、ゲットーでは暮らしていけないことなど明らかである。すなわち、純粋に「女性による」クロノロジーなどというものは考えられない。共時年表《タブロー・サンクローヌ》が確立され、政治、経済、文化の歴史との相関関係がはっきりしないかぎり、それは理解されえないのだ。ところで、この相関関係によって、女性が従属的であり、主導権をもっていなかったことが立証されるだろう。しかしそれは、もうひとつ別の指摘もよびおこす。女性に関する時系列が、時間的にズレている、という指摘をである。これは、たぶん、アルチュセールによって「差異時間性」(temporalité différentielle)と呼ばれた側面である。すなわち、女性は、あらゆる種類の解放——教育の機会、(とくに)選挙権の獲得、組合への組織化——に遅れていた。しかも、これに輪をかけて、女性は、しばしば、まっさきに、あらゆる種類の弾圧を受けなければならなかった。革命が危機にある時、反動がはじまるのは、つねに、まず女性のクラブを閉鎖し、女性の権利、空間、運動を、縮小することからだったのである。

なかでも、もっとも驚くべき遅れは、女性に関する事件や女性のクロノロジーが、公式の歴史の中へ出現する際に起こる。なぜ、このような女性的なるものへの抑圧があるのだろうか。女性のアイデンティティは、否定、ないしは拒絶されてきたのだろうか。抑圧という単語は、精神分析の用語に属している。そうなると、実際、女性史とは、男性の心理現象に対する分析というかたちをとるのだろうか。つまり、男性が、この抑圧に関して、みずから疑問をもつようにしむけなければならないのだろうか。だとしても、女性が、長期にわたって、この抑圧を甘受してきたという事実は残る。ならば、どうしてこれまでは甘受し、どうして、いま、もはや甘受できなくなったのだろう。もし、歴史がアイデンティティの探究であるならば、女性が、このきわめて長い期間を、アイデンティティなしにすましてこれたことを、認めなければならない。となると女性は、ほかのなにを頼りとしてきたのだろう。マルセイユのある小児精神病医が最近のべたところによると、長い間、女性にとって、母性が、存在の正当化やアイデンティティのかわりとして、十分に機能していたという。それなら、現在は、どうなっているのだろう。どうして、わたしたちは、もはや、母性では十分満足できなくなったのだろう。さらに、男性の場合に、父性が、正当化やアイデンティティのかわりとして十分なものでなかったのは、なぜなのであろう。

時系列と、そこに含まれる、さまざまな結論から離れる前に、長期的な時間枠を扱う場合の、クロノロジーの有効性について、述べておかなければならない。すなわち、こうしたクロノロジーのみが、民族学の領分でもある、あのほとんど動かないもの、変化をみえにくくしがちなものを、のり越えることを可能にしてくれるのである。

「歴史家にとって、よい時代区分に匹敵するものは、なにもない」と、ある現代の歴史家も述べているではないか。

時系列が、主題の選択を示すものであるとすれば、時代区分は、歴史の意味を解きあかすものである。つまり、それは、起こった事がらを解釈し、説明することを可能にする。時代区分を求めるということは、急激な変化の起こった時点を見さだめ、各発展段階をマークし、ひとつの進化の過程を明らかにすること、ないしそれを構築することなのだ。

これまでに書かれた歴史は、古代、中世、近世、現代と時代区分されたかたちで、われわれに提出されてきた。さらに、統治形態や、体制によっても、区分されてきた。ところで、こうした時代区分は、女性にとっても、存在意義があるのだろうか。この問いは、たしかに発せられて当然なのだが、答えの方は、まだ、今後の課題として残っているのである。ただし、ここでは、解答への接近を可能にすると思われる、いくつかの考えを提起するにとどめたい。さて、伝統的な時代区分は、政治、経済上の大変動にもとづいていることが多いが、それは、もはや神聖・不可侵なものでは、なくなっている。たとえば、「新しい歴史」は、たいてい、その追究する主題によって、それぞれに固有の時代区分をとっている。また、長期、短期、あるいは中期というふうに、語られる時期の長さが、テーマに応じて選ばれている。このような伝統的時代区分の放棄は、歴史人口学の場合に、とくによく当てはまる。たとえば、十八世紀から十九世紀のフランスにおける、出生率の低下は、政治史ときり離して、検討することができる。革命的危機といえども、出生率の全般的動向に対しては、根本的な影響を及ぼしえないからである。

となると、女性史には、独自の時代区分をもつ権利があるのだろうか。産婦人科の医学が進歩した結果、成人期を健康にすごす女性が、しだいに増加した。こうした医学の進歩が、ひとつの独自な時代区分を、つくり出しはしないだろうか。同様に、最近明らかにされたように、出産の減少によって、母親の役割も根本的に変化したが、これも、ひとつの時代区分を構成するものではないのか。また別の設問も可能である。古典主義の時代（十七―十八世紀）に、結婚年齢が高くなったことは、若い娘のあり様を一変させた。十六世紀ではまだ、父親は、十六歳になる前に娘を結婚させることもあった。つまり父親は、娘を意のままに結婚させることができたのである。ところが、十八世紀末になると、娘たちは、ほとんどすべて、二十歳を過ぎてから結婚するようになった。新たな社会的存在となったこの娘たちは、その教育や就業に関して、いくつかの問題をひき起こしたが、そのことについては、当時の芝居が証言しているとおりである。この時、女性の運命においてなにかが変化したはずである。また、寿命が伸びたことによって、あらたな活動に参加する自由をもった中年女性も増加した。これらの事実の中にこそ、あらたに示すべき時代区分がある。そして、そうした時代区分は、おのずと独自なものとして、その姿を現わすはずなのだ。

しかし、これらさまざまな指摘によって、われわれは、もう一度、女性の身体と生物学とにたち戻ることになる。だがそれでは、まるで、あらゆるクロノロジーが、そこからしか出発できないかのようではないか、という反論があるかもしれない。けれども、そうであっては、なぜいけないのだろう。歴史とは、アイデンティティの探究であると同時に、自由の探究でもある。そして、女性の自由は、言葉のもつあらゆる意味において、まず最初に、この生物学的な宿命という障害に、ぶつかるのである。「弱き性」女性は生物学の法則に従うという口実こそが、男性の支配を確立し、正当化し、永続させてきたのだ。したがって、女性のクロノロジーは、おそらくそこから出発し、生物学と男性の支配の、ふたつからの解放に際して、どんな浮き沈み（解放の進んだ時、あまり進まなかった時、むしろ後退した時期など）があったのかを、あとづけるものとなるはずである。つまり、女性が、雌から女へ、女から人間の女性へと、解放される過程を。ところが、みかけとは違って、女性の生物学的な宿命については、ほんのわずかなことしか知られていない。それは、すべて男性である医師たちによって述べられてきた。そして、そうした医師たちは、両性間の相違をきわ立たせ、男性の優位性を証明することに熱心だった。あるいは、女性を、いきすぎた搾取や劣悪な待遇から守ろうと、心をくだいていた。だから、どちらにしろ、かれらは、「人類の雌」のもろさと、病的状態を、力説してきたのである。しかも、このもろさが、十九世紀に、「男性の権力」に口実《アリバイ》をあたえ、すべての排除を正当化していたのである。歴史家は、男性も女性も、それぞれにふさわしい方法で、こうした医学的定義に疑問を付すことができる。新しい学問である、時代別生物学《クロノ＝ビオロジー》は、たぶん、それを助けるような性質をもっている。女性の身体は、ホルモンがひき起こす月経周期や、出産と授乳の各時期、閉経による更年期など、一定期間持続するさまざまな時期を経験する。過去の女性たちが、こうした月経やその周期を通して、また、性的な身体から出発して、どのように自分たちの生活や自由を管理していたのかを、知らなければならない。アメリカ人の歴史家、エドワード・ショーターは、古典主義の時代における、少女たちの初潮年齢を知ろうとしている。かれは、そこに、民衆の生活水準に関する有効な指標をもとめている。たしかに、少女たちの健康状態や、発育状態を知る上で、それはとくによい指標となるだろう。けれども、そのような情報は、いったいどんな資料を調べれば入手できるのだろう。このたぐいの研究テーマについて、医者の多くは、先人の言葉をくり返すだけで、十九世紀の末までは、組織立った調査もほとんど行なわれていない。となると、伝記が、貴重な資料となるかもしれない。が、それには、新しいジャンルの伝記が、通常は隠されていたもの、つまり、生理に関する個人的なできごとを発掘するような伝記が、必要である。さまざまな時代や、種々の社会環境からとられた各個人の例、これは、女性史をよりよく理解する上で、疑いなく役に立つ。ナタリー・デーヴィスの『マルタン・ゲールの帰還』や、ギンズブルグの『メノッキオ』〔邦訳『チーズとうじ虫』〕でもわかるように、伝記は、莫大な情報と仮説をもたらしてくれる。女性が、どんな場合に、自由な時間を手にいれ、単なる生物学的再生産以外のことにあてたのか。個人化された年代記、すなわち伝記は、それを知る手助けとなる。そして、これこそ、現在、ミクロの歴史《ミクロ=イストワール》と呼ばれているものなのである。

　結びにあたって、女性のクロノロジーが、はたして、歴史学の認識論に変化をもたらしえるのか、を考えてみたい。もちろん、わたしは、哲学者ではないから、認識論とはなにかを十分に理解しているという自信はない。けれども、これについてじっくり考えてはきた。わたしの研究者としての経歴は、ミニェに関する学位論文からはじまる。ミニェは、一八二五年に、階級闘争が歴史の本質的動因であることを明らかにした、フランス革命に関する最初の偉大な歴史家だった。歴史研究は、かれによって、その目的、資料、方法、役割のすべてを、一変させられたのだ。歴史は、君主制の年代記であることをやめ、社会的要因を調査し、評価するものとなった。君主たちの歴史のあとに、民衆の歴史がやってきたのである。わたしには、ここにこそ、認識論の変化に関する問題を、提起できるように思われた。けれども、論文の審査委員会は、これについて、是とも否ともいわなかった。この問題をとり上げることも、それについて議論することも、しなかったのである。

わたしが言うところの女性史も、似たような問題を提起する。歴史学は（あらゆる他の人間諸科学と同様に）、これまでのところ、性別に関わりのないものとされてきた。男性研究者は、自分たちが歴史を、真実、唯一の歴史を書いているのだと、ごく素朴に信じてきた。気体の膨脹や、物質の抵抗の法則について述べる場合なら、研究者の性別が重要でないこともありえよう。しかしながら、人間社会の動きを分析する場合、研究者の性別は、最大の重要性をもった変数となるのである。人間諸科学に、性別という次元をもち込むことは、「認識論的切断」ともなるのではなかろうか。

すでに述べた変化――主観性、聴きとり資料、精神分析、ミクロの歴史《ミクロ＝イストワール》などの侵入――以外にも、強調しておくべきことがある。それは、女性のクロノロジーが、各事実間にある重要性の順序を、混乱させる恐れのあることである。たとえば、避妊は、女性に、われわれ西ヨーロッパ社会に対する、生殺与奪の権利をあたえている。とすれば、人口統計学上のできごとにも、注意を向けなければならない。それが、政治的、経済的事件にとって替わって、変革の要因となるからである。同様に、歴史学の「科学的」性格についても、再検討することができる。また、「人間科学」というものについて、どう考えるのか。人間科学は、これまで、女性に関することを無視してきたし、実に多くの領域で、いまなおそれを封じこめているではないか。もちろん、問題なのは、科学的な方法の厳密さを否定することではない。それが、一種の禁欲精神であり、少なくとも、安全策として役立つからである。それがなければ、われわれの探索は、最悪の間違った道に、踏みこむかもしれないからである。しかしまた、この厳密さにだまされてはならない。だが、このような五里霧中のさ中で、認識論は、いったいどうなるのであろうか。

女性史のための聴きとり資料

シルヴィー・ヴァン＝ド＝カステル＝シュヴァイツァー
ダニエル・ヴォルドマン

婦人参政権論者（サフラジェット）のマニフェスト活動。1905年。撮影者不明。

一九八二年四月から八三年の六月にかけて、現代史研究所でひとつのゼミナールが催されたが、そこでの研究と討論には三つの性格があった。第一に、このゼミナールは、ひとつの社会的要求から出発していた。つまり、さまざまな学問分野から集まってきた女性たちの、女性自体を研究対象にしようという要求から出発していたのである。そのため、このゼミナールでは女性史のもたらすもの、そしてとくに、その可能性と必然性とが浮き彫りにされた。第二に、そこでは、対象となる歴史の時代が意図的に限定されていた。すなわち、長期にわたる時代をとり扱うのでもなく、また、十九世紀後半にはじまる現代に集中するのでもなかった。こうして、このゼミナールでは、研究はもっぱら現在史をめざすことになった。だから「長期にわたる記憶」はみすてられ、ここ四十年間の特徴となっているさまざまな激変にとくに注意が集中された。そして、そのために、女性史は戦闘的な色あいを強くのこすことになった。最後に、わたしたちはこのゼミナールで、なによりも聴きとり資料を研究の拠りどころとした。そして、周知のようにこうして聴きとり資料を利用することによって、ひとつの集団が成立しうるのはその記憶を通じてだ、という仮説を強化することができたのである。

聴きとり資料のもたらすもの

現在史は聴きとり資料なしには書けない。書かれた資料がなかったり、文書が非公開だったりするために、できるだけ事件の当事者と対話するほかはない。したがって、聴きとり資料は、ことばの伝統的な意味で文書といいうるレヴェルに達しないとしても、一時的な、あるいは、補足的な手段として不可欠なものとされてきた。[1] 女性史に関していえば、女性たちが、男性とくらべるとはるかに書くことに慣れていなかったため、それだけいっそう聴きとり資料を利用することが必要とされている。まったく、女性たちは、書くよりも話すほうになじんできた。たしかに、最近かず多くの研究で明らかになっているとおり、こういった提案には女性に対する偏見と、例の紋切り型《ステレオタイプ》の姿勢とが含まれているかもしれない。にもかかわらず、このことは依然として真実である。[2] さらに、女性たちの歴史は——伝統的にか当然にか、あるいは本来的にか——内輪のこと、ないしは、私的なものの領分に属しているので、書かれたものより口伝えのなかに残っていることが多い。したがって、女性たちの話《パロール》したものを集めることは最優先の仕事であり、それを聴きとることは女性史にとってとくに重要な方法となる。ただし、言説《ディスクール》を聴きとることにこれほど大きな重要性があるとはいっても、わたしたちは、聴きとり資料が英語でいう「口承史《オーラル・ヒストリー》」だとも、民間伝承を集めた歴史だとも考えたことはない。まして、いわんや、調査の対象である各個人を歴史＝心理学的に復元する、「経験をともにする」歴史だとも考えたことはない。

つぎに、「女性史のための聴きとり資料」に関するこのゼミナールで着手された探究は、単なる「女性」という語を共通の基盤としたものであり、また、このことばが冠してあるからこそ正当なものとなった。つまり、このことばさえあれば、いろいろな領域を統合し、さまざまな方法を正当化するのに充分だと考えられたのである。こうして、たとえば、ベル・エポックの時代から一九六〇年代にいたる、助産婦という職業の発達の研究と、第五共和制下の小売商人の妻たちの投票についての研究とが、同一次元におかれることになった。助産婦に関する研究は、職業登録簿を整理・検討する作業であり、小売商人の妻たちの投票に関する研究は、選挙結果の分析という、いわば世論調査を利用する作業である。だが、これほど方法が異なるにもかかわらず、面談を収集したという点が媒介点《パラメーター》となって、ふたつの研究が充分比較にあたいするものと思われたようである。こうしたわけで、わたしたちは、まず女性史の領域を女性みずからの手によって、また、女性みずからのために確定しようとくわだてたのである。

　また、聴きとり資料に優先権を認めることによって、「女性のことは女性の手で《ソロリテ》」という原理をうち立てることができるようになった。つまり、研究される客体と、研究をすすめる主体とのあいだにたとえ距離がなくとも、それはそれでいいということになったのだった。

　女性歴史家は、聴きとりをする相手をまえにして、「性への帰属」――マルクス主義の概念でいう、階級帰属に似ている――という感情をおぼえた。つまり、そこに一種の共犯関係が成立し、より深い、より内密な真実が対話からたち現われ、主体と客体、歴史家と「歴史によって物語られる人」との距離が消えてしまうと考えたのである。だが、同時に、別のいくつかの疑問もこのゼミナールで提出された分析のなかに透けてみえるようになり、また、そこから浮きあがってきた。これらの分析が、女性たちのあいだに想定される共犯関係によりも、むしろ、歴史家一般とその証人との関係に関連していたからである。つまり、性以外のさまざまな変数――社会的地位、報告の対象の事件との関連度、年齢などなど――が、調査するものに対する応答に影響していることがわかったのである。(3)

実際のところ、「聴きとりによる歴史《イストワール・オーラル》」という豊かな表現そのものが、多くの意味を含んでいる。それは、一人ひとりの生活史を構築する手段であり、同時に、なまの事実を探究する手段でもあり、記憶がどんなふうに機能するのかを検討する手段でもあり、歴史家がどうやって資料を構成するのかを理解する手段でもあるのだ。このような用語の多義性によって、わたしたちはおそらく、とくに女性史に関して、ためらったり、わき道にそれたりすることになる。たとえば、女性たちの大部分は、これまで抑圧されてきたけれども、その話に耳を傾ければ、歴史のなかに、かの女たちをよみがえらせることになるだろう。そうすれば、声もあげず従順だった女性たちが、突然、すがたを現わすことになろう。そのとき、聴きとりによる歴史は、男性的なものによって歪められた社会のなかで、ひとつの報復手段となる。この特殊なタイプの資料によって、女性の歴史家はそれまで支配していた秩序をくつがえそうとする。女性たちは、なんのフィルターもとおさず、直接女性たちに語りかけようとする。こうした方法論には、主観性が内在していることは明らかである。にもかかわらず、ここまでくると女性歴史家は、なんの恥じるところもなく、当然のこととして、この主観性を主張するようになる。つまり、歴史家は証人に対する、排他的で、罠の多い関係の枠組みにとらえられ、その証言を自分に都合のいいように解釈するようになる。こうして、聴きとりによる歴史は、女性史にとって男性のいない世界を、パートナーをもたない独身《ひとりみ》の女たちが女王となる世界を賛美するものとなる。(4) これは、排除に乗じて現実を否定するものである。だから、女性たちが聴きとりによる歴史からひき出す「弁済金」の価値がどのようなものであるにせよ、聴きとり資料に関しては、なによりもまず、記憶の形態とその働きとについて省察することが求められている。

女性の記憶

哲学的、社会学的、あるいは心理学的な視点からの研究とくらべてみると、歴史的事象に関する記憶作用の過程に、歴史家が気をそそられたことはあまりなかった。つまり歴史家たちは、記憶の形態よりもその内容の研究の方に傾倒していたのである。ところで、女性史の分野では記憶の問題は中心的なものである。なぜならば、女性たちはいまだに抑圧された集団であり、その歴史が依然として否認されているために、かの女たちの記憶を復元することは、すなわち、その過去と歴史とをとり戻すことになるからである。また、なぜならば、それによってたとえ特殊な領分(私的なものの領分)であれ、思い出を保存するのに適していると考えられる領分が、女性たちのものとなるからでもある。社会集団によって伝えられている「歴史的な」記憶を研究することは、これまでは自伝的な記憶を補完することにすぎなかった。だが、それによって、それぞれの集団の輪郭をはっきりさせることができるのである。だから、このプロセスを認めて、一人ひとりの個人を集団のために多少なおざりにしたとしても、そのことによってかえって、女性をあの「歴史から排除された受難者」という角度から一方的にみることがもはやできなくなる。女性は、男性の権力によって抑圧されたものたちの集団からぬけ出す。そして、他のあらゆる周縁的なものばかりでなく、人間とその歴史の総体に合流する。こうして、女性に固有な記憶という仮説、詭弁に立脚した仮説は、捨てさることができるようになる。この女性に固有な記憶という考え方は——象徴と現実との両面で、同時に——社会的な仕事と役割の分担に対応している。そして、この論理こそが以下にのべる二つの類型を排除してきたのである。すなわち、政治的、公的な場における女性と、私的で内輪の場における男性という二つの類型をである。しかも、この二つの類型を排除する姿勢は、伝統的な歴史叙述における男性中心の見方にだけではなく、いく人かのラディカルなフェミニストにも、ひとしく見い出されるのである。

こうした性差別に関する論争のもたらすものを、否定したり過小評価したりすることは、けっしてできない。けれども、記憶というものがこうした論争をこえて——つまり、男性にとってと同様、女性にとっても——社会的役割によって特徴づけられ構造化されているように、わたしたちには思われる。ポーランドのビルケナウにあったユダヤ人強制収容所に収容されていた二人の女性の記憶には、この点に関して興味ぶかいものがある。(5) 二人の収容者のうちのひとりはユダヤ人女性で、生き残るための戦略をもっていたが、その戦略とはほとんどカリカチュアに近いまでに入念に、女らしさを武器とするものだった。この女性が生きのびられたのは、化粧知識のおかげである。女性看守に化粧をしてやる能力と、自分自身の優美な外観を保とうとする熱意で助かったのだ。もうひとりもまたユダヤ人女性だったが、レジスタンス活動によって逮捕され、はじめのうちは「家長」の資格で投獄され、ついで収容所送りとなったのだった。この女性は、自分自身についても、男性的なイメージをもっていたけれども、それは当時としては女性には珍しかった医師という職業に由来していた。ところで、この二人の記憶は別種のものだった。女性的なすがたを強調した女《ひと》の記憶は、時間的な順序や日常生活のできごと、地名や人の名に正確で、いわば具体的な記憶と呼びうるものである。それと反対に、医師の記憶のほうは、社会的な事件、ナチ現象に対する倫理的・政治的非難を決定的な特徴としている。筆者自身が被収容者の連帯組織に参加した経験をもとに書かれており、思い出もそのことを中心に構成されている。こちらは、抽象的で、論理的に再構成された記憶である。同じようなことは、フランスのレジスタンス運動・義勇遊撃隊《F・T・P》の場合にもみうけられる。そこでは、既婚の女性や賃金労働者でない女性たちは、私生活と同じ区切りをもち、個人的な生活史をもとにした記憶をもっている。逆に、独身女性や、「男性のものとされた」社会的職業についていた女性たちは、もっとずっと再構成され、集団的な時間をもととした記憶を残している[6]。これらの例から、記憶には性別があるわけではなく、それが、各人一人ひとりの経歴にしたがって、いろいろに変化するものであることがわかる。それゆえ、記憶の機能について研究することは、社会環境、教育水準、抽象化したり、モデルを操作したりする習慣の有無などにもとづいて、各人一人ひとりの記憶を類型化することにほかならない。また、歴史のなかに書きこまれた各個人の履歴、政治への参加の仕方、年齢層といった要素もまた、過去の復元に影響をあたえている。

このように、記憶というものが社会的な役割によって構造化されている以上、記憶と、そしてその形態とを、「両性間の闘争」の要素として分析することを考えた方がいいだろう。記憶を性別化することが、男性的なるもの《マスキュラン》と女性的なるもの《フェミナン》とを社会＝歴史学的に定義する論争の基本的な構成要素だからである。

価値観とステレオタイプ

生物学的な定義以外に、男性的なるものと女性的なるものとを、どのように定義すればいいのだろうか。文化人類学者たちは、この問題について、いろいろなやり方で答えてきた。そして、こうした人類学者たちには日常茶飯事のことなのだが、両性の相違に関する問いかけは、女性史を含む歴史全体をつらぬいている。(7) けれども、さまざまな激変を特徴としている現代という時代では、判断がむづかしい。長期的にわたる歴史ではすでに時代区分があり、それぞれの時代の生活様式は確立され、研究分野の区分が明確にされ、男女両性にもおのおの専用の領域が割りふられていた。だが、六〇年代の変革にともなって出現した女性の大臣や「新しい父親」たちに関しては、どうなのだろうか。

たとえば、肉体に関する例の紋切り型《ステレオタイプ》の考え方に亀裂が生じていることは、はっきりと認めることができる。女性の肉体は、男性の言説のなかで名ざしでとりあげられ、したがって男性のそれよりはるかに多く研究されている。こうした男性の言説のなかでは女性たちは、いまわしい誘惑と恐るべき力（出産能力）との表象として固定され、しかもこの表象は身体的構造の弱さに結びつけられている。けれども、今日では、これらのイメージは混乱している。聴きとり資料を利用しさえすれば、いくつもの矛盾した言説、つまり、想像や伝説やさまざまな現実（女性の実態、女性が属している社会集団の現実などなど）がたがいに対立しあっている言説が、あばきだされてくる。すなわち、一方で肉体的な弱さは、依然として、女性にとってハンディキャップであり、しかもそれには、社会的な、そして全面的に生物的な役割としての母性（もっと厳密にいえば、出産そのもの）までも含まれている。だから女性たちは自分たちを弱きものと考え、しかもそう言いもする。もちろんそれは、明白に事実とは異なっている。しかしながら、この種の言明《エノンセ》は、しばしばもうひとつ別の言明によって、おそらく無意識的にだが裏打ちされているのだ。たとえば、臨産婦は「痛みに強い」というときがある。だが、そのときそれは、この臨産婦が単に苦痛に耐えているからなのだろうか。あるいは、（子孫の繁栄という）聖書のおきてをみごとに果たしているからなのだろうか。いや、周知の肉体的試練の場で、男性、つまり雄と対等であるよう

にみえるからではないのか。(8)

母性のほかにも、女性たちが、あの伝説的な誘惑の場合とはまったくかけ離れたコンテクストで、自分たちの肉体を利用した例がある。

たとえば、前にのべたビルケナウの収容者が魅力的な外見を保とうとしたのは、まさに生きのこるためにだった。つまり、この女性は女性に課されたもっとも伝統的な戒律を捨てなかったからこそ、そこで生きのびたのだった。そして、その戒律とは肉体を異性の快楽の対象とすることである。仲間たちから「ハリウッドのドリー」とあだ名された、このまさに女らしい女は、生の欲望そのものと化していたのだ。ところで、こんなふうな分析は、この女性の行動を完全に反英雄的な保身術として分析することだった。それゆえ、これをとりあげた研究者は、「フェミニスト」の女性読者たちから敵意にみちた反応をぶつけられた。だが問題は、一《いっ》にかかって、どの場合を例の紋切り型《ステレオタイプ》とするのかを明らかにすることにある。たとえ、ひとつの論理に固有の法則を用いたとしても、この論理をくつがえすことができる。そうした可能性については、議論がまだ続けられている。女性の魅力という考え方にしたがわないことがすなわち死ぬことであり、口紅をたよりとすることがすなわち生きのびることであるとき、いったいどうするべきなのかという議論がである。

例の紋切り型の考えとそれをくつがえすものとの境界を測定するのは、社会秩序についての価値観の場合にも同じようにむづかしい。ここでもまた、聴きとり資料には二つの視点のあることがわかる。すなわちそれは、一方ではみずからの行動を社会的な行動としてみた場合の女性の言説であり、他方ではかの女たちの現実の慣行を語る言説なのである。だから、第一回目の聴きとりでは、このうち二つのうちで支配的なほうの言説が再生産されることがままある。たとえば、まったく対等な「歴史」の当事者（レジスタンスにおけるような）であるにもかかわらず、女性たちは、男性の英雄のまえでかすんでしまうことがある。男性がみずから語るがゆえに、女性たちも男性について語りがちになるからである。そして、やっと第二回目の聴きとりで、女性たちも、自分たちはごくわずかしか関与しなかったと、ほとんど弁解せんばかりにではあるが、自身の行動を語ろうとするようになる。ユダヤ人収容所の収容者組織「女性収容者国民抵抗協会《A・D・I・R》」のメンバーたちが、みずからの活動そのものよりも、男性の闘士たちとの団結と相互扶助を強調しているのは、こうした事情があるからなのである。

こうした分析は、まず、伝統的に、いつも女性の領域とされてきた肉体や感情についてなされてきた。しかし、この数年来はじまった政治史への回帰と平行して、女性史も、政治に焦点をあてた探究へと向かいつつある。たとえば、女性が選挙権を獲得しそれを行使するようになって、女性の政治的行動を調べ分析することができるようになった。その結果、なかなかすがたを消さないある種の考え方に反して、だれを選ぶかということは、（記憶と同じく……）性という変数によってではなく、生活様式という変数によって変化することがわかった。いわゆる「現役就業者」についてみると、男女を問わず投票の行方を左右するのは、高い順からいって宗教、社会的

地位、性別の順なのである。(9)

公《おおやけ》から私《わたくし》へ

こうしたわけで、「女性についての研究」のなかで、政治面にむけられる関心はいつも遠慮がちなものとなる。歴史家は、絶対的に厳密にではなかったにしろ、公的なものと私的なものの領域を分離しつづける。これは、なにか「現実」のものに根ざしているからだろうか。そこに、事実の忠実な描写をみるべきなのか、単純な精神上の習慣をみるべきなのか。それとも、それは単に、男性による社会の表現の仕方に依拠しているだけなのか。なにしろ、男性の見方が現実にこの二つの領域を分離しているからである。たしかに、聴きとり資料によっても、評価の高い職業をもっている女性に聴く場合をのぞいて、女性たちが自分の公的な生活についてあまり語りたがらないことが、わかっている。

ところで、たとえば、助産婦が、すすんで自分の職業や経歴について話すことがある。ところが、その場合は逆に、自分自身の出産については、私生活に属するものとみなしてあまり口にしない〔原註(8)参照〕。おそらく、公的な生活と私的な生活とを同時に語るのがむづかしいのは、そもそも不可分な全体をまったく別の二つの領域に分けることができないか、あるいは、分けたくないということがあるからだろう。分化のすすんだ社会にあって、未分化な自己を肯定するのが、不安をもたらすのかもしれないのだ。

いずれにせよ、「公的なもの」が、行動の根本的な動機として前面におかれることはけっしてない。レジスタンスの女性闘士の場合でも、愛国心を拠りどころとしているにもかかわらず、自分たちの行為を正当なものとするために、民族主義的な言説をもちだすことは、まったくないのである。

このことは、現在史においてもっとずっとはっきり現われている。というのも、わたしたちが、現にさまざまなレヴェルで激変の起こっている時代に生きているからである。一九八〇年代に、西ヨーロッパでは、伝統的な社会的役割を配分しなおそうという傾向が、あるいは、すくなくとも経済・社会・文化の進歩と平行して、これを考えなおそうとする試みがなされている。これまでそれぞれに帰属するとされてきた役割が、重なりあい交差してきたため、女性・男性それぞれの規定がずっと複雑になっている。社会学者が、生産と再生産と名づけた二つの領域も、もはや、以前ほど厳密に定まったものではなくなっている。したがって、私的なもの（再生産の場であり、その役割をになっている）におさまっていた女性も、現在では、広範に公的なもの（「生産」労働と社会的責任）をになっている。そして同時に、男性の役割もまた、定義しなおされているのである。

公的なものと私的なもの、生産と再生産といった区分は、十九世紀や二十世紀前半といった、すこし遠い時代の歴史に関してはともかく、眼のまえの歴史に関してはあまり役に立たない。このような区分を採用すると、多くの研究が明らかにしてきたように、しばしば矛盾した結論や袋小路に行きあたるのだ。たとえば、小売商人の妻たちに対して、職業上の困難や要求事項を調査してみると、かの女たちはまず、自分の職業の「男性的な」実態について発言する。つまり、過酷な労働時間や税制上の圧迫などについて話す。かの女たちの言説は、その配偶者のそれとまったく同じである。この仕事にまつわる「女性に固有な問題」を教えてくれるのは、逆説的ではあるが夫たちであり、かれらは、わけても小売商人の妻に対する保険制度が不公平であることを告発するのである。この問題が、小売商人の妻という「社会的」状況と、女という「生物的」状況とに、同時に結びついているので、調査するものにとっても、質問を受けるものにとっても、ともに、これを定式化するのがむづかしいようであった〔原註(9)参照〕。

したがって、公的なものと私的なものとの関係をはっきりさせ、精密なものとすることができるのは、聴きとり資料を活用することによってなのである。というのも、それによって、話されただけで書きとめられていなかったもの、ごく日常的な体験などが闇から解放されて、これまで十分わかっていると考えられてきた分野に対して、新しい見方を可能にするからである。聴きとり資料が活用されれば、これらの分野にも、これまではほとんどかえりみられなかった多くの要素が、見い出されるからである。たとえば、第二次大戦下のフランス・レジスタンスの女性闘士についての研究は、地下組織の活動ぶりのいくつかの局面を明らかにした。すなわち、まず命令を実行したものたちのレヴェルでも、その責任者たちのレヴェルでも、運動組織が男女混成部隊であったことが強調されている。ついで、活動に携わった男女の戦闘員の活動への参加理由に関する研究が深められた。それによると、義勇遊撃隊の運動に加わっていた女性たちは、倫理的、哲学的、政治的な選択にくわえて、自分たちに影響した感情的理由を前面におし出している。それは、あるものにとっては危険に対する意欲であり、また、別のものにとっては、夫が支持する大義を共有したいという気持ちだった〔原註(6)参照〕。そして、男性たちに同じタイプの質問をした時も、歴史家が聞かされた話のなかには、内面的な感情(家庭生活、恐怖、情緒的反応)がいきいきと脈打っていた。

女性史、それはひとつの分野なのか、それとも複数の分野にわたるのか?

女性とその歴史は、こうして(歴史的)事件と日常性の分割に関する従来より幅ひろい問題意識のなかにおき直されることになった。この二つがどちらも性別をもっていないからである。というよりも、むしろ両者とも、男性と女性の両性によってつくられている、ひとつの人類というものによって経験されたことであって、男性には事件、女性には日常性というふうにふり分けて考えることは間違いだからである。この点に関していうと、「事件」史を排斥したことが心性史の開花をうながしたのだとすれば、政治史家たちも、たとえまた事件に戻っていったとしても、ひとたびかれらが見い出しえたものを、すべて無視してしまうことは、もはやできないであろう。

なぜなら、想像力の産みだしたにすぎないものや、陳腐だと思われたもののなかを探索することによって、充実した結果がえられるからである。F・ルブランの表現によれば、あえて「羽ぶとんの下」を探索した人びとのあげた成果から利益をうるのは、歴史全体なのである。

女性史が、抑圧されたものの歴史に属しているという仮説にたてば、それは、労働の歴史、都市の歴史、健康の歴史のように、完全にひとつの分野を構成していることになる。けれども、女性についての探究と、女性解放論《フェミニスト》にたつ研究と、歴史に対する女性に固有な視点とをみな同じものだとするのは、性急な同一視にすぎるのではないだろうか。しかしまた、これらを完全にきり離してしまうことも、現実を無視することになるだろう。これらの分野は同一の位置にないとはいえ、たがいに近接しているわけだから、その境界をはっきりさせるだけで十分なのである。七〇年代のフェミニズムは、ラディカルな男女非＝共存のみちを選んでいたため、男性を排除する論理を助長してきた。女性を研究する女性は、みな研究対象と自分とのあいだに、一体性、共鳴、こだましあうものを見い出していた。しかし女性の歴史家たちは、自分も女性だったがゆえに新しい歴史の対象に興味をもち、男性の視点をときには二倍の広さにも拡大した。こうして、女性たちが女性とその投票行動[10]について研究をはじめたとき、ごく少数の女性当選者ついてだけでなく、女性の有権者たちについてもじっくり検討した。そして、選挙問題に関心をもたないことを当然のことと思い、また実際に関心を示さなかった人びとの姿勢を解明しようとした〔原註(9)参照〕。同様に、戦時下の女性を研究する場合にも、社会的役割を性によって分割するのを断固として避けようとした。男性が前線にいるとき、女性たちはなにをし、どのように生産し、どのように抵抗したのか。要するに、女性たちはどこにいたのか、というわけである。そして、軍事作戦が男性の仕事であることはやはり事実であるにせよ、こうした新しい視点によって、新しい歴史叙述が可能になることとだろう。事実、ナチの強制収容所における女性囚の行動に関する研究によって、生きのこるための戦略の意味を評価しなおすことができた。それは、B・ベッテルハイムの研究以来、とくに男性の価値観にしたがった用語で考えられてきたのである。

それゆえ、単一の分野――「女性史」という――ではなく、いくつもの分野が関係しているのだ。いや、むしろ――かつて過小評価されていた女性たちを、グローバルな歴史を構成するものとみなすのなら――すべての分野が関係しているのだ。ところで、ともかく歴史という平面では、これらの分野をきり拓いたり確定したりするのは、新しい道具、新しい概念、新しい方法論によらなければならないというようなことはないと思われる。それは、すでに試されずみの道具や概念を、別なふうに役だてるのを排除するわけではないのである。

この急激な変化は、男性であれ女性であれ、歴史家の推論のスタイルに衝撃をあたえる。たとえば、女性と男性それぞれの役割が、精神的かつ社会的にどんなふうに表現されてきたのかという歴史的研究が、ある程度の数で進められたとしよう。そうすれば、おそらくもっと扱いやすい区分法――もしくは、男女両性の相違を考えるのに、より適した方法――が見い出されることだろう。考えなおさなければならないのは、結局のところ、公的なものと私的なものとの領域区分である。実際、こうした領域区分によって、公的なものと私的なものがそれぞれ——ほとんど不可避的に——男性と女性にわり当てられている。けれども、公的なものを女性にとり戻すことが問題なのではない（そして、たぶん、私的なものを男性に担わせることも）。むしろ、社会生活やその構造をひとつの全体として理解することが問題なのだ。つまり、もっぱら男性中心だった歴史の対象というものを粉砕したのちに、女性という歴史の対象をうち立てることが、必要なのではないのだ。

女性のアイデンティティをはっきりさせるのは、むづかしいことである。それは、ここでとりあげたすべての材料（例の紋切り型の考え、社会的役割を定義しなおすこと、現在を研究するうえでのかずかずの障害——とくに、現在には動揺と急激な変動があるだけに）をまえにして、ある種の混乱があることからも明らかである。たしかに、すべての人びとが一致して認めているように、七〇年代には歴史における女性たちの存在を最優先で明らかにし、確認しなければならなかった。いま残されていることは、女性たちをもう一度位置づけしなおし、復元することである。ただし、その際には、妙な聖人伝におちいって、女性を単一の研究分野におしこめてはならない。労働運動史の研究者を範としよう。かれらは、よりグローバルな社会史へとすこしずつ近づいてきている。だから、わたしたちもひとつの女性史をではなく、男性的なものに染まった背景を無視することなく、複数の歴史を望もうではないか。伝統的な歴史叙述が、あれほどしばしばくり返してきたあやまちにおちいらないようにしようではないか。たとえ、この伝統的な歴史をくつがえすためであっても。

男性であれ、女性であれ、歴史家は、社会的地位を変革するために雄弁をふるってはならない。それは歴史家の役割ではない。むしろ、男性であれ女性であれ、歴史を語るものは、その考え方を変えなければならない。女性ぬきの歴史を語るのをやめるだけでなく、男性を人間の普遍的な種として扱うことも、やめなければならない。もし、登場人物が性別を失っている歴史（「人間」の、「人びと」の、「大衆」の歴史）を書くことをやめたなら、おそらく男性と、そして女性のアイデンティティがたち現われることだろう。そのときにこそ、社会で活動しているものたちをならべて、対等な（ないしは、似たような、同一の、あるいは、相互に補完的な）役割において比較できるようになるだろう。時の流れと、その停滞や、加速や、そしてときとしてその後退をもふくむ歴史の進化のなかで、かれらの記憶や、言説や、地位を研究することができるようになるであろう。

身体史は女性史にとって必要なまわり道か？

——カトリーヌ・フーケ

「徳の梯子」（快楽の園のミニアチュアから）。堕落の六つのモチーフのうち、三つは女性が原因。

身体史が、大学での研究に十分あたいする対象であるということは、いまではだれもが認めるところである。ここ二十年ほどの間に、さまざまな研究機関が開設され、それがすこしずつ、この新しい領域の探究をすすめてきた。フランスにおいて、この領域は、以下の二つの論文によって、その対象範囲が決定された。第一の論文は、一九七二年に、ジャック・ルヴェルとジャン＝ピエール・ペテールによって書かれたものであるが[1]、それは、健康史のはじまりを告げるとともに、その困難さを明らかにしたものである。第二の論文はこの六年後に発表され、研究の対象を、身体そのものから身振り、作法、そして、身体に関する技術にまで広げた[2]。けれども、その著者たちは、これらの論文では、性差という変数を導入することなど、まったく問題にしていないよう思われる。かれらのいう身体とは、単に、人類の身体である。ところが、現在、女性史は女性の身体の歴史に関して、ねばり強い、多様な分析の努力をつづけているようである。したがって、わたしたちは、ここで、それがどうしてなのかを、検討しなければならない。ただ、こうして検討する際に、わたしたちは、いつもつきまとう、あの危惧の念を隠すことができない。こうしたスタイルの考察が、女性の本性という、あのもっともらしい定義に、あらゆる変化というものに抵抗するあの概念につながるのではないか、という不安を感じるのである[3]。身体史の研究の場で、女性の身体というテーマだけを、別個に検討することは、ほんとうに正当で、有効で、危険のないことなのだろうか。こういうテーマのたて方は、女性を劣った存在とみなし、孤立させてしまうのではないのか。第一、女性の身体は、ほんとうに新しい研究対象なのだろうか。この道を選ぶことは、意に反して、例の古めかしい図式を、より強固にすることになりはしないのか。本質的に身体にしばられた女性、生物学的宿命のとりこである女性、という図式を。

このような議論に入る前に、まずわたしは、これまでの経過を年をおって明らかにしておきたい。すなわち、わたしたちの歴史学の中で、いつ、この新しいテーマが出現したのかという点である。ロラン・バルトは、一九四九年に出版された『第二の性』は、一九七〇年になってやっと、読者を獲得したとのべている。六〇年代のフランスは、ジャン・ボードリヤールが、「肉体主義」と名づけた流れの、はじまりの時期である。(4) ところで、これに先だつ三十年間は、戦争と、「ベビーブーム」と、坑生物質の使用によって、人口の構成比率が激変し、フランス女性の数的優位が確立して、それがもはや逆転することのなくなった時期だった。(5) したがって、この時以降、若者と女性が、フランス社会の中で、実質的に圧力を行使することになったのである。この圧力が、いま問題にしている、新しい研究対象の出現に、影響をおよぼさなかったはずはない。ところが、このような断定を下すと、わたしたちは、あらたな不安におちいる。身体とその歴史に、わたしたちが興味をもつのは、単に、流行に流されているからではあるまいか。女性とその身体について考えることによって、わたしたちは、時代の雰囲気を反映しているだけではないのか。という不安に、おちいるのである。

わたしたちは、人間科学の研究者の精神の独立性に対して、過度の幻想を抱いてはいない。それどころか、逆に、最近の歴史叙述では、人間科学というものは現実に左右されるものだと、公式に指摘されてさえいる。したがって、上でのべた不安に対しては、つぎのように反論したい。すなわち、多くの新しい問題提起が、現代社会へかかわることによって生みだされているが、それこそ、歴史学の活力を証明するものなのだ。これらの問題提起を否定することは、硬直と呼ばれてしかるべきである。

しかしながら、「昔ふうの」歴史家たちが、女性の身体に言及する時の遠慮がちな扱い方を、じっくり観察してみよう。すると、そのアプローチの方法が、伝統的な価値に規定されていることが、まぎれもない事実だということがわかる。要するに、わたしたちは、つぎのようにいいたい。女性は、固定された役割の中に、がんじがらめに閉じこめられてきた。そして、こうした役割とは、支配的なイデオロギーによって、すなわち、男性中心社会のイデオロギーによって、決定されたものである。だから、女性の身体の記述が、どれほど多くの書き手のペンによっているにしろ、それは、女性の身体の、時代の要請への従属ぶりを、反映しているだけなのだ。たとえば、オルドリック・ヴィタルの『教会史』(十二世紀)の中では、女性たちは、なによりも、繁殖用雌馬とみなされている。つまり、女性に関しては、多産であるか、不妊であるかだけが、指摘されている。あるいは、せいぜい、男を堕落させる美しさにふれている程度である。(6) この修道士によるモデルは、結局のところ、古代の叙事詩の中の女性のモデルと、ほとんど異なるところがない。つまり、ホメロスにおいては、女たち——たとえば、ヘレネや、ペネロペ——は、どのように男たちに利用されるのか、という観点からのみ描かれている。女性を、単なる同伴者、ないしは、横から口だしするものとみる同じような例は、限りなくあげることができるだろう。さらに指摘しておきたいのは、古代の年代記の中で女性が表象しているのは、肉体ないし身体に、あるいは血すじに関する、注目すべき面だけだということである。王妃や貴婦人たちの地位は、結婚や生殖を通じてのつながり、肉体をもちいての性的行為によって、支えられている。〔第一次世界大戦時のドイツの美人女スパイの名にちなんだ〕「マタ・ハリ効果」も、身体（および、そのエロティックな効用）を国家大義のために捧げる女性、という点にあり、これも同じ思考方法によるものである。美貌を武器に包囲軍に潜入し、敵将の寝首をかいたという、旧約聖書の中の寡婦、ユディット以来、女性を題材とした物語の中では、女性の肉体は政治のための誘惑の道具だった。しかも、それらの物語が語っているとおり、ヒロインたちは、おのれの身体を自分自身のために利用しているのではない。妻であるにしろ、スパイであるにしろ、すべて、話題となっている男に、奉仕しているのである。

ロマン主義の歴史も、このモデルを完成し、高揚するばかりであった。十九世紀にもまた、女性という存在に関するひとつの定義が、頂点にのぼりつめたのである。例としては、可能なかぎり歴史を女性化し、女性の聖母化を主張した、ミシュレをおもい起こせばよい(7)。

このように、それ自体伝説と化している歴史は、ヒロインたちのあっぱれな行為を、わたしたちに語る。だが、こうしたヒロインたちをみると、かの女たちがヒロインとみなされているのは、あまり例のないやり方で肉体を利用したからだった。そして、それは、今世紀の歴史の想像力の中でも、変わりのないことがわかる。一四七二年のボーヴェ防衛のヒロインであるジャンヌ・アシェット〔1〕や、ジャンヌ=ダルク、あるいは、マラー暗殺のシャルロット・コルデーに代表される処女の暗殺者たちは、また、実在の人物であるのと同程度に、伝説上の人物でもあるのだ。かの女たちのひながたは、現代でいえば、さしずめ、従軍看護婦ジュヌヴィエーヴ・ド=ガラールの中に、見い出されるであろう。ド=ガラールの静かな英雄主義は、伝統的に女性のものとされてきた看護するという役目を、美化しているからである。ただし、かの女たちが起こさせる驚嘆の念、まわりに光輝く伝説を生みだす力は、実は、これらの女性たちが伝統を踏みにじっている点に由来している。たしかに、これらの女性は、女性という条件の枠をぬけ出している。だがそれは、伝統的モラルによれば、一般的に男性のものとされている徳、すなわち、戦闘への情熱や、武器をとっての勇敢さなどに、かの女たちがつき動かされていたからである。だから、女のおきてにのみ従う女性たちには、これらのヒロインたちの列の中に入りこむ余地など、まったくないのである。というのも、文字文化が、本質的に男性によってつくられる（学問理論や、女性の従属を確たるものにする法律など、みなそうであるが）社会においては、女性の本性という例の紋切り型《ステレオタイプ》が、執拗に強調されるからである。女は、子供を産み、育て、男に喜びを与えることによって、女として完成する、というわけである。しかも、こうした女の役割は、あまりにも自明のことであって、それらについてじっくり考える余地などないと、思われていた。歴史を書く男性たちのすべてにとって、ごく最近まで、女性を規定する条件は、歴史の中でも、男たちが、確固不動であってほしいとのぞむ領域から、みちびき出されている。女が種の保存のために奉仕するのは、地球が丸いのと同じだ、というわけである。女性の役割に関しては、何世紀をへても、目にみえる変化がなかった。あのなじみ深い文句が、なによりも、それをおもい起こさせる。娼婦は「世界でもっとも古い職業」に従事している、という文句である。また、これと対極をなして、やはり同じように、女性の身体に割りふられた義務、「われらが万人の母」という、いい回しもある。太古の昔より、母親から娘へと、血と、痛みと、死とが刻みつけられた宿命の中で、女性たちは世界を産みだしてきたのである。しかも、男性たちの世界、かれらに、そう、まさにかれらに属する世界、かれらが支配する世界を。男性たちは、精神と、権力と、戦争と、歴史の側にいる。女性たちは、戦士と働くものを産み、かれらを養い、力を回復させ、かれらの喜びを満たす。なんと安心なイメージであろうか。つまり、女性の側には、心やすまる不動性と伝統があるのだ。変わることなくそのサイクルをくり返すことによって、女性たちは、規則正しいリズムで時を刻んできたが、それは、なんら変わることなく、また当然のこととして、生と死の刻むリズムだった。こうして、母親から娘へと、自然のサイクルが完結する。そこにどのような歴史がありえようか。

　おそらく、女性の身体は、この「昔ふうの」歴史の中で、もっとも重要な標的となる場合もあったろう。ローマ人によるサビーニの娘たちの誘拐[2]から、「子供のできないジョゼフィーヌのあとをうけてナポレオンの妃となった」マリー＝ルイーズの胎《はら》まで、子孫再生産の問題は、権力の標的だった。そのために、いくたの交渉や、政治的妥協や、はては戦争（〔十二世紀末に、当時のフランスとイギリスの領土争いのもととなった〕アリエノール＝ダキテーヌ[3]をみよ！）までがひき起こされ、その跡は、年代記や条約となってわたしたちに残されている。つまり、女性の身体は、こうした時、事件にまでなったのである。しかしながら、それらの事件の中で、女性たちは、当事者というよりも、むしろ利害を象徴するものとして登場する。肉体であることを強いられた女性たちが、歴史の中で行動できたのは、その身体をたくみに利用して、主人と一門の利益を満足させた時に、かぎられていたのである。

　だから、こういう観点にたって、女性をその身体に還元してしまうと、それは、まさしく、かの女たちを歴史から排除することになる。だが、女性の身体自体も、たとえそれが、もっともささやかな機能に関してであろうと、歴史をもつことが証明されれば、その瞬間から、すべてが変わるのである。伝統的に女性のものとされてきた機能は、なんであれ、この原則から逃れられない。たとえば、子を産む、育てる、家の中で働く、身を飾る、といった行為でさえ、何世紀もの間に、その形態や意図だけでなく、それが女性の健康や寿命に対しておよぼす影響までをも、変えてきた。永遠に女性的なものという幻想が、時間や、場所や、対象となる社会集団の違いによって生じるこれらの深い相違を、おおい隠しているだけなのだ。そして、この幻想はまた、私的生活外の存在者＝男性と、その内部の被創造物＝女性という、いいふるされた対立を維持するのに、あずかっている。けれども、ここ十五年ばかりのあいだに、研究がつみ重ねねられてきた結果、この幻想も、すこしずつふり払われてきた。例をあげれば、人口統計史学の研究は、家族や性的特質の研究へとつながった。乳母、お針子、母親、娼婦そして女工たちも、それぞれの歴史を書いてくれる歴史家をえた。身体の特性をもちいて女性が果たしてきた機能は、時代とともに変化してきた。同時に、女性の身体の方も、さまざまな用途にもちいられてきたため、それに応じて変化してきたのである。(8) だから、女性の身体の不動性という幻想は、ひとつのイデオロギーに、男性に第一の地位を確保しておいてやりたいというイデオロギーに、奉仕する欺瞞なのだ。

だからこそ、男性と女性とは、実際、対照をなしていないのではないのか。だが、このわたしの意見に対しては、以下のような反論が実際に考えられよう。まず、三十年ほど前までは、男性の身体の歴史もまた、ほとんど書かれていなかった。そして、男性の身体の歴史が、日程にのぼるようになったのは、女性の場合と同じく、歴史人口学による歴史学の革新と、数知れぬその発展の結果を通じてだった。最後に、そしてとくに、形成されつつある、この「新しい」歴史学は、人類全体を対象としているし、それは今後も変わってはならない。そんなことになれば、女性は、ふたたび、あの鎖にしばられて、生物学に由来するあらゆるものに結びつけられることになる。しかしながら、これらの反論にみられるように、「昔ふうの」歴史は、ほんとうに、男性の身体の変貌を、描いてはいないのだろうか。いや、それは、部分的にだけ、真実であるにすぎない。わたしがまず強調したいのは、男性を描く時と、女性を描く時とに、それぞれみられる違いである。たしかに、男性の役割も、おそらく、女性の役割とまったく同じ程度に、例の紋切り型の側面を呈している。伝統的に「生まれつきのもの」とされる適性があり、これが、やはり男性にも、一定の機能をわり当ててきた。結局、男性も、女性も、人間の本性という、不動なるもののめざす硬直した図式に、はめこまれているのだ。

しかしながら、このことは、完璧に正確だというわけではない。男性中心の社会の中にあって、伝統的に男性のものとされる役割もまた、女性の場合と同様に、身体の特性を、「本来的に」、あるいは「本源的に」、利用することにあった。[9] こうして、軍人は、その力の優る分だけ優位におさまり、働くものは、身体的に頑強でありさえすれば生きのこり、さらに繁栄することができた。反対に、働くもの——労働者あるいは農民——が、病気であったり、障害をもっていたりすると、昔であれば、貧困に、現在ならば、社会福祉の扶助をうけるという、つらい立場におちいってしまう。[10] 病気と貧困とは、少なくとも下層民の間では、ひとつに結びついている（男女を問わず、いかなる場合にも）。それは、かつての慈善団体の名称に、病める貧民のためのという文句のあることでも、わかるのである。

そして、男性の運命と女性の運命をへだてるものも、ここに指摘することができる。すなわち、少なくとも男性の場合には、社会の中で占めている地位が高ければ高いほど、身体は重要でなくなる。身体を他者の管理下におくことによって生計を維持しているのは、農民や兵士であり、下層民なのである。イェルサレム王国のボードワン四世は、ライ病を病んでいたが、それでも王であった。ところが、子を産まない（不妊の）王妃は、ただちに離縁された。ジョゼフィーヌは、子をなさなかったために、王妃の位を去らねばならなかったではないか。しかるに、ルイ十四世は、痔瘻にかかっていたが、そのために、わずかなりとも権力を失うことはなかった。

その身体に人びとが特別な注意をはらう男性とは、その「商品価値」が身体的特徴によって、評価される男性である。小人症や巨人症の人びとは、その身体の異常を利用することができたが、そういう身分はけっして魅力的なものではない。「異型《モンストル》」は、男であれ女であれ、歴史の中に存在しつづけてきた。(11) 貧しい人びとは、かつては、異常性をひけらかすことで生きてきた。たとえば、乞食は、それを売りものにしてきた。しかし、一般には、古代の末期以来、ヨーロッパ文明の中では、むしろ身体を隠すことの方がきまりだった。(12) 商売の目的で身体をみせ、人前にさらし、利用するのは、下層階級の人びとである。娼婦のように身体を売ること、それは奴隷の状況に通じるのである。古典・古代のギリシアでは、競技場の勝利者は、神々によって選ばれたものたちだった。ところが、ローマの剣闘士の方は、最下層の民だったのである。

ここで、おそらく、わたしたちは、この法則らしきものに、例外を認めることができるだろう。すなわち、よく知られていることだが、第三共和政期の将軍たちが、しばしば、優れた体格をしていたことである。ジャン・エステーヴは、陸軍省でこれら将軍たちの書類を調査し、かれらの上官たちが、多少の差こそあれ、とくとくと部下の体格を評価している、と報告している。(13) こうした評価を読んでわかるのは、これら軍の指導者たちにとって、軍務に服するということには、軍の理想にしたがえば、なにか絶対的服従に似たものが、含まれていることである。そして、この服従は、その職業や社会的機能が、ある種の興行的なものをもつ人びとの大部分に、共通の特徴なのである。当時は、軍人は「美しき将校」でなければならない、と考えられていた。ところで、ジャン・エステーヴの言によれば、これは、潜在的同性愛の現われではない。それは、当時、「公認された、ひとつの表現であり、同時代の人びとには、なんら驚くようなことではなかった。というのも、礼装した美しい軍人をみることが、よくある楽しみとなっていた(14)」からである。そそのうえ、戦争のやり方が、まだしばしば白兵戦であった当時、将校には、カリスマ性をそなえているということが、期待されたが、そのカリスマ性は、身体的外見にも由来するものだった。最後に、すらりとした体や、優雅な立ち居振舞いは、この十九世紀末には、貴族のもつ特徴のひとつにも通じていたのである。しかし、男たちが政治の世界に入ると、ひるがえって、こうした体格の美しさは、なんの役にも立たなかった。身体からくる条件についていうと、優位に立ったのは、弁護士会のメンバーであった。それは、かれらが弁舌の才にくわえて、ひびきのよい声をもっていたからである。また、声だけでも充分価値があった。「軍人や貴族の場合とは異なり、演説家の身体が欠陥をもっていても、不都合はなかった。現在なら、身体が映し出されるためテレビでは通用しないであろうが」。これは、重要な指摘である。なぜなら、過去の男性たちに関する、現代の歴史家の、この指摘には、映像の力によって、現代の公的生活にもたらされた、決定的な変化が反映しているからである。過去の男たちに対しては、同じ価値観が通用しなかったのだ。だが、だからといって、それらの価値観が興味をひかないわけがあろうか。

つまり、わたしたちの社会では、何世紀にもわたって身体が隠されつづけたあと、ようやく、機能的な身体が賛美され、神聖視されるようになったのである。いまこそ、身体との関係の新しい倫理学について、語ることができる。十九世紀末、近代オリンピック競技の創設とともに、ふたたび身体を人目にさらすことができるようになった。スポーツが、まず、男性の身体を復権し、女性たちもこれに続いた。今日、われわれは、はっきりと意識的に、この現象を生きているのである。潮流の転換を経験したと、われわれは感じている。しかし、いったい、いつから、身体はおおい隠され、研究価値のある領域から排除され、教育の片すみに追いやられたのだろうか――

古代ギリシアでは、体育と知育が対をなしていた、と認めるならばの話であるが。

アリーヌ・ルセールは、この大変革は、紀元後二世紀から四世紀にかけて起こった、とみている。その著書『ポルネイア』では、「身体の支配から、感覚の喪失へ」というこの移行が、たくみに分析されている(15)。

このような状態になったのは、ふつう、キリスト教に原因があるのではないかとみられている。だが、実際には、いくつかの動因が、作用しあっていたのである。たとえば、新しいスタイルの健康法が採用されて、「プネウマ」、つまり精神を守るために、禁欲することが原則となったことが、あげられる。また、ローマ時代に、社会的かつ合法的な結婚の慣行のひとつとして、娘たちに、禁欲を試練として課したことも、あげられる。さらに、オリエントの隠遁者たちが、魂の輝きをえるために、欲望を抑える生活を選んだことも関係している。たしかに、当時の司教たちは、

「娘たちには、処女のままでいるように、家族には、貞節を守るように、説教するために」、教論を書いた。というのは、ひとつには、男性たちが、禁欲が精神を正しく用いるために必要なみちだという考えにとりつかれていたからである。もうひとつには、ギリシア＝ローマの女性たちも、夫婦の義務を果たすには、喜びもなく不感症であることが名誉であると、教えこまれていたからである。司教たちの教論は、こうした要求に合致してもいたのである。(16)

たしかに、たとえば中世などいくつかの時代をとってみても、実際の慣習においては、このように身体の価値を否認することが、かならずしも常に守られていたわけではない。それどころか、すすんで身体をあらわにしていたこともあった。そこで教会は、それに対抗して、羞恥心と貞節に高い価値をあたえる言説を、堅持しつづけた。つまり、教会にいた男性たちは、身体という現実の価値をこうして否認することに、貢献しつづけてきた。この時の肉体の価値を否認したことが、いくつかの変遷をへたのち、十九世紀になって、われらがブルジョワ社会で頂点に達するのである。そして、かれらが肉体の価値を否認するにあたって依拠したのが、二世紀から四世紀にかけて認められた、概念や信仰だったのだ。プラトン——アリーヌ・ルセールによれば、その科学論『ティマイオス』は、ギリシア＝ローマ社会において、あらゆる知識人たちの枕頭《ちんとう》の書だった——、そして、これに倣った古代の医者たちにしたがって、聖職者たちは、「精神」の王国を準備するため、人間の身体の放埒を抑えこもうとした。ところが、とりわけ女性の身体は、それに反抗するように思われた。だからこそ、教会の支配する文化、つまり、われらが中世に由来する文化は、身体には、ごく小さな地位しか、あたえなかったのである。そして、まったく別種の資料によってしか、この文化をゆるがすことはできなかったのである。

つまり、男性の身体が歴史の中にふたたび登場したのは、ここ十五年から二十年のことであるが、それは、歴史人口学の歩みのおかげだったのである。まず、家族の行動や、寿命などが、研究の興味の対象となった。つぎに、膨大な資料の集積の研究が、これに続いた。コンピューターによる分析が可能となったからである。そして、この資料の集積具合が、研究の方向を決めた。すなわち、女性たちに比べて、男性たちの方が、はるかに多く大組織の中にいたため、まず先に、つっこんだ研究の恩恵をこうむることになった。たとえば、軍隊や病院などが、徴兵適齢者や労働者など、まず男性についての一連の十分な資料を、提供することができたからである。ただし、これらの人びとが研究の対象となったのは、かれらが男性であるからとか、また、その役割がとくに男性のものだったからとか、いうわけではない(もちろん、徴兵適齢者は別である)。第一、労働病理学は、女性にも、男性にも、まったく同等の関心をよせている。それどころか、十九世紀に女子労働者がおかれていた、恥ずべき状態こそが、この種の研究の初期に、その重要な成果を生みだしたのだとさえ、いうことができる。

こうしてみると、このアプローチ——男性の身体へのアプローチ——は、実際にはいわばおつりとして、あるいはつけ足しとして、生まれたように思われる。ところが、女性の身体史の方は、わたしたちの社会を研究するものにとって、明らかに、どうしても必要なものなのである。なぜなら、この社会では、男性が精神の側にあるのに対して、女性であるということが、ことさら、その身体という存在に関連づけられているからである。もちろん、すぐさま、これと対照をなすように、男性の身体に関しても、同じ問題が生じてくる。だが、それは、いかにも残念ながら、というふうにしか生じない。たしかに、男性たちは、女性たちよりもはるかに強く、「そんなことがら」について語るのを、嫌がっている(いく人か、大胆な先駆者が、いることはいるのだが)。しかも、身体史という領域は女性のものであると、ひそかに納得している場合や、あるいは、そう信じたがっている場合には、ことさら、その傾向が強い。古い教育がいまだに影を落しているため、いく世代にもわたる研究者たちも、自分自身の身体に対して気楽にふるまえないのである。かれらは、その戸惑いを隠そうとして、意図的に、こうした種類の現実に深く踏みこんだ研究を、すべて、つまらないものとみなそうとしている。男性のヌードは、依然として、女性のヌードよりも、はるかにスキャンダラスなものなのである。

たとえば、一九七五年、バラン社から、『有名無名の裸の男たちの肖像』と題して、写真集が出版された。そこに集められた肖像は、正面から撮影され、名前のアルファベット順に並べられている。それらは、もともと、画廊ニコンの展覧会に出品されるはずだったが、最終的にとりやめになったものであった。これらの写真の意図は、序文執筆者によって、つぎのように明らかにされている。「これらの男たちは、あるがままを写真にとらせている。かれらは『ポーズ』してはいない。かれらは、みずからを隠していない。かれらは緊張をとき、気どらず、真実の姿をしている。かれらは、みずからの身体をひき受けているのである」。まちがいなく、これこそ、カメラマンが表現したかったのもの、気どりのない、日常の男性のヌードである。しかし、実際には、さまざまなポーズがとられているし、男性ヌード雑誌『アンティノウス・ピュディキュス』に、あわよくば載ろうとした男たちも数多くいるようだ。それを考えると、この序文には簡単には納得できない。「自然で」あろうと願うなら、おそらく、単なる美男子や、ヘラクレスの二番煎じを問題にしてはならないのだ。男性の身体を賛美するための、特殊な雑誌と違うのだから。たしかにひげ面や太鼓腹も、いく人かいる。三人は、パンツがわりに、子供といっしょにポーズをとっている。また、古典的なポーズ——たとえば、ロダンの『考える人』——を、無意識に模倣したものもいくつかある。[17]ところがこれは、実は、没個性化であって、みずからを隠しているのである。芸術的な理想型にあわせることによって、ヌードは、潜在的にもっているエロティックで、スキャンダラスな面を失っている。同じことは、彫刻家が、男性の像によって労働を象徴しようとする時にも起こる。かれらの作品は、現実からあまりにもかけ離れているため、『枯れ葉』の詩人ジャック・プレヴェールは、詩というかたちを借りて、それに抗議している。「人間の力ってやつは、足で立ってほほえんでいる、石膏や石の美青年なんかじゃない……。人間の力ってやつには、ヘルニア・バンドや、労働階級のはじめた闘争の傷跡が、くっついていて……」[18]。すでに強調したように、身体表現のアカデミックな伝統によって、おそらく、この現象を、部分的には説明できるであろう。けれども、わたしはそこに、さらにそれ以上のものをみている。すなわち、象徴としてのほかに、男性の裸体が描かれることは、長い間なかったという事実をである。男性の身体にしかれた禁制は、何世紀にもわたって、きわめて重かったので、男性の衣服も、首までぴったりと覆う、色のくすんだものとなり、結局は禁制にそったものとなった。それが「自然で、ありのまま」だと、信じこんでいる男たちが多いが、実は、階級の外ずらをあがめているにすぎないのだ。[19] くわえて、このような問題に関心をもつことでさえ、危険をふくんでいる。くだらないと評されかねないからである。男性は、このような非難を浴び、面目を失うことを、女性以上に恐れている。

したがって、身体史は、とりわけ、女性のためのテーマのようである。だから、このテーマに没頭すると、一種のゲットーのようなものに、とじ込められる危険もある。しかし、この呪いを断ちきるには、「習慣となってしまった思考の構造をうちやぶる」だけで、十分なのだろうか。[20] すでに、一九四九年に、シモーヌ・ド・ボーヴォワールは、『第二の性』の序文に、こう書いている。「このテーマは、とりわけ女性たちにとって、いらだたしい。しかもそれは、けっして新しい問題ではないのである」。この言葉は、わたしたちの問題意識を、かなりうまく要約している。しかし、完全に探究しつくさずして、現場を放棄するべきであろうか。それでは、まったく割が合わないではないか。

家族と性とは、まだ多くのことを、われわれに語ってくれるであろうし、過去を復元することは、かならずしも、懐旧趣味の言説にいきつくことではない。むしろ、まったく逆なのである。

この過程の中で、これまで受けいれられていた見解がゆるがされたり、あるいは、反対に、その裏づけをえたりする。そして、イデオロギーからくるアプリオリな見解は、地におちる。もちろん、戦闘的な仮説にもとづいて構築された書物は、よい歴史でないことのほうが多い。わたしたちが、いかにフェミニストであろうとも、事実に忠実であることが、常にわたしたちの原則でなければならない。「女らしくみせないようにする」のは、今日でもなお、職業上の成功を望む人びとにとって必要なことかもしれない。だからこそ、女性の身体というこの分野の完全な探究は、長い間、ほとんど女性にのみまかされてきたが、それはますます不可欠なものになっていると、わたしには思われる。そして、男性と女性の相互関係は多岐にわたっているのだから、これまで一見留保されてきた、この分野の研究を進めることは、かならずや、男性に関する事実についての、新しい問題の設定につながるにちがいない。たとえば、売春の研究のほとんどが、十九世紀には女性に関してなされていたことが、アラン・コルバンをして、男性の満たされない性についての調査へと、向かわせたのである。同様のことが、アリーヌ・ルセールが『ポルネイア』の中で、われわれに示している、(男性の身体と女性の身体との)相互補完的研究についてもいえよう。

　いまでは、男性中心の秩序が、疑問に付されており、そこから、新しい研究対象が浮かびあがってきている。だから、研究者たちが、伝統的に女性に由来するとされてきたものを、問いなおすことからはじめたのは、結局のところ理にかなったことであった。その中から、数多くの業績が生まれ、女性史へのアプローチも、その身体史を通じて、なされるようになったからである。たとえば、健康の領域では、ヒステリー症について、すでに多くの歴史学的な研究があり、しかも、そのうちの少なからぬものが、女性によって手がけられてきた。このことは、既成観念（「あらゆる女性の中に、ヒステリー患者がひそんでいる……」）への服従のしると、みなすべきだろうか。それとも、人間科学のたすけをえて、既成観念を問いなおす時に、なにものをも見のがすまいとする決意とみなすべきなのだろうか[21]。この試みは、さいわいにして、ほとんどの場合、既成の神話からの健全な解放へと、通じている。つまり、これによってまさに、永遠に女性的なものという観念がかすんでいき、それと対照的に、新しい「解読法」が、男性に関する研究に適用されるようになる。その例として、わたしは、拒食症に関する最近の研究を、あげておきたい。この病気は、大体において、現代の、西ヨーロッパの、そしてとくに女性の、行動とされてきた。けれども、これらの研究書の著者たちは、その研究を通じて、男性の摂食行動の意味や、男性独自の美学と男性自身の関係までも、問いなおすにいたっているのである[22]。

　われわれが、このような対象に関心をむける時、それが時代の精神に沿ったものでない、などと主張するのは、ばかげたことであろう。身体との関係の新しい倫理学が形成されて以来、多くのことが、いわれるようになってきた。そして、しかもそれらは、聖職者文化の中では、考えられもしなかったことである。はじめ女性に向けられた研究は、今日では、男性的なものにまでおよび、ついで、全体を再構築することまでも可能になっている。しかし、そこにいたるまでには、まわり道があったし、いまでもある。もっともそれは、わたしにいわせれば、通らねばならないまわり道なのだが。

肉体・死体・テクスト

エリザベット・ラヴー=ラロ
アンヌ・ロッシュ

版画「生と死の鏡」。想像の世界で、女性は死の原因とされている。

肉体・死体・テクスト

エリザベット・ラヴー＝ラロ

「女性の肉体とは、それ以前の世代の女性たちについての隠喩にほかならない。」
アントワネット・ゴルドフスキー
「肉体の聖刻文字《ヒエログリフ》」『ショセ・ダンタン』（『10／18叢書』）より

女性史は、女性の肉体の歴史を前提としている。というのも、実際のところ、女性とは、肉体にほかならない（あるいは、長い間、肉体にほかならなかった？）からである。ある精神分析学者は、以下のように述べているが、その言葉は傾聴に値する。

「女性と死との関係とは、どのようなものであろうか。この関係は、女性が肉体との間にもつ特殊な関係から、生じるのであろうか。さらにいうと女性は、この死というものを、なにか理不尽なもの、避けることのできない運命のようなものと、感じてはいないだろうか。というのも、死によって、肉体――それは、生きている間は、女性自身にも理解できない言語活動の場であり、いわば、女性ぬきの場なのだが(1)――は、結局、それ以後、ことばをもぎとられた肉の塊に、なってしまうからである。すなわち、肉体は、シンボル化の可能な三次元空間として、ひとつの言語活動を体現している。たしかに、女性が、それを解読する鍵を、けっして、もったことがなかったとはいえ、この言語活動の場は、死によって、さらに、単なる肉塊になるのである(2)。」

このように、肉体は、女性自身によって知られることがなかった。だから、逆に、数世紀――数世紀の歴史――にわたって、とくに文学作品の中で、女性の肉体をほめたたえ、その声をきき、それを創造し、尋問し、解読してきたのは、男性の想像力だった。だから、この女性ぬきの場とは、まさに、男性だけが語る場だった。したがって、これら男性が語ることに耳を傾けることは、女性の肉体の歴史だけでなく、女性史そのものにも、大いに資するところがあるはずだ。もしも、わたしたちが確信しているように、女性とは、まずなによりも「女性の肉体」だったとしたら。

もちろん、ここで、この作業を徹底的にきわめることなど、問題外である。第一、文学作品の中における女性の肉体像をすべて網羅した研究など、これまでどこにあったろうか。それは、今後なすべき仕事として、残されているのである。だから、どうしてその仕事をせずにいられようか。あちらこちらで、いろんなことが書かれてきて、それが、直感に裏打ちされた記憶という、かけがえのない道具となっている。それは、ここでも、道具として、必要とされることになろう。つまり、いくつかの、有名な、また、それほどは知られていないテクストが、考察の論拠として、とりあげられることになろう。ただし、これらの考察は、あくまでも、今後なされるべき研究の、最初の一里塚にすぎない。

まず、アベ＝プレヴォーとスタンダール〔1〕を、検討してみよう。このふたりの作家は、ふたつの文体、世界におけるふたつの存在、要するに、ふたりの男性であり、両者の間には、違いが、それも根本的な違いがある。けれども、女性に対する見方、女性の肉体の語り方は、ひとつである。どちらの場合にも慎み、つまりその時代の慎みがみられるが、それはおそらく、一種の細やかな配慮なのだろう。だから、一見したところ、女性の肉体は、語られてもおらず、その居場所もないようにみえる。けれども、実際には、それはくり返し語られているのである。たとえば、よく知られているように、そして、プレヴォーの読者なら、忘れるものもほとんどいないと思うが、マノン・レスコーとは、「愛そのもの」であった。また、シャストレール夫人は、リュシアンの目に、唯一「女性」として映る人物であった。しかし、もっと近くでみる――女性の肉体が問題となるときには、男性はいつも、もっと近くでみようとするのだが――と、かの女たちの肉体もまたテクストの緊密な織目の中に、見えかくれしているのである。

プレヴォー

マノンは、いつも泣いているので、顔を涙に濡らし、目を伏せ、きわだって青ざめている。マノンは、「愛そのもの」であるが、小説の最初から死んでいる愛なのである。ジャック・プルースト（文芸評論家）が、「マノンの肉体」という論文の中で、いみじくもいっているように、マノンは、小説の出だしから、すでに不在で、失われている。肉欲そのもののような女でありながら、実のところは亡霊であり、デ＝グリューの分身、死んで断片となった妹、もはや「愛そのもの」としかいいようのない死体なのである。それは、まさに、「ことばをもぎとられた肉体という場」なのだ。デ＝グリューは、心ゆくまで、飽きることなく、同じことばをくり返して、それを、組みたて、また組みたてなおす。けれども、これらのことばは、この最愛の人に死をもたらすだけであり、あくまでも、死体を賛美するだけなのだ。

スタンダール

リュシアン・ルーヴェンは、バチルド（シャストレール夫人のこと）にのみ、愛欲を抱く。そして、この夫人は、「首まで」おおわれたドレスを着て、他の女たちがこれみよがしにみせる部分、つまり胸を、いつも完全に隠している。だが、正しくは、どうなのだろうか。たしかに、女性の姿かたちが、描かれている。たとえば、「ドカンクール夫人は、優雅な部屋着を着て……、かれから二歩のところにある長椅子に、なかば横たわっていた……」というように。また、肉体のいろんな部分のかたちも、描かれている。「（ドカンクール夫人の）かわいらしい肩、……

(中略)……前日パリから届いたばかりの、夏用のカミソール、……(中略)……その紗のしたに輝いてみえる、ぽってりとした腕」といった具合に。だが、これら肉体の断片は、性的な魅力をまったくもっていない。「かれは、(気絶したグランデ夫人の)額や、頬や、うなじを湿したが、その美しさも、一瞬たりといえども、かれをうっとりさせはしなかった……」し、リュシアンの腕におかれた手も、同様である。バチルドだけが、リュシアンの感覚をめざめさせる。だから、若い踊り子のレーモンド嬢が、リュシアンの性的苦悩を鎮めることがあっても、「レーモンド嬢とぼくの関係には、道徳などほとんど入りこんでいないので、良心がとがめることは、まずありません。それでも、かの女がやさしいと感じられる時には、よく良心の呵責を感じることがあります(あなたは、ぼくを冷かすかもしれないが)……。でも、かの女を口説いていないと……、暗い気持ちになってしまって、ぼくは、自殺でもしそうになってしまうんです。ほかには、なんにも、おもしろいことがありませんからね」、ということになる。この告白を読むと奇妙に思われる。というのも、ここに描かれている男性の性欲とは、みずから死にたいという欲望に、きわめて近いからである。いずれにせよ、バチルドは、スタンダールによって創造され、リュシアンによって観察されているのだが、かの女は、純白のモスリンでできた、初々しいドレスに身を包んでいるものの、みずからの性的欲求のしるしを、隠すことができていない。それゆえ、かの女は、身を震わせ、心臓をドキドキさせ、気絶したり、赤面したりするのである(スタンダールが、「女なんて、子宮そのものだ」ということばを余白に書きこんだのは、まさにここである)。けれども、これらの描写は、いつもあちこちに分散され、バラバラで、断片的であり、最終的には、すべて、もっとも非肉体的な部分である、眼に集中していく。こうして、シャストレール夫人の眼は、「わたしはあなたを信じています。わたしは、あなたに身を捧げていますのよ」、といっているようにみえるのである。

コンパニョン〔2〕

「どうして男たちってみな、わたしを強いと思っているのかしら。どうして、わたしが辛抱できないことだってあるのを、わかってくれないのかしら。かれらがわたしに抱いているイメージと違うことがわかると、逃げていくのよね。わたしが気絶すると、みなわたしを責めるのよね。わたしだって気絶することぐらいあるわ。なのにどうしていけないっていうの（わたしがこういうのは、クレオパトラ本人についてだけではない。また、わたしが厳しい目でみてきた、すべての女たちのためでもない。わたしは、女の肉体についてこういっているのだ。それは、わたしが死ぬほど愛する時に、享楽の肉体となる）。」気を失い、よろめき、くずおれようとする、女の肉体。この肉体が生きている間は、男は、けっして、それを全体としてながめようとはしない。「ぼくは、クレオパトラの写真を一枚ももっていない……。（ぼくが愛した人間は）みんな、奇妙なことに、目の前には現われてこない。なぜって、かれらを描くことができないからさ。描いたとしても、現実の姿とはちがってしまうだろうしね。それでも、ぼくが他人を愛している時には、その肉体を綿密に描くね……。もう紋切り型なんか、はやらなくなったから」。このことばによくあらわれているように、これまで、女性の肉体は、生きている時には、紋章のように決まりきったイメージでしか表現されなかった。それは、ほかの断片と同じ価値しかもたない、ひとつの断片にすぎない。すこしずつ描写されていく小片、あるいは、出血する場所(「きみの血にまみれたぼくの性器」)、肉体の苦痛、つまり、「やつれた顔、ひきつったような動作、すっかりやせ細った身体」にすぎない。ところが、いったん死んでしまうと、女性の肉体——ついに、ことばを失ったにもかかわらず——は、全体としてながめられるようになる。「ぼくの母が死んで、ぼくがひとりでそのそばにいたとき、はじめて、死の床に横たわる母の写真をとった」。なぜなら、「死んでしまえば、思いどおりの存在にできるからだ」。死者となってはじめて、女性の肉体は、包括的で、ひとつにまとまり、認識されやすいようヴェールをぬぎ、全体的なものとなるのだろうか。この時にはじめて、肉体が人格となるのだろうか。女性の肉体が、ことばを奪われた時になってはじめて。なぜなら、そうなれば、女性の肉体に意味をあたえることも、それが表わす意味に耳を傾けることも、必要がなくなるから……。このように、A・コンパニョンは、『あらかじめ行なわれた葬式』において、スタンダールとプレヴォーのやり方を、同時に用いている。つまり、コンパニョンは、男性ならではのしつこさで、女性の肉体を解読し、デッチあげるとともに、またバラバラにしてしまっている。そうしておいて、かれは、スタンダールやプレヴォーと同じやり方で、また、同じ眼でみながら、まったくちがったふうに、女性の肉体を、組み立てなおすのである。女性の肉体が、「理解できない言語活動の場、女性のいない場」でなくなるには、女性自身が、みずからの肉体について語り、過去のものとなった表象をうち壊し、ことばによって、男を含めた人間の肉体を構築し、つまり、それをもう一度、誕生させなければならないのである。女性の肉体が、女性自身のことばによって、語られる時期がきたように思われる。はたして、この肉体の姿は、以前のものとちがっているのであろうか。それは、わたしたち自身——あるいは、わたしたちの娘——によって、解明されるであろう。

肉体・死体・テクスト

アンヌ・ロッシュ

その著書『ローマ・建国の書』（一九八三年、グラッセ社）の中で、ミシェル・セールは、建設するものとしての暴力の役割を、そしてとくに、集団の秩序をうちたてるための物としての肉体の、ないしは肉体の断片の重要性を、強調している。すなわち、分割された肉体こそが、帝国の起源であり、平和の起源だった。群衆によって殺され、八つ裂きにされたレムスの例（ティトゥス＝リウィウス）[3]が、そのことを示している。ところで、数多くの古今の神話の起源に、八つ裂きにされた肉体、それも、男性の肉体が見い出されるのは、興味深いことである。オルフェウス、オシリス、北欧神話の英雄たち、（バッカス神の巫女たちによって殺された）ペンテウス、（ペンテシレイアをうち倒した）アキレウスにしても、また、『トーテムとタブー』（フロイト）の父親にしても、みなそうである。しかも、最後の例を除けば、すべて、女性によって切りきざまれている。[4]ところが、これらのテクストはみな、筆者の知るかぎり、男性によって書かれているのである。これは、おそらく、「男性の悲しみ」の、最初のあらわれではないのだろうか。

都市というものが、肉体を生贄にささげるという暴力のうえに、建設されたのだとしても、さまざまな説話の物語については、どうなのだろうか。そこには、たがいに似通った、二つのモデルがある。ひとつは、オセロのモデル（この場合、誘惑するために、つまり、他者の肉体に近づくために、説話を語る）であり、もうひとつは、『千一夜物語』の語り手シェーラザードのモデル（こちらは、死に時をひき延ばし、みずからの肉体を守るために、説話を語る）である。ここに、物語における性別による役割分担の起源が、あるのではないだろうか。だが、このことをすぐに肯定するのは、おそらくあまりにも冒険であろう。したがって、もっと慎重に、問題（複数の場合もある）の範囲を明らかにしてみよう。すると、以下のように定義することができる。まず、肉体が認識の対象となったのは、ごく新しいことである。だが、歴史家たちは、以前から、肉体を研究する手段を手に入れていたし、文学分析の分野でも、この肉体というオブジェは、少数の例外をのぞいて、膨大な数の紋切り型《ステレオタイプ》を生みだしてきた。そして、その結果、肉体＝テクストという、等価関係が成立するにいたっている。つまり、肉体そのものと、それを記述したテクストとの関係は、批判的に検討されていないのである。一般に広く認められている、この自明な考えをゆるがすために、まず、「書くこと《エクリチュール》に性別を認める」ことがなにをもたらすのかを、問題にしてみるのがいい。「真実を白状させる」唯一の方法は、性差を無視することなく、むしろ、逆にこの性差を問題としながら、書きたいという欲望ついて、語ることではないのだろうか。

いま、ここでは、女性が書いたテクストの中で、女性的な《フェミナン》ものがどのように表象されているかについて考察する――男性が書いたテクストについては、エリザベット・ラヴー＝ラロの分析が、ドリュ＝ラ＝ロシェル、ポール・ニザン、ミシェル・レリスなど[5]、多様で、かつ数多くの現代作家に関して、正しいと思われるからである。だが、その前に、ものを書く女性が、自分自身のテクストに対して、どのような態度をとっているかについて、ごく簡単にふれておく必要があろう。女性は、すくなくとも西ヨーロッパにおいて、今日、理論上は、あらゆるレヴェルの象徴体系に近づくことが、許されている。しかしながら、それでも、女性の発言《パロール》が、一定の優先分野に限定されているという問題が残る。つまり、「女性固有の領域」以外のことについては、理論的な言説《ディスクール》が、いまだに、相対的にごく少数しか認められていない。たとえば、ブランディーヌ・バレ＝クリーゲルの『国家と奴隷』（カルマン＝レヴィ社、一九七九年）のような著作は、今日では、むしろ例外に属する。[3] ノエル・シャトレの『料理の体あたり研究』（スイユ社、一九七九年）のようなテクストにくらべて、著者が女性であるということが、かならずしも適当だとは思われていないからである。すなわち、たしかに食べるのは女も男も同じである。だが、シャトレのテクストは女性にふさわしい、というわけである（伝統的な役割分担の枠内にとどまってはいないにしても）。ともかく、女性の肉体というものが、女性自身の言説から排除された対象であるにしろ、そうでないにしろ、理論的な言説は、依然として、限られた少数の特権でしかない。また、これ以外のタイプのテクストでも、たいていの場合、書き手である女性は、これまでのきまりを守って、男性による批評のいうがままに、家族――配偶者、子供（たち）、その他のパートナー

（たち）——の歴史という、伝統的な領域に閉じこめられているようである。たしかに、これらのテクストの中には、女性の肉体が存在し、しかも、それが、比較的新しい視座を含み、成功をおさめていることもままある。(4) にもかかわらず、この肉体の存在が、単なるテーマにとどまっているかぎり、本質をくつがえすことは、ほとんど望むべくもない。

これらのテクスト（その多くは、「分析形式で」書かれている）の大部分が、おもに対象としているのは、フロイトの「反女性主義《ミソジニー》」への不信が表明されてはいるものの、あい変わらず精神分析の領域である。つまり、社会的なもの、歴史、さらには、政治的なもの（すぐれて、男性たちの領域である）などは、明確に拒否される対象ではないにしろ、女性にふさわしいかどうか疑わしい対象となっている。もちろん、女性は、自分が抑圧されていることから出発している。けれども、この抑圧の集団的根拠を、女性であること以外には、求めることができず、また、求めようともしていないように思われる。そうであるとすれば、ここでいう肉体（もっぱら、女という性に付属するものと、みなされているのだが）とは、一種の遮蔽物ないし障害物として、機能しているのではないだろうか。この考えは、ジュリア・クリステヴァも示唆している。(6) クリステヴァによれば、女性固有の書き方《エクリチュール》について語ることは、公正なことではないという。それが、（男性であれ、女性であれ）語っている存在の根源的な喪失を、隠蔽することにすぎないからである。たしかに、たとえば、一種のテーマ研究《テマティック》や文体研究を、想定することはできよう（そこでは、生体としての肉体が、人目にさらされて、もはやつつみ隠されることなく、重要な位置を占める。たとえば、性愛や、これを「定式化しなおす」すべての試みのように(5)。しかし、だからといって、この事実から、書くことに「性差」があると結論づけることは、ごまかしであろう。ところが、エレーヌ・シクスス(7)は、このような考えに反対している(6)。シクススの目からみると、男性と女性の間の差異を抹消するのではなく、むしろ、この差異に積極的に働きかけるべきだ、ということになる。男性の言説から逃げだそうとするのではなく、これを脱構築し、本来の位置におし戻さなければならない。すなわち、「(男性の言説が)侵犯している空間を、まず指摘し、つぎに告発し、そして最後には、粉砕しなければならない」のである。そして、おそらくは文化そのものをも。というのも、「文化それ自体が、女性であるわたしに反してしかつくられていない」からである。

これら二つの考え方のうちでは、シクススの考え方のほうが、積極的な働きかけを提案しているという意味において、はじめのうちは、よりダイナミックなものにみえる。けれども、この考え方では、問題は決着ずみだということになっている。両性間の(生物学的、歴史的、文化的な)差異から出発して、それぞれの書き方にも性差があると、結論づけてしまっているからである。なるほど、象徴体系にも性差があることは、否定できない。けれども、この象徴体系そのものは、クリステヴァが「奴隷制支持者の仏頂面」と呼んでいるものによって、曇らされた(あるいは、意図的に決定された)ものなのである(さらにつけ加えると、「文化それ自体が、女性であるわたしに反してしかつくられていない」という、シクススの一見理論的な嘆きの公式も、現実には、シクスス自身の書くという行為《エクリチュール》の実践と、矛盾している。シクススの書き方《エクリチュール》には、クライスト、カフカ、ランボーなど、男性作家とのテクストの相互乗り入れの効果が、多数みられるからである）。そうであるとすれば、一見性差を否定するようにみえようとも、クリステヴァの考え方に、われわれは注意を向けるべきであろう。この考え方の長所は、書くという行為を、「（性差という）領域に限定された実践」としてではなく、もっとラディカルなもの、つまり、意味とそれを語る主体とを問題にするもの、としてとらえるところにある。追放された作家は、祖国からの隔絶について語る。だが、その隔絶は、地理的な隔絶とはなんの関係もない（ヘルダーリン、パウル・ツェラン、エドモン・ジャベス）[8]。また、旧フランス植民地の作家も、歴史との断絶について語る。だが、その断絶は、単に歴史にのみ関わっているわけではない（カテブ・ヤシン、ナビル・ファレス）[9]。これと同じように、書くという行為をなす女性《エクリチュール＝ファム》たちも、おそらく、性差以外のものとも、関連をもっているはずである――だから、異質性をすなわちゲットーとなす言説は、たとえ、あるいはまた、とくに、女性の手になるものだとしても、異質な書き方が揺がすことのできるものを、「限られた領域に閉じこめる」ことによって、排除してしまう役にしかたたないのである。

「書くという行為《エクリチュール》によってはじめて女性となる、ということがある。……（中略）……ただしそれは、（書きさえすれば）女性すなわち作家だということではなく、女性は、みずからの書くという行為によって、少数派になる存在だということである。[7]」

「……以外のもの」という点に関して、ヴァージニア・ウルフ[10]は、もっと進んでいた。ウルフが、創造とは、おそらく、女性であることを忘れることの中にしか存在しない、とほのめかしているからである。「わたしは、女性であることを忘れた女性として書く」とか、「性のこの奇妙な性格は、性というものがその意識を失った時にだけ、現われる」と、ウルフは語っている。ところが、女性のものといわれる書き方に関する考察は、おおかた、この極限点を考慮にいれようとしていない。だから、わたしたちは、こうした考察にしたがえば、女性固有の書き方を類型化してしまうことになる。しかも、その類型たるや、男性的なるものの裏返しにすぎないのである――この男性的なるものによって、女性だけでなく、男性自身も被害をこうむっているのだが。手短かな例を、ひとつあげておこう。[8]ある作家が、もちろん、女性作家なのだが、女性固有の書き方を定義するために、一連の基準をあげている。まずは、特定のジャンルに対する好み（「書簡や日記などに対する、女性たちの好み」）、ないしは、ジャンルにとらわれないこと（「女性の肉体のイメージ」にならって――引用文のママ――、無定形で未完成のテクストを好むこと）であるが、これらの基準にあてはまる作品は、いずれも、失敗作として記述されている（たとえば、ウルフの『オーランドー』は、あまりうまく書かれていない歴史小説であるという[11]）。つぎに、ジャンルから言語活動それ自体に目を移すと、女性固有の書き方においては、言語が、情報を伝達するという機能を停止し、自立的なものとなることがわかるという——だが、これは、詩的言語の働きを定義しているのであって、女性固有のやり方を定義しているのでは、けっしてない。さもなければ、シェイクスピアの詩が女性の手になるものという前提で、かれの姉に関する資料を、再検討しなければならなくなる。結局、この種の「分析」の唯一確実な点は、臓腑的な隠喩に目をつけたことにある。つまり、(女性固有の)書き方は、乳、血、胎盤、唾液、リンパ液、羊水など、体液の隠喩だというわけである。だが、こうした隠喩とて、男性たちが、わたしたち女性を描く時に好んで用いた(たとえば、ミシュレ)のであって、女性たちはそれを踏襲したにすぎない。ただし、たとえば、モニック・ウィティッグ[12]の『レスビアンの身体』では、隠喩はさらに前衛的なものとなり、テクストの機能そのものとなっている。ウィティッグは、一〇ページごとにテクストを分断し、そこに「凝血しあったことばの月経」をはさむことによって、ページの上に女性の生理を具象化しようとしている。

したがって、女性の固有性をまったく否定してしまうことはできない。そんなことをすれば、おかしなことになるだろう。ただし、その存在を即座に肯定するのではなく、また、この固有性を限られた領域にはじめから囲いこむのでもなく、それが一体なにかを問題にしてみなければならない。だが、こうした探究をおし進めるためには、あらゆるテクストを全体として調査する、膨大な作業が必要であろう(そして、おそらく、いわゆる文学的テクストのみに限ることもできまい)。そこで、ここでは、その手がかりとなるような二つの例を、簡単に紹介してみたいと思う。まず、シャンタル・シャヴァフ[13]は、『衝立の絵／夢想』の中で、性行為を、明らかに男性の手になるモデルを思わせることばによって、描きだしているが（たとえば、こねてつくられた女、ねり粉、粘土、などなど）、それは、わけても、ミシェル・レリスを思わせるものがある。レリスは、『幻のアフリカ』の中で、エマワイシュと呼ばれるアビシニアの女性を、「濡れた股、それはゴーレムがつくられた土のように、濡れていた[14]」と描いている。しかし、そこには違いがある。すなわち、シャヴァフにおいては、すべてが動いており、テクストの中で一人称で示される女性は、みずからをねり粉に喩えてはいるものの、男性の欲望や行動に対抗して、なお、みずからの欲望、みずからの行動をも語っているのである。したがって、まず第一に、つぎのように仮定することができよう。男性のテクストから女性のテクストへと移るにつれて、変化するのは、表象されたもの自体ではなく、それが活性化されているかどうか、なのである。

より複雑であるとはいえ同じような現象が、いくらか古いコレット[15]の『軽々しくも肉体的なと呼ばれた快楽』（のちに『純粋なものと不純なもの』と改題された）にもみられる。たしかに、そこに描き出されている宇宙（阿片飲用、同性愛者《ホモ》たちの社会）が、ドリュ＝ラ＝ロシェルの『ジル』を思わせないでもなく[16]、一見したところは、常軌を逸し、型破りで、ノイローゼの症状に満ちている（ルネ・ヴィヴィアンの拒食症や自殺行為を真似ているように思われる[17]）。だが、主要人物のひとりによって「善良なプチブル」とされている女の話者は、こうした常軌を逸した行動を頻繁にくり返すことによって、もっとも古典的な愛の苦悩を、忘れようとしているのである。

そして、この女性が、すてられた女として自己を卑下しているさまは、テクストの中での男性同性愛の扱い方に、なによりもよくあらわれている（たとえば、メイとジャンの物語における、男を真似ようとした――それも、ぎごちなく――時の、女性の肉体の根元的な欠陥。あるいは、『ヴェルサンジェトリックス』の物語における、女装した男の醜さ、つまり、男性の肉体の美しさが、女性の衣装によって損われている様子）。だから、こうしたことすべては、女性特有のマゾヒズム（偶然にせよ、構造的につくられたものにせよ）に由来しているよう思われる。すなわち、内面の孤独を体験する時に、話者が女性の肉体をもっていることが、事態をいっそう悪化させているように思われる。男性的なるもの、あるいは女性自身に関するものなど、すべてにわたって、これまでうけ継がれてきた表現の仕方に、頼らざるをえないからである。

しかし、こうしたレヴェルまでの読解は、間違いではないにしても、そのまま利用するにはまだ不十分であることがわかる。実際のところ、コレットのテクストは、かの女より「現代的な」作家の多くが羨ましがるようなやり方で、（両性の）肉体の間の頻繁な往来、つまり、両者間の一種の脱領域化、共通の「根茎《リゾーム》」[18]を実現している。そして、そのため、男と女という性的固有性は、頻繁に交換されることによって、揺がされ、廃棄される傾向にある。考えようによっては、こうした書き方によって、性差が抹消されるおそれもある。けれども、わたしたちには、この書き方によって、性差が縮小され、流動化されているにすぎないように思われる。そして、これこそが、わたしたちの目からみて、提起すべき目的なのではないだろうか。

暴力や性愛の紋章によってズタズタにされた肉体から出発して、わたしたちは、さまざまなカテゴリーを粉砕するにまでいき着いた。すなわち、シャヴァフやコレットに代表されるようなテクストは、男性的なもの、女性的なものの表象の仕方を問題にしながら、性差を否定する（これまで、長い間支配的傾向だった）わけでもなく、またヒステリックに性差を強調する（今日、法則となるほど力をえているが、幸運にして、だれも、その線引きに、ほんとうには同意していない）のでもない。だとすれば、こうしたテクストの中から、新しい主体、自我をとらえる新しい方法が、出現するのではないだろうか。あるいは、これまで隠されていた常数が、明るみにだされるのではないだろうか。女性を表象するものの歴史（ないし、その文学史）は、今日、アメリカ「文化主義」[19]と歴史の拒否との間で、ためらいをみせている。この点に関していうと、理論的な前進が、実際の研究のきり拓いたみちに追いついていないのである。そして、それには、ふた通りの理由があるように思われる。まず、開かれた、流動的な、多義的な、ないしは、その他もろもろの特徴をもった書き方への、（「女性側から」の、ないしは、フェミニストからの）いざないがある。だが、このいざないは、修辞上の禁止令によって硬直してしまっている可能性が、おおいにある。こうした書き方も、また、一定の束縛を受けていることを、十分に認識していないからである。また、他方では、この領域での理論化の試みも、あい変わらず、肉体という（それも、閉じた肉体という）閉じた概念にとらわれていて、安易にこうした概念の存在を認めてしまっている。したがって、この概念は、テクストのレヴェルにおいて十分検討されることなく、テクストの「死体」となっているからである。

性差、歴史、人類学、そして古代ギリシアのポリス

ポーリーヌ・シュミット＝パンテル

「重装歩兵出陣と祭壇への祈り」。古代ギリシアの壺の絵、前530年頃の作。

われわれが研究するさまざまな社会には、女と男とが存在している。このことが真剣に受けとめられるとき、はじめて新しいパラダイムがそのすがたを現わす。つまり、女性についての研究によって男性についての研究を補完するだけでは、十分でないのである。われわれは、これまで社会を分析するに際して、既存の諸カテゴリーによって、さまざまな先入観を吹きこまれてきた。だから、われわれの注意をこうした先入観からそらし、「文化として構成されている」ものへと、あらためて向けなければならないのである。(中略)われわれにとって必要なのは、男性の領域と女性の領域との関係を、親族関係、政治、経済などと同等の理論的抽象の水準におき直して、分析することなのである。

アネット・ウェイナー(1)

女性史が、女性たちの知られざる勝利の歴史か、あるいは、あまりにもよく知られた屈辱の歴史ならば、そのような女性史にわたしはまったく関心がない。わたしは、欠落の多い記録しかないのに、時が到来したという口実だけで、いまさら、女性史を書くことにただ打ちこみたいとも思わない。(中略)いま、魅惑的であるだけでなく、さしあたって必要となっているのは、女性の領域に問題を限ることなく全体として歴史という場をとらえ、これまでとは違った問いかけをして、可能なかぎりその都度、性別によって役割が分担されていることを、浮かびあがらせることである。

アルレット・ファルジュ(2)

この二つのテクストのうち、ひとつはアメリカの女性人類学者によって、もうひとつは、フランスの女性の歴史家によって書かれたものであるが、これらの文章には、女性研究における問題のたて方の現在的な変化が、反映されている。それぞれの社会は、男性的なるものと女性的なるものとのあいだに、両者を分ける線を引いている。つまり、この分割線の研究は、現代のフェミニズムがもっている新しい方法論への関心と理論的な展望、この二つに呼応しているのである。研究のこの新しい方向性は、いろいろな人間科学からなる総体のなかで同時発生的に生まれ、古典的な研究から遠く離れた地点へと到達している。この方向性をよりよく位置づけるために、人類学と歴史学という二つの領域において、それが生みだされた事例をとりあげてみよう。しかも、これらの事例は、古代ギリシアの都市国家《ポリス》の研究にとっても、同じように適切な問題を提起しているように思われるのである。(3)

これまで多くの女性人類学者が指摘してきたように、さまざまな原始社会へのアプローチがもっぱら男性によるものだったため、これらの社会が機能するうえで果たす女性の役割が、ほとんどいつも過小評価されてきた。男性の同僚たちがさきに開拓しておいた対象領域に、女性人類学者たちがたち戻ったとき、その驚きは、ときとして大きなものがあった。たとえば、アネット・ウェイナーの場合がそうである。ウェイナーは、この研究分野の「聖地」のひとつを再検討して、ニューギニア島の東にあるトロブリアンド諸島の母系社会のなかで、女たちが重要な役割を果たしていることを発見し、例証してみせた。かの女は、葬儀用の繊維で編んだスカートやバナナの葉の束が、どのように分配されるのかを研究したわけだが、葬儀に際してこうした品をつくるのは、女たちだったのである。(4) このように、女性のものとされている品物の交換の様子を観察することによって、さまざまな既成「事実」を、つまり、富の所有や交換、互酬性など、これまでもっぱら男性のものとみなされてきた現象に関するものだけでなく、社会集団の血統、死、再生産などに付与された象徴的価値に関する既成「事実」をも、再検討することができたのである。事実、これら葉の束やスカートは、物質的なものと、象徴的なものと、二つの価値をもっている。それらは、血統を正統化し、個人同士、家族同士の関係の重要度をはかるのに役だち、解体と死の原則を表わすなどなど……、要するに、トロブリアンドの社会では、女性の富の循環が、母系の再生産と再生とを保障しているのである。ここでは、女性的なるものに付随するさまざまな「価値」が、こうしたスカートやバナナの葉の束といった、富を文化的に象徴するものをとおして認識されている。男たちが婚姻によって「みずからのものにする」のは、まさにこれらの「価値」の総体なのである。

出発点は、女性同士で行なわれる大量の葉の交換を、真剣に検討してみることである。そして、到達点は、男と女のあいだのあらゆる関係を、その全体において再検討するだけでなく、さらには、トロブリアンドの社会を説明するためにもち出された多くのシステムまでも、点検してみることである。(5) 他の諸研究と同じく、この著作にも、原始社会、あるいは古代社会における女たちの位置を、もっとよく理解しようという関心がみられる。だがそれは、女たちを、なんらかの意味で「復権」させようとするものではない。ましてや、女性の権力が遍在すると記述することによって、男性の権力を記述するのをやめることでもない。それが求めているのは、ただ、男女両性に課された役割の総体を、どんな社会であれその枠のなかで分析し、それぞれの文化に固有なこれらの役割の構成を研究し、そこから、あらゆる結果をひき出して、社会というシステムをグローバルに解釈することである。

歴史学においても、女性研究は、人類学と似た歩みを経験してきた。ここでも、社会を男性の集団として扱うことによって、歴史家たちはいつも、歴史にひとつの性的な次元を付与してきた。だがそれは、女性の否定にもとづくものであるがゆえに、片よったものであった。男女両性の次元をふくむ歴史がごく最近の発見であったことを、想起しておきたい。歴史家の仕事は、ながきにわたって、こういった方向を向いていたが、それには、イデオロギー的論拠はいわずもがな、「科学的」論拠まであった。しかし、この「科学的」論拠についてはすでに分析が行なわれている(6)。つまり、この「科学的」論拠は、支配的な歴史(実証主義とマルクス主義)の問題のたて方や、ここ五十年来歴史家たちが好んでとり上げてきた領域(歴史人口学や時系列史)と、密接につながっていたのである。ところが、歴史人類学の出現と、心性史への関心がよみがえったことによって、性別による役割分担の分析を歴史がひき受けるのに、好都合な下地が準備された。しかし、たびたびそれが再検討されるようになったのは、女性解放運動の爆発によってである。戦闘的な研究や著作によって、その必要性がはっきり口に出していわれるようになったからである。女性史を書くことは、現代の女たちの運動を認識するのに貢献する、というわけである。これは、必然的な第一段階だった。そして今日、われわれは、その陰影に富む決算書を作成することができる。

歴史の分野における最近の仕事を検討することによって、「女性史」という概念がひき起こす難しさや多義性を、指摘することができる。女性史とは、「なんとか受けいれられる場を、無理にでも確保しなければならない」歴史であり、また、日常の実際の行動の歴史、実際に生きられたもの（女性の身体、母親から看護婦までの女性のものとされるつとめ）の歴史であり、要するに、依然として、「決められた領域を縦に深めることしかできない」歴史なのである。(7) これに対して、なん人もの女性の歴史家が口をそろえて、しかも、いくつもの方面から、あらゆる歴史の領域において、両性間の関係を説明できるような問題のたて方を見い出す必要がある、と強調してきた。(8) こうした歩みによってこそ、女性史は特殊なジャンルの問題であるとする考えを、のり超えることができる。女性史は、ゲットーにとじ込められて孤立する危険性を避けることができ、歴史が不当にも沈黙してきたもの、つまり「性別による役割分担」をはっきりと浮かびあがらせるのである。(9) もう一歩踏みこんでいうなら、男性的なるものと女性的なるものとの関係を問題として設定することは、また、「両性の役割のあいだの緊張の歴史を書きあらためる」ことを可能にする。この緊張の歴史とは、女たちと男たちのあいだの論争の歴史であり、さらには抗争の歴史でもある。「このながきにわたる抗争について、歴史家の仕事は、その重大な結果をいつも無視してきたし、歴史家たちも社会的緊張のさまざまな形態について研究するとき、この抗争を忘却してきた」[10]のである。したがって、求められていることは人類学の場合と同じである。男性的なるものと女性的なるものとを、どんな歴史分析のなかででも対等に考察しなければならない。そして、この二つのあいだにある関係が、歴史の原動力となりうることに、思いをいたさなければならないのである。

こうして、人類学でも歴史学でも、新しい批判的な研究の方向づけがみられる。既成の一連の図式《シェーマ》が、男女両性の社会のなかにおける位置や機能を研究するのに、これまでも役だってきたし、いまもまだ役だっている。しかし、この新しい方向では、これらをすべてもう一度再検討するだけではなく、その存在意義までも問いなおすことが想定されている。これに関して、人類学者たちはあい継いで二つの論争の火ぶたを切った。ひとつは、女性を自然に、男性を文化に同化させることの妥当性をめぐる論争であったし、これより新しいもうひとつの論争は、女性に家庭という世界を、男性に公的な領域をあてがうことをめぐってのものであった。わたしはここで、女性＝自然、男性＝文化という図式をめぐる論争でいきかった言葉を、よび戻すつもりはない。それらは、いまやよく知られているからである[11]。そのかわりに、事例として、女性には家庭という世界、男性には公的な世界、という対立のシステムをとりあげることにする。このシステムが、いまだ非常にたびたび適用されているからである。「家庭的」（または「私的」）および「公的」なるカテゴリー分類は、われわれにとってたいへんなじみ深く、現代のわれわれの文化のなかにはびこっている。そのため、これを他の諸文化に適用した場合、それが有効であるのかどうかをはっきりさせるのは、このうえなくむつかしいことなのである。第一、「家庭的なもの」対「公的なもの」という、この「あまりに安易で、あまりに明らかな」[12]対立が、人類学者たちの不信感をよび起こしたのは、ごく最近のことにすぎないほどなのだ。

つまり、この対立のモデルをめぐる論争がはじまったのは、その適用がいき過ぎたためだったのである。事実、M・ロザルドはその論文で、「公的なもの」対「家庭的なもの」という対立を一般化し、これをもって、どんな社会においても両性の地位と役割の差異を解くことのできるカギとした[13]。そして、これが激しい批判的な反発をよぶとともに、この対立の図式には自民族中心主義的な性格がひそんでいる、という反省を生みだした。研究対象とされる各社会の内部でそれぞれに、こうした対立関係の項の一つひとつを、もっと明確に定義しなければならない、というわけである。かずかずのフィールドワークがこの対立概念を吟味しようと、そしてその有効性が時と場合によって異なることを示そうと実施された。そしてその結果、この概念にはたいした価値がないと思われるようになった。いくつかの社会ではこの概念を適用することはできなかったし、その重要性も社会集団によってじつにさまざまであり、同じ集団の内部でさえ、その発展段階によって違いのあることがわかってきた。「家庭的なもの」と「公的なもの」という対立概念を使って、性別による役割分担を研究することに対して、「自然」対「文化」の概念を用いたときと同じように、批判の声があがったのである[14]。こうした対立概念は、「性別による分類を、その生物学的定義に還元する」[15]、ひとつの新しいヴァリエイションのように思われる。それに、M・ロザルド自身もこの二分法については、事実を発見するための道具としての価値を、検討しなおすにいたっている。かの女が、これまでこの説を強化するのに、すくなからず貢献してきたというのに、である。ロザルドはこういっている。「ひとつの性を家庭という領域の存在に結びつけることに、わたしはいくつかの懸念をもっている。そうすることによって、わたしたちはそれぞれの性が分かちもっているものの核心をつかんだ、と思いこんだりしないだろうか。機能や心理について考えるときも、まず第一に性的ヒエラルキーを思い浮かべたりしないだろうか。不平等や権力の問題を検討するときにも、その社会学的要因を過小評価したりはしないだろうか。このような懸念をである。(中略)どんな人間集団のなかでも、性別は、政治的・経済的次元で理解されなければならない。そしてそれは、生物学的秩序のタガとの関連においてではなく、社会関係や社会的不平等に関して、それぞれの社会のみにみられる固有な諸形態との関連においてでなくてはならない」[16]。さらにいえば、人類学においては、「女性=家庭という領域」対「男性=公的領域」という二分法は、社会的現実を記述したものと考えられてきた。だが、じつは、この二分法はしばしばひとつのイデオロギー的構築物にすぎず、これはこれとして、研究されなければならないものだったのである[17]。ところで、これと同様な一連の修正をほどこすことによって、古代史にも重要な影響がでると思われる。それについては以下でみていくことにするが、まず、ともかく、つぎのことに注目しておこう。すなわち、フェミニストはかつて一度「女性=家庭的なもの」対

「男性＝公的なもの」という対立の図式を、一時的に支持したことがあった。そして、それによって、多くの研究者たちを喜ばせることになった。だが、それは、これらの研究者たちが、その「生来からして」、男女間の役割分担を自分たちになじみ深いものとしてのみ考えたがったからにすぎない、ということである。[18]

この対立システムのもたらしたひとつの結果として、女性の役割についての研究は脚光を浴びることになった。そして最近では、人類学でも歴史学でもかず多くの研究がこの役割を分析し、女たちに一定の権力が、つまり、ひとつの社会的権力があることを強調している。[19] だが、社会的権力と公的権力とを混同してはなるまい。女たちは、つねにある種の社会的権力を握ってきたが、政治的なタイプの権力に近づくことはめったになかった。しかも、この社会的権力とはほかのどんな形態の権力ももたせないための口実、つまり一種の埋めあわせにはなりえなかったはずである。だから、この権力について記述しただけにあまんじて、その分析の努力を怠ってはならない。もっと踏みこんで、どんな社会についても、役割分担がもたらす影響を政治的な次元で検討してみなければならないのである。[20]

「女性＝家庭的なもの」対「男性＝公的なもの」というモデルへの批判も、そうした努力の一例でしかない。もっとも、これをおしすすめることによって、性別による役割の研究で利用されてきたすべてのカテゴリーを再検討することができる。また、過去の二元論を葬りさることもできる。この二元論によれば、男女間の諸関係とは分離と対立であって、最終的な分析のいきつくところ、それはつねに両性それぞれの本性にもとづくものだとされてきたのである。

　このように、性別による社会の分割は、人類学や歴史学の主流の研究対象になりつつある。このテーマのもとに、魅力的なゼミナール、論文、著書などの数が増え、しかもそれらがみな成功をおさめている。だが、こうしたいまこそ、フェミニズムというひとつの考え方がたどった道のり（そろそろ忘れられかけてはいるが）を想起すべきでろう。フェミニズムは、両性の関係の研究が、学問性の回復というおきまりの道をたどることによって、女性史のあらたな否定となることを認めない（たとえば、家族についての歴史人口学の研究や、親族関係についての若干の研究がそうであった）。フェミニズムの立場にたつ研究においては、このような性別による分割の研究自体が、ひとつの歴史をなしている。この歴史のはじまりは、現代のフェミニズム運動によって、あらたな人類学と女性史とが生み出されたという事実にある。だから、どんな社会システムの分析であれ、そこで女性を問題にしようとすれば、人類学者や歴史家は、その社会に対してこれまでとはちがった、もっといえば、根本的に異なった分析をほどこさなければならなくなっている。トロブリアンド諸島の事例が、われわれにそのことを想いださせてくれる。性別による空間の分割と役割の分担を研究すること。男性的なるものと女性的なるものとが、ごちゃまぜになったり、重なりあったりしていることだけでなく、男性と女性とのあいだに緊張と抗争のあることを明らかにすること。この作業は、それぞれの文化に固有なイデオロギー的・社会的構造を解明することにつながっている。「われわれにとって必要なのは、男性の領域と女性の領域との関係を、親族関係、政治、経済などと同等の理論的抽象の水準におき直して、分析することなのである」と、A・ウェイナーは書いた[21]。また、G・フレスは、こう書いている。「フェミニズムが、認識論的切断によって目指すところは、性差の理論化であるべきだと、わたしには思われる」[22]。これら二つの引用は、今日、人類学や歴史学におけるフェミニズムの省察が、どの地点へと収斂されていくのかを要約し、強調している。わたしはここで、G・フレスが使っている「性差」ということばを、もう一度とりあげたい。それが抽象的にいいあてている構造を、今後どんな社会を分析する際であれ、考慮せざるをえないからである。だが、古代ギリシアの都市国家《ポリス》の研究が、はたして性差の歴史の研究のはじまりになるのであろうか。

古代ギリシアのポリスに、こうした社会的・イデオロギー的構造を探ろうとするのは、パラドクスのように思われるかもしれない。これらのポリスは、しばしば、「男性クラブ」のようなものと定義されてきたからである。となると、最近までの、また、現在進行中の研究では、どのように問題をたてようとしているのだろうか。

古代ギリシアにおける女性の研究は、長いあいだ、その血筋を探求することと、そのおかれた状況を記述したり評価することに、もっぱらかかわってきた。とくに、この状況の記述は、自由な女性か閉じこめれた女性かという、有名な論争をめぐって行なわれてきた[23]。だが、今日では、血筋の探求というテーマと、その背後にあった、古代ギリシアは母系社会だったという神話のほうは、もはや研究や論争の対象ではなくなっている。いよいよ、古代ギリシア女性の歴史を書くときがきたのである。[24]同じように、古代ギリシアで女性のおかれていた状況や社会的地位を記述することについても、意見が一致してきたようである。すなわち、こういった記述をするときには、あらゆる価値判断を避け、歴史家にとって信頼できる資料だと思われるテクストに依拠しようというわけである。[25]ただし、これらテクストが信頼できるというのは、おそらく誤りであろうが。ともかく、こういう一致ができると、探究は、ギリシアの女性たちの社会的地位を、あるいは全体として、またあるいは個々の場合について、歴史的に説明しようとするものになった。[26]時代や、個々のポリスによって、どのような変化が女性に影響をおよぼしたのかを研究するものになった。[27]けれども、こういう探究を続けていくなかで、さまざまな説明のシステムが提唱され、それがまたあらたな問題をたてることになった。女性は最大限の自由をもっていたのか、それともその反対か。また、最大限の権力をもっていたのか、それとも最小限の権力しかもたされなかったのか、という問題をである。これでは、今世紀初頭の論争の問題意識と、ほとんど変わるところがないではないか。たしかに、今回の問題は歴史の進展にあわせて設定しなおされ、根源的に異なったイデオロギー的関心に応えるものではある。だが、ここ十年のかず多くの研究をわたしなりに概括すれば、どの研究も、次第に古代ギリシアの女性から離れて、方法論的な袋小路に入りこんでいる。ここから脱出するには、もう一度記録をひもとき、男性的なるものと女性的なるものとが、古代ギリシアのポリスでどのように分けられていたのかを明らかにしなければならない。こうしてこそ新しい問題をたてることができ、あらたな調査をはじめることができる。そしてその調査次第で、おそらく、これまでと同じモデルに頼らずにすむようになる。性別による役割分担に関して、われわれの時代の見方と価値判断とを、古代のポリスに投影することができるようになるだろう。

たとえば、男女の役割分担を、一連の社会的慣行を通じて研究しなければならなくなろう。だがその場合、男性側の視点のみにも、女性側の視点のみにも片よることなく、同時に両方の視点にたつべきであり、また、予断をもってその分割ラインを引いてはならない。死、食物、衣服、戦争、儀式の所作、財産、贈与、生産活動一般などなど、すべてについて調査しなければならない。[28] そうすることによって、男性と女性とのあいだで空間がどのように分割され、役割がどのように分担されていたのかを、明らかにすることができるだろう。また、これまで受けいれられてきた考え方も、微妙に変化することだろう。そうすべきだと、人類学者たちも今日考えているではないか。また、いろいろな社会的慣行を分析しなおすことによって、もっと大きなテーマ、つまり、ポリスという空間がどのように組織され、それぞれの空間にどのような機能があったのか、というテーマをかかげてみることもできる。それによって、性別役割相互の構成のされ方がもっとよく理解できるようになり、男性の公的空間対女性の家庭空間の対立という、われわれになじみのモデルを吟味しなおすこともできるようになる。なにしろ、このモデルの根は深く、これからはずれるものはすべて、「女とみなされないもの」と呼ばれるくらいなのだから。[29] こういうスタイルの調査にとっては、図像のあらたな解読方法が基本的な根拠のひとつとなる。ただ、その場合、壺に描かれているさまざまな場面全体を、女性の空間としてとらえなおすだけでは十分ではない。むしろ、それらを連続するものとみて、戦士の出征と帰還、葬儀、祝宴、その他の祝いごとといった、古代ギリシアのポリスにとって重要な瞬間において、男性と女性がどんなときに同席し、どんなときに別々に参加していたのかを検討しなければならない(30)。

こうした調査によって、男性的なるものと女性的なるものが、社会的慣行のなかでどんなふうに分割されていたのかが明らかになる。だが、この調査は同時に、性別による分割に関して発せられた、さまざまなタイプの言説《ディスクール》に関する調査でもある。古代ギリシアのポリスでも、こうした言説が折りにふれて発せられていたのである。図像、テクスト、考古学文書など、この種の資料はそれぞれ固有の言説をもっており、それらから直接現実そのものを読みとることはできない。その一つひとつは、程度の差はあれ、現実を置換したものにすぎないのだ。したがって、ここでの問題は、特定のタイプの資料を重視し、それをもとに準拠モデルをつくりあげることではない。そんなことをすれば、（いまでもなお残っている、「古代ギリシア女性の実態」を記述しうるという迷信の轍を踏んで）「古代ギリシアのポリスにおける男女間の実際の関係」を想定してしまうことになる。そうではなくて、これらの言説をけっしてひとつのものとみず、たがいに比較検討することなのである(31)。

性別による分割についてはじめられた考察のなかでは、思念や想像力の形態の分析のほうが、社会形態や社会的慣行の分析よりさきに手をつけられ、よりさきに進んでいる。事実、両性間の分割そのものを検討することは、探究の主要なテーマではなかった。神話の分析によって、まずはじめに、古代ギリシア人の想像の世界において、女性が重要な位置を占めていたことが強調されただけでなく、さまざまな領域において、男性的なるものと女性的なるものとを分けるラインが確定された。そして、たとえば、供犠、結婚、通過儀礼のように、ポリスにとって基本的な諸制度との関係で、男女それぞれの位置を明らかにした。(32) ついで、両性の分割という問題は、さまざまな表象作用に関するじつに多様な研究においても、避けてとおるわけにはいかないということになった。女性に関する研究はもちろんのこと、もともとこれとは距離のあるテーマの研究でさえも、この性別による分割という問題と交差し、これを考察の対象とせざるをえなくなった。一例をあげると、古代アテネの古典悲劇や喜劇の分析をとおして、両性の分割や女性的なるものを舞台に登場させることが、政治批判、権力の制限、戦争、市民団の再生産などなどの、ポリスにとって基本的な問題を考えるのにどれほど資するところがあったかが、明快に示されたのである。(33) こうして、古代ギリシア女性の歴史に関する考察が現在ゆき詰っているという問題意識だけでなく、想像世界に関する近年の研究が示したように、古代史研究において方法論を一新しなければならない、という問題意識が生まれたのである。男性的なるものと女性的なるものという二つの面は、きり離すことができない。おそらくは、ここにこそ古代史のひとつの特徴がある。

男性のうちに女性的なるものがあること、女性のうちにも男性的なるものがあること、別の性に仮装したり、二つの性を混同したりする——一方から他方へのみ、という場合がけっしてないわけではないが[34]——こと、こうしたことに関する分析はだんだんとその数を増し、次第に精度の高いものになってきている。このような分析によって、性別による分割に関する古代ギリシア人の言説のもつ、じつに多様な面が描きだされ、また、ポリスにおいてその言説が果たす役割と機能を説明することが可能となるだろう。なにゆえにこの言説なのか？　それはどのように使われたのか？　その機能とはどのようなものだったか？　これだけの疑問に対してさえも、ニュアンスに富んだ答を出すことは、まだできないでいる。それだからこそ、わたしはあえていうが、研究はまだ、総合の段階というよりは模索の段階なのである。

この言説を読むための解読格子がつくられたのは、古代ギリシアのポリスの例とはかけ離れて、まったくちがった歴史的コンテクストのなかの例からである。だから、それを十分検討することなくあまりにも杓子定規に適用してしまうと、こうした探究に対するひとつの障害となることがありうる。すでに、いくつかのアプローチの方法が分析され、それがもたらすものについても評価が行なわれている。たとえば、P・スレイターは古代ギリシア文学における女性の象徴的な役割を研究するのに、心理学的なアプローチを用いている。だが、H・フォーリーは、この心理学的アプローチ——すくなくとも、スレイターのアプローチ——がかならずしも有効でないことを、説得力十分に論証している[35]。また、同じフォーリーは、構造分析が行なわれる際には、ときとして、いくつかの対立概念があまりに杓子定規に使用されることがあると批判している。自然対文化、「家庭的なるもの」対「公的なるもの」などという二分法は、古代ギリシア劇が上演される際の男女の役割分担とはかならずしも一致しないのである。この点については、H・フォーリーは人類学者たちの分析を援用し、ギリシア悲劇について最近書かれた多くの論文に依拠している。[36]同じように、性別による分割についての精神分析的解読が、「想像の世界の歴史家」になにをもたらし、いかなる問題を提起したかについては、N・ロローが明確にのべている。ロローは、古代ギリシア男性の思想を特徴づけるのに、女嫌いという概念を用いてはならないと批判しているのである。この概念は一種の目かくしの役を果たし、男性的なるものと女性的なるものとの交換を、正確に分析するには耐えられない、というわけだ。[37]要するに、イデオロギーがしばしばはっきりとは口にされないにもかかわらず、特別に大きな重みをもつ領域においては、方法論的な慎重さがどうしても必要になるということである。

もうひとつ、研究上の障害があるとすれば、両性間の分割線をなによりも固定したものとして研究し、それを歴史としてとらえようとはしない、ということが考えられる。たしかに、まちがいなくホメロスからプルタルコスまで、性別による分割というものが古代ギリシア人にとって、ポリスをまえにして、あるいは、ポリスという枠組みのなかで、みずからを考えるひとつの方法であった。また同様に、いつも「女性なる種族」が非難されてきたことにみられるように、不変のテーマを指摘することもできる。[38]しかしながら、想像の世界のこうした構造も、また、ひとつの歴史をもっている。どんな理論でも、どんな思想体系でも歴史をもっているように。この構造は、社会的・経済的・政治的・知的に与えられた諸条件のもたらすものであり、したがって、人類学的解読の内部において、こうした歴史の領域にしかるべき場をつくってやることが必要である。そうでないと、男性的なるもの、女性的なるもの、という概念をもてあそんでいるだけで、際限のないゲームをしていることになってしまいかねない。たしかに、ヘシオドスからプラトンにいたるまで、性別による分割に関して古代ギリシアにはさまざまな問題があり、しかもその位置づけはそれぞれ変化している。だが、だからといって、ある時期にこのテーマが、他の時期にくらべてとくに重視されたなどとはいえないのである。だから、現在進められている研究を延長していけば、そのひとつの結果として、こういうふうに古代ギリシア世界やポリスをとらえて、その歴史を書くことになるのだろう。そうした一環として、わたしとしてはひとつの仮説を議論に委ねたいと思う。

出発点は、男性的なるものと女性的なるものの分割という問題に関して、クセノフォンや前四世紀の雄弁家たちのテクストが濫用されていること、これを事実として認めることにある。近代の研究者のほとんどは、これらのテクストが、女性のおかれた状況や、男性の諸活動を、細心かつ厳密に描いているとみなしている。また、したがって、これらのテクストに、具体的な証言としての価値を付与している。(39) それらは、プラトンやアリストテレスの「理論」と同じように扱われたことはない。またたれも、それらが歴史にもっとも適した資料だろうかと、疑ってみたりはしなかった。(40) ところが、これらのテクストを前四世紀の作品全体のなかに位置づけてみると、性別による分割に関するさまざまな言説が、おたがいにつながり、緊密に結びついて、ひとつの全体を形成していることに気がつく。クセノフォンのことばは、プラトンやアリストテレスのことば以上に、「実際に体験したもの」であるかのようにみえるかもしれない。だが、それが同様に理論的な性格をもった整理の試みであることに、かわりはないのである。

これらの著作家たちが、性別による役割分担についての、古代ギリシアで最初の理論家ではなかった。アルカイック期に入ってすぐ、ヘシオドス[41]やシモニデス[42]に、同じようなそれも体系的な試みがみられる。しかし、ヘシオドスのいうミツバチとマルハナバチの行動が、アルカイック期のボイオティアの男性と女性の態度を描写するものであるとか[43]、また、セモニデスのいう「女性＝ブタ」が、アモルゴス市民の妻のイメージだ[44]、などといい張るものはどこにもいないであろう。ヘシオドスやセモニデスがそれぞれちがった、またさらにいえば論争調のやり方で、空間や役割を男性の領域と女性の領域にふり分けたのは、もちろん、性別による分割（それが積極的だったのか消極的だったか、つまりは、相互補完的なものだったのか対立的なものだったのかは、ここでは重要ではない）を考察するひとつの方法ではあった。だがそれは、両性のあいだでの役割や仕事の分担の実態を描きだす方法ではなかった。前四世紀の言説についても、これとちがったものではなかった。それもまた、この同じテーマに関する理論化の試みだったのである。だから、クセノフォンのテクストへの関心も、そう考えられがちなことではあるのだが、男性は広場《アゴラ》、女性は家《オイコス》のなかといった、日常生活に関する一章を書くためのものではない。それは、両性間の分割の表象がその構成のされ方において、それ以前の時代に比してどのように変化したのかをみるためのものなのである。

前四世紀の諸理論、なかでもクセノフォンの理論は、男女両性の役割と空間を分割し対置する努力のなかで、それぞれの性は雑多な特性を引きつける磁極のようなものだという考えを消滅させてしまった。ところが、それぞれの性には両義性がある場合もあり、そのことがときとして、それぞれにあい矛盾する意味を同時にもたせている。しかもアルカイック期のギリシアでは、こうした事例が、いくつかの宗教的慣行や多くの社会的慣行のなかに認められる(45)。そして、こうした認識は、前四世紀当時も依然として、前五世紀につくられた悲劇によって、広められていた。アテネ悲劇の言説のこうした特徴については、最近の研究がとくに強調するところである。それによると、悲劇や喜劇の登場人物には、男性的なるものというカテゴリーと女性的なるものというカテゴリーが混在しているという(46)。だから、古代のアテネでは、性別のもつ両義性が文字どおり市民劇場で上演されていたのである。ところが一方では、アテネの演劇のテーマはどれも、当時なおポリス内で活発に続いていた論争をひき継いでいるという点に、一部その存在意義をえていたのである(47)。すなわち、なぜいま、男性的なるものと女性的なるものそれぞれを規定してはいけないのか、という論争をである。このように、当時は、このテーマをめぐって悲劇では疑問が提出され、喜劇では検討が行なわれていたわけだが(48)、それはおそらく、以下のようなことを意味しているのであろう。まず民主的なポリスにおいては、役割分担の問題は、すくなくとも政治的な役割に関してはすでに解決されており、ポリスの慣行は男女を分離するものになりつつあった。けれども、民衆はなお、男性と女性それぞれのうちに存在する諸価値は、それぞれどちらの極にも吸いよせられるものであって、根源的に対立しているわけではない、と感じていたのである。

性別による分割の問題について、古代ギリシアの思想は変化している。まず、アルカイック時代と、そしておそらくは前五世紀にも、それぞれの性が両義性をもちうるということが認められていた。だがそれは、男性的なるものと女性的なるものとを明確に定義し、両性のあいだにいかなる相互干渉の余地をも許さない、とする考え方に席を譲った。こうして前四世紀には、相互干渉、両義性、矛盾した価値の同居という論理にかわって、この領域に両性の分離と対立の論理がもちこまれたのである。これ以後、女性的なるものと男性的なるものとはそれぞれに固有の役割に固定され、しかも、自然という観念に訴えることでこの分類が正当化された。[49] だから、このことに関しては、クセノフォンとその同時代人に一定の「功績」を認めることができる。すなわち、かれらは、いまもわれわれになじみ深い性別による役割分担を、はじめて思いついたのではないにせよ、ともかく理論化したのである。

いくつか考えられる仮説のうち、こうした変化を説明することのできるものがひとつある。すなわち、私的生活の領域が、前五世紀のあいだに、公的領域と対立するかたちで徐々にすがたをあらわしてきた結果、前五世紀から前四世紀への転換点でその重要性が増大し、その価値のいくつかが政治にまで浸透するほどになったのではないか、という仮説である。ここで興味深いと思われることが、おそらく二つある。ひとつは、前四世紀の著作家たちは、男性の領域と女性の領域との根源的な分割を理論化してきたが、こうした理論化を、公的および私的領域を定義しなおそうとする、この全体的な動きのなかに位置づけてみることである。また、もうひとつは、クセノフォンがよく引用しているイスコマコスという人物の言説を、性別による役割分担や性差の体系的な解明の試みとして理解することである。ポリス内において、私的生活にふくまれる諸価値が重要性を増したため、こうした解明の試みが必要となったと思われるからである。これは単なるひとつの例で、それ自体がさらに展開されなければならないであろうが、それでも、探究が今後とるべきひとつの方向を示している。

古代ギリシアでは、性別による分割についてたえず考察がなされ、それが、想像世界の構造のひとつをなすにいたっていたようである。現在行なわれている諸研究は、こうした考察と両性それぞれの社会的役割とを、同時に視野にいれようとしている。つまり、これらの研究は、性別による分割に関して、古代ギリシアのポリスがわれわれに提供してくれる材料の全部をひき受けようとしているのである。しかもその際、そのなかのいくつかの材料が、他のものにくらべてより「現実」に近いなどとみなしたりはしない。たしかに、こうした全体的な分析によって、社会的な問題と想像の世界の連関を考えられるようになる。これは、社会問題にせよ、表象の問題にせよ、そのひとつだけを対象とするような研究には、なしえなかったことである。しかし、このような連関の問題を、たとえば前五世紀のアテネの女性についてなされているような次元では、明らかにすることができない[50]。事実、『王女メディア』（ここでは、表象の世界における女性の地位の象徴として、とりあげられている）と、「現実」のアテネ女性とが比較対照されている。ところで、この後者は、実際のところ柔和で無名の女性というモデルからつくられたもので、このモデルのほうはクセノフォンがイスコマコスという人物から借用したものである。けれども、こうして比較対照しながらも、これらのテクストが言説としてどのような位置にあったのかまでは考慮の対象とされていない。すべての文学的テクストには言説としての位置づけがある。ここでは、一方が前五世紀に書かれた、それも劇場で朗唱するためのテクストであり、他方が前四世紀のもので、古代ギリシア社会の理論家たちの書斎で書かれたテクストなのだ[51]。だからまず、これでは単に二つの言説を対置しているだけでしかもこの二つのどちらをとっても、たいして現実的でもなければ具体的でもない、という事実に気づかなければならない。そして、われわれがこれらのテクストによって、男女それぞれのおかれた条件や役割だと思いこまされているものすべてに批判の目を向けなくてはならない。まず、われわれの手にある資料一つひとつの特殊性を明らかにしなければならない。社会的慣行と、この慣行そのものが生みだすさまざまな表象と、ポリスの社会的想像力の総体、われわれがこれらのあいだの関係を別の角度から検討しなおすことができるのは、そのあとのことであって、おそらく、けっしてそれ以前のことではないのである[52]。

性別による役割の分担と、男性的なるものと女性的なるものの分割。これらこそ、歴史人類学や想像世界を対象とした歴史学の探究の目標である。この二つの学は、フェミニズム運動のなかにその位置を占めていたわけではないが、この目標をみずからのものとしたのである。わたしが「性差」と呼んでいるもの——すなわち、異なる両性の存在と、同時にこの両性が維持する関係——が、古代ギリシアの社会と想像の世界の本質的な一面であることをまず明らかにしよう。こうした社会的・イデオロギー的構造が、市民生活のあらゆる面にもたらした結果を描きだそう。そして、ポリスという枠のなかでそれらを政治的に解読しよう。そうすれば、おそらく、一歩踏みだしたことになる。それは可能である。しかし、そうはいっても、そこにはおのずから限界がある。古代ギリシアのポリス史の研究は固有の条件にしばられており、そこからくる限界がある。つまり、古代ギリシアの言説はすべて男性のものであり[53]、われわれは、いく人かの研究者がトロブリアンド諸島やブルゴーニュの村むらにたち返ったようには、古代のアテネにたち返ることができない。だから、つねに、いくつかの疑問が答えのないままに残るだろう。たとえば、性別のちがいによって世界は異なった知覚のされ方をしたのか[54]。また、男と女のあいだに抗争と暴力的行為とがあったのか、そしてその場合、女性はどのような形態で抵抗したのか、屈伏と同意の程度はどのようなものだったのか、などなどである。それでも、いくつかの輪郭がすがたを現わすであろうが、それも、ひっそりと、ほんのつかの間のことにすぎない。アリストファネスの作品のなかの、女たちがセックス・ストライキをした話のように、ひとつの文学作品という迂回路をとおって。また、自殺の流行が老年層の女性住民全体を襲い、ヒポクラテス派の医者たちの学術的な回想録を生んだ事例のように、歴史の資料という迂回路をとおって。このような実際上の限界にくわえて、今日、詳細にわたった研究が乏しいという限界もある。というのも、性別による分割や両性の関係という問題のたて方は最近のものであり、実際にこのような問題を軸として行なわれた研究も、まだごくわずかしかないからである。こうしたことすべてが、ありうべき結論を出すのを慎重にさせている。つまり、まだ大きく総合を試みる時期ではないのである。しかし、グローバルに考察するという目標をもつことによって、研究にひとつの方向を与えることはできる。またそうしなければ、こうした研究がまったくばらばらになるか、ひどく限定されたものになりかねない。

こうしてみると、「男性クラブ」であった古代ギリシアのポリスに、以上のようなテーマについて問いかけてみることはけっしてパラドクスではない。まず女性に対してみずからを男性だと思い、つぎに奴隷に対してみずからを自由人だと思い、さらに異邦人に対してみずからをギリシア人だと思う。このようにしてギリシア人は、市民としてのみずからのアイデンティティをつくりあげた。「男性による生産」にこれほど強い関心をもっていたこの社会のなかにあって、「性差」はひとつの地位だった。つまりそれは、政体《ポリテイア》の構成要素のひとつだったのである。古代ギリシアのポリスに関して、性別による分割をさまざまに探究していくことが、歴史的に「性差」を考察する一環になればと、希望する次第である。それは、つまり、こうした探究が現在の諸問題に対して当然なすべき役割を認めることでもあるのだ。

補遺 1　女性の地位と歴史の進化

M・アーサーは、そのいくつかの論文のなかで、古代ギリシアの女性の地位を歴史の進化によって説明しようとしている。[55] その理論は以下のとおりである。すなわち、まずはじめの部族社会では、女性は第二義的な役割を果たしていたが、これが「いえ《オイコス》」を基盤とする社会に移行すると、女性の役割――正嫡子と財産を生みだすもの――は第一義的なものに昇格する、というのである。そして、ここから男性側の反発が起こり、妻は家に閉じこめられ、それまでよりもいっそう厳しく夫に従わされるようになる。それが「いえ」の利益であるとともに、ポリスの利益でもあったからである。もちろん、この仮説は通常いわれている進化論的な見方とはまったくちがっている、という指摘があるであろう。なぜなら、進化論の見方によれば、古代以前のホメロスの時代やアルカイック期においてのほうが世にいう母系社会により近いため、いわゆる古代ギリシアにおいてよりも女性に大きな権力と自立が与えられていたからである。アーサーはこれとほとんど反対のことをいっている。だが、わたしにいわせれば、アーサーの仮説のうちのいくつかの点については議論の余地があると思われる。

まず第一に、古代ギリシアの貴族社会ないし「封建」社会において、女性がごく小さな地位しかもっていなかったことが、貴族社会が男性同士のみの交換システムのうえに成り立っていた、という事実で説明されている。女性はそこでは交換される対象にすぎず、社会集団のそとにいたままであったから、この集団の存続に必要不可欠なものではなかったというのである。わたしにいわせれば、この議論はすべての人類学者たちの分析の逆をいっているようである。なぜなら、人類学によれば母系性の交換システムのうえに立つ社会では、女性は家族同士の社会的関係を結ぶもの、という地位を占めているからである。そして、古代ギリシアについても、こうした議論は、ホメロスの時代（M・フィンレーおよびE・シード）やアルカイック期の貴族社会（L・ジェルネおよびJ＝P・ヴェルナン）の結婚に関する、さまざまの研究者の分析とも矛盾するようである。(56) アーサーによれば、「貴族社会の団結は男性同士のあいだの関係によって保たれていた」という。たしかにそうかもしれないが、女性と、そして女性のものとされた財産は、この関係の中心に位置していたのである。だからわたしは、アルカイック期の社会の貴族集団のなかで女性が占めていた地位を、あまり過小評価しないほうがいいと思う。

また、アーサーによれば、「小規模世帯」が生産と市民生活の単位として出現すると、女性にあらたな重要性が付与されるようになるという。そうなれば、女性は、息子を生み、日常の活動を監督するようになるから、「いえ《オイコス》」の存続にとって必要不可欠の存在になるだろうというわけだ。こうして、核家族が政治的・経済的現実となる。そして、古代ギリシアにあらたに起こった民主制の法律が、女性たちの自由を制限し、かの女たちがいっそうよくポリスの利益にしたがうよう強要する、というわけだ。だがこれに対しては、古代ギリシアの初頭に、「いえ」がそれ以前よりもはるかに小さな単位になっていたかどうかが定かではない、と反論することができる。

だからこの議論は、「いえ」の定義がなんであるにせよ、経済的な要素としての女性の重要性に関して、ただ推測に頼っているにすぎない。まずは、女性の果たす役割が家族の存続にとってほんとうに欠くべからざるものだったのかどうか、正確に描きださなければなるまい。古代ギリシアの貴族社会と民主制社会において、女性の重要度が異なっていたことを示さなければなるまい。そのかわりといってはなんだが、古代民主制のポリスにおいては、後継の市民を生むという妻の役割が重視されていたと指摘することは、きわめて正しいことである。すでに示したように、後継の市民を生むということだけが、おそらく、ポリスにおいて女性に認められた唯一の役割だったのである。

　こうした進化の図式は、ある当然の原理《ア・プリオリ》にもとづいている。そして、この原理がまた歴史学におけるお定まりの説明パターンになっているのだが、それは、大家族から核家族への移行というパターンである。つまり歴史家たちは、みずからの専門分野で時代区分をするとき、かならずこの歴史的時期をもちだすのである。けれども、わたしの考えでは、古代ギリシアのポリス、そしてとくにそこでの女性の地位を説明しようとするとき、この図式はあまり適切ではないようだ。ポリスの女性にあらたな地位を付与し、女性に対する監視装置を強化したのは、「部族的」親族関係から「いえ」への移行、つまり大家族から核家族への移行ではない。むしろわたしがあげたいのは、古代民主制になってから、市民の資格そのものが以前よりもずっと厳密に政治的に定義されるようになったという、あらたな事態のほうである。そして、こうした事態を、民主制になってはじめて政治というカテゴリーが現われた、という視点から解読するのがいいのではないだろうか。ともかく、わたしがとくに思うのは、女性の地位を歴史的進化という観点から説明するには、まだ時期尚早だということである。まずはじめに、資料にみられる男性と女性の分割に関する記述が、ほんとうにそのとおりだったのかを問題にしなければならない。それこそが、こうした分割に関するすべての研究の前提となるからである。

補遺 2　性別による分割、風俗史、そして資料批判

資料《テクスト》がどの程度まで批判されるのかという度合いは、研究テーマによって異なっている。いくつかの分野では、資料批判はほとんど行なわれていないといっていい。古代ギリシアの研究者のなかで、政治的事件や制度的改革が古文書に記されているのをいいことに、なんの調査も議論もせずに、それをそのまま歴史的「事実」に「仕立てあげる」ことができる、などと主張するものはだれもいない。和平成立の日時、政令の内容、各執政官の就任年代などは、歴史学と文献学の考証の攻撃目標になっている。ところが、性別による分割は「風俗史」に属するあらゆることと同様、こういう資料批判にほとんどさらされていない。だから、ひとりの著者――クセノフォンを例としよう――のテクストが、資料としてまったく異なった利用のされ方をすることがある。経済史や政治史に関するテクストは資料批判を受けるが、かれが、たとえば、性別による役割分

担とか男女両性の関係とかを扱うときには、なんら躊躇することなく信用されてしまう。クセノフォンの『家政論《オイコノミコス》』のなかで、イスコマコスという人物がソクラテスにむかって、アテネの「いえ《オイコス》」における夫と妻の役割分担について意見を開陳している。この意見をもとに、かぞえきれないほどの数の著作で古代ギリシアの「日常生活」に関する章が書かれ、しかもそこでは、女性はいつも女部屋に閉じこめられ、男性は公的生活の中心である広場《アゴラ》にいたとされている。これは、問題が男性と女性の分割だからなのだろうか。そうではない。ほかのテーマだったとしても、同じことが確認できるだろう。古代ギリシア史の研究には、いわゆる実証主義の精神があって、これが「収集すべき歴史的事実といわれるものの客観性を素朴にも信じこんで、歴史を記録者の誠実度にまかせてしまうとともに、ただ事実を明らかにすればすむような歴史の領域には、みずから介入するという意志を表明している」(57)。この実証主義の精神が、風俗や日常生活の歴史を、それが「変動しない歴史」だという口実で支配しているのである。こうした事実をみれば、なんの用心もなく前四世紀のテクストを用いて、古代ギリシアの全時代にわたる女性の位置が記述されようとしているという実状も理解できる。だが、ほかの分野では古代ギリシア史研究にみられるこうした傾向が、しばしば非難されてきたのである(58)。

したがって、古代ギリシアの風俗史をつくりあげるにあたっては、以下の二つの資料批判が必要であろう。

まずは、用いられている資料がどのようなジャンルのものか研究すること。これがないために、一定のテクスト（条約、実録、口頭での弁論の記録などなど）が、言説としてみた場合の批判をまぬがれている(59)。

つぎに、どんなテーマが、歴史家にこうしたテクスト吟味の手続きの必要性を感じさせないのか研究すること。この場合、その理由はわかっている。おそらく、それらテーマが、歴史の知識の「高尚な材料」にはみえないからであろう。

男性／女性

——歴史叙述における性による役割分担の意味——

ジャック・ルヴェル

ニコラス・ケラール作「ユニヴァーサルな仮面」。世界に通用している、女性的および男性的とされている無数の仮面。

一、わたしは、ここで、一組みのカテゴリーの使用法について、考察してみたい。すなわち、「男性の役割」、「女性の役割」というカテゴリーが、歴史分析の中でどのように使われているのかを、いくつかの最近の著作をもとに考えてみたいと思う。もっと正確にいうと、わたしが明らかにしたいのは、歴史叙述におけるひとつの状況である。つまり、古い社会を研究する歴史家たちが、これらのカテゴリー、ないしは区分法をとり入れたのは、どんな状況においてだったのかを、明らかにしたいのだ。そしてまた、この状況の痕跡が、この間設定された一連の問題と、それに対してこれまでにもたらされた、ひとつひとつの答えに、どんなふうに残っているかを示したいのである。そして最後には、こうしたカテゴリー自体が適切なのかどうかも、考察してみたい。もちろん、ここで、こうした問題の総決算などするつもりはない。そんな総決算は、あやふやなものにすぎないからである。けれども、すくなくとも、いくつかの例をもとに、こうしたカテゴリーを用いることとそれ自体――それは、歴史家の実践そのものなのだが――から、どんなふうにして、あらたな問題が生じてきたのかを、示したいと思っている。

ところで、わたしは、この作業を進めるにあたって、それが、はなはだ不確実な領域を進むことだ、という意識をもっている。なによりも、わたしがこの発表でとりあげ、その基盤とした著作が、ほとんどすべて、ごく最近のものだからである。事実、その大部分が、ここ十年以内に書かれている。つまり、時間的なへだたりが欠けているため、わたしが問題にしようとしている、この間の歴史叙述における変化を、ある程度でも明確に評価することが、むつかしいのである。

それでも、一歩しりぞいて、また冷静に判断してみると、性別による役割分担を、歴史分析の対象として復活させることは、実は、アカデミズムの場における単なる新風でも、あるいは、専門の歴史家たちの仕事の場に、補足的な領域をつけ加えることでもないことが、わかる。第一、かれらの仕事の場は、現在すでに、十分に広いのである。きわめて稀なことなのだが、この新しいテーマの登場は、現代社会のイデオロギー的急変や対立に、実にはっきりと、結びついているのである――すくなくとも、ヨーロッパの社会においては。ただし、問題のこういった側面には、のちほど触れることにして、とりあえず、いまは、つぎのことだけを指摘しておこう。すなわち、性別による役割分担を論議することは、たしかに時代の趨勢となっており、それを対象とするさまざまなアプローチにも、しかも、大変にはっきりと、イデオロギーとの結びつきのしるしがみられるのである。

二、いまのべたことと、矛盾するかもしれないが、まずはじめに指摘しておくと、ごく最近まで、歴史家たちは、自分たちの研究している社会が、性差によって分割されていることに、目をつぶってきたようである。かれらはただ、階級とか、年齢層とか、職業とか、国家とか、民族とかによって、社会を分割してきただけなのだ。だから、(一例として)フランスで書かれた社会史の大著を、どれでもいいから開いてみるといい。そこでとり扱われている社会的個人は、基本的には性別をもっていないことが、すぐにわかる。すなわち、ざっとみたところ、この個人は男性だと思われている。ただ、わたしにいわせると、もうすこし全般的にみて、それは、中性のようではあるが。

歴史人口学の研究のめざましい発展によって、こうした状況が根底から変わってきている、という反論が、ここであるかもしれない。性差は、人口学者の関心の中心にある問題であり、これをさけて通ったりするはずがない、というわけである。事実、人口学者は、性別による結婚年齢の分布具合とか、男性と女性の間の死亡率の違いや、はては出生率の違いなどを論じている。だが、そうした場合でも、ほとんどにおいて、社会的な視点よりも、生物学的な視点が、重視されている。つまり、性差というカテゴリーは、生物学的に決定されるものだ、と矮小化しているのである。しかし、こうした矮小化こそ、おそらくは、性差の存在そのものと、その社会的機能を考えるうえで、もっとも頑強な障害なのだ。逆にいえば、人口学の分析が、歴史学や社会人類学へと通ずる道を拓いた時――つまりおくればせながら、たとえば、結婚戦略などを扱うようになった時――に、はじめて、性による分割が、社会的な、構造化した現実として、とらえられるのだ。たしかに、歴史人口学では、そうした作業も行なわれている。けれども、それは、もっぱら、家族という枠の中においてのみである。しかも、それには明白な理由がある。すなわち、家族というものを、「生物学的なものの制度化を、とりわけよく表わす、社会的集団」(マティユー、一九七一年)と、みなしているのである。もちろん、家族の役割のもつ社会的な面を、正当に評価しないとすれば、それは、笑止千万なことであろう。とくに、西ヨーロッパの社会については、それがあてはまる。しかしながら、また、性による役割分担の現われている場がほかにもあることを、見すごすのも、危険ではないだろうか。しかもそこでは、こうした役割の分担が、まったく異なった、そして、いずれにせよ独特な、現われ方をしているかもしれないのである。ともあれ、この点に関しては、歴史家たちの視点が、ここ数年の間に、根底からあらたまってきているのは、事実である。

三、フランスにおいて、そしてもっと広くは、おそらくヨーロッパにおいて、社会史の主流は、一九五〇年代以降、時系列史学であり、計量史学だった。つまり、資料のゆるすかぎり、できるだけ幅ひろく、統計的数字を集め、これを検討する学問だった。こうした歴史の見方を代表するのが、わがフランスでは、エルネスト・ラブルースの名であり、業績であり、またその流派である。この流れは、今日でも、依然として大きな多数派を形成している。けれども、いくつかの徴候が示しているように、それは、ただひとつの可能な方法でもないし、歴史家の要求を、もはや十分に満足させてもいない。アメリカやイギリスでの、「ケース・スタディ」のめざましい成功。「ミクロの歴史《ミクロ＝イストワール》」（ギンズブルグとポニ、一九七九年）を擁護する、イタリアでの強い動き。これらは、一致して、変化の進行しつつあることを示している。そして、こうした変化の特徴としては、ざっと分析したところ、歴史観察の尺度の転換があげられる。これまでは、マクロ＝社会的な対象が、もっぱらとりあげられてきたが、これらの新しい試みでは、それにかわって、ミクロ＝社会的な対象（ひとつの共同体、一群の家族、個人の伝記など）が、求められている。歴史を見る視点の倍率を、拡大することによって、これまではとらえられなかった現実（とりわけ、それら現実の間の関係のシステム）が、見えるようになると考えられているのだ。だが、ミクロか、マクロか、という論議には、これ以上たち入らないことにしよう。というのも、その論議が、あまりにも長くなる危険があるからだ。ただし、社会的なるものの、もっと別の輪郭を明らかにしたいという、はっきりとした関心があることだけは、指摘しておこう。また、もっと視点を広げると、当然の結果として、この同じ関心が基礎となって、人類学と歴史学を、たえずより密接に接近させている、という仮説を立てることもできる。歴史家は、人類学者から、さまざまな概念や、基準や、テクニックを、借りているだけではない。もっと別の領域がある、という示唆をも受けている。この領域は、ほとんどの場合、わたしたちの使いなれた、「歴史的な」社会を考える図式では、とらえられないものなのである。ともかく、こうした領域では、性差による分割が、その形態がきわめて多様ではあるにしても、社会のあらゆるレヴェルでみられる。だから、このテーマを避けて通ることなど、問題にすらなりえない。性差による分割という、この特殊な社会的関係は、個々の集団の中で、男性と女性を、たがいに対立させている。人類学者たちの仕事と接触がなければ、この関係は、歴史学の対象となりえなかった。これは、まったく疑う余地のないことである。

四、さらに、これ以上のことがある。これと同じ時期——大ざっぱにいって、フランスでいえば、一九六〇年代の終わり以降——に、新しい感性が生まれていた。そして、この感性の広がりは、単なるアカデミズムの領域を、大きく越えていた。しかも、そこからもたらされた、数々の成果は、大学で教鞭をとる歴史家たちの仕事に、影響をあたえずにはいなかったのである。ここまでいえば明らかなことだが、つまり、一九六八年以降に起こった、フェミニズムの爆発的な発展のことである。この運動は、戦闘的な成果をもたらしただけでなく、戦闘的かつ、科学的な業績や、さらにもっといえば、純粋に科学的な業績の源泉でもあった。これら一連の研究は、まだまとめられてはいない。だが、それらこそ、結局、社会史に関するわたしたちの見方を、深いところで変えるものだったのである。

この決定的な変化を、どんなことがあっても、一時のトピックとみなしてはならない。なぜなら、まずはじめに、その影響が、性別による役割分担の扱い方に、きわめて強く感じられるからである(同時に、それは、多くの抵抗のもとでもあったからである)。つぎに、それが、はなはだしい不均衡のもとと、なったからである。つまり、あらゆる労力が、女性という極に向けられたのに対して、男性という極は、この時から大義名分を失い、その名さえ、消えていくようにみえたのである。それは一時の反動にすぎない、という反論がおそらくあるだろう。女性が、長い間、歴史からではないにしても、歴史叙述から排除されてきたからだ、というわけだ。けれども、今日ではかくれもないこの不均衡が、実は、最近のいくつかの行きづまりの原因を、説明するのではないかと、わたしには思われる。つまり、それは、性別による役割分担を、歴史学の操作カテゴリーとして考えるのが、依然としてむつかしいことを、示しているのだ。だから、いましばらく立ちどまって、この問題を論ずるのは、今後に役だつにちがいない。

五、ここで要約してみよう。ここ数年来、性別による役割分担の研究に対して、新しい関心が向けられており、しかも、そこでは、女性の役割が、全面的に重視されてきた。ところで、この問いかけには、二つの背景がある。そのひとつは、女性の側からの権利回復の要求（そのあり方や、最終の目的は、きわめて多様だが）である。そして、もうひとつは、歴史家たちが、男女を問わず、産業革命以前の「伝統的」社会に、きわめて長きにわたって魅了され続けているという、明白な事実である。さて、わたしたちに関係するケースでは、このふたつの背景が、部分的に交錯している。つまり、このふたつが交錯する地点に、これまでみられることのなかった女性の姿、「伝統的女性」とでも呼ぶべき女性像を、見い出そうとしているのである。あたかも、この新しい対象の歴史をつくりあげることによって、これまでの空白とノスタルジーとが、同時に埋められるとでもいうように。また、「わたしたちが失った世界」の中に、それ以上に失われていた世界が、再び見い出されるとでもいうように。

けれども、まったく明白なことだが、このような女性像を再発見したとしても、そこには、解答よりも、はるかに多くの疑問がもたらされることになる。そもそも、歴史の対象というものは、きわめてはっきりとした意図のもとに、つくり出されるものである。したがって、ここでは、つぎのように仮説をたててみよう。すなわち、対象をつくり出す条件のほうが、対象の機能する法則や、利用できる可能性を決定するのではないか、と。

二十世紀の他の多くの少数者（あえて、いうならば）の場合と同じく、女性史の第一の機能は、女性たち（あるいは、時として男性たち）に、記憶をとり戻してやることだった。かの女ら（ないし、かれら）は、記憶される権利さえ奪われていると感じていたのである。だから、人びとは、歴史資料を、すみからすみまであさって、そこに、女性の占めていた地位を、見い出そうとしてきた。ただし、その作業は、当然のこととはいえ、もっとも近い現在の要請から、出発していた。まずなによりも、女性解放の闘争の獲得目標とか目的などから、出発していたのである。西ヨーロッパ諸国では、フェミニズムは、ここ二十年ばかりの間、まず第一に、女性の固有性を肯定すること、女性たちがみずからの身体を所有しなおすことを通じて、展開されてきた。だが、闘争という側面が、こんなふうに優先されたため、おおまかにいうと、議論の大前提が、それによって決定されてしまい、七〇年代の女性歴史家たちの企てを規制することになった。ところが、大変逆説的なことに、この前提は、かつてあったものと、まったく同じものだったのである。すなわち、それは、古典主義の時代から十九世紀までたたかわされてきた、「女性の自然性」をめぐる論争の、前提そのものだったのである（クニビレール、一九七六年）。

いずれにしても、注目すべきことに、歴史における女性の役割の研究は、非常にしばしば、女性の身体とその機能の研究からはじめられてきた、と確認することができる。それはちょうど、聖職者や、モラリストや、医者たちによる、もっとも古くからの図式にのっとって、女性のアイデンティティは、女性に固有の生理学から生まれるのだ、とでもいうようである。わたしには、この間の研究でとりあげられたテーマが、この点をうらがきしているように思われる。たとえば、性、妊娠、出産、授乳、女性の疾病、身だしなみなどが、とりあげられているからである。ただし、はっきりさせておくが、こうしたテーマのリストから、それに対する問題意識や、その実際の扱い方までが、決まりきったものになっている、と即断してはならない。事実、多くの場合、これまでなされてきた研究によって、わたしたちの見方は、根底から革新されてきた。例をあげれば、出産とか、さらには女性特有の疾病、女性と医者との関係、などについてである（ジェリス、ラジェ、ルセール）。事実、これらのテーマは、自発的感性から生じているし、女性に関する世間の伝統的な理解のしかたと訣別しようともしている。にもかかわらず、そこにほのみえるイメージが、旧来の紋切り型《ステレオタイプ》に依然としてきわめて近い、というのもまた事実なのである。

このことを確認するために、別の一群の研究をとりあげてみよう。これらの研究は、女性の身体にではなく、その社会的機能に関するものである。なるほど、こうした研究によって、わたしたちは、とくに十八世紀と十九世紀の女性の地位と役割に関して、いくつかのデータや仮定を、利用することができるようになった。けれども、それは一体どんな地位であり、どんな役割なのだろうか。たとえば、乳母（フェイ＝サロワ、一九七九年）、産婆（ジェリス、『アナール』誌、一九七七九年）、家事万端を受けもつ家政婦（フレス、一九七八年。およびマルタン＝フュジエ、一九七九年）、魔女（これに関する文献目録は膨大であり、しかもあらゆる言語にわたっている）、売春婦（コルバン、一九七八年、〔邦訳『娼婦』〕）、ブルジョワ夫人、修道女、洗濯婦、お針子、そして、とくに最近では、母親たち（フーケとクニビレール、一九八〇年）があげられる。このリストは、まだかなり不完全だが、そこからの論理的結論として、以下のように、いうことができるかもしれない。すなわち、女性は、それこそ、女性のものとされた機能を、果たしてきたのだから、結局、女性たちがいたところにこそ、その歴史を求めるのが当然なのだ、と。けれども、それが、どれほど明白なものにみえようとも、わたしには、この答えは、受けいれがたいもののように思われる。というのも、そこでは、女性の役割の特性を定義するのに、とくに女性のものとされている活動の一覧にばかり頼るか、ないしは、その反対に、一覧を定義するのに、女性の特性をもちだしてくるからである。だが、これでは、たちどころに、一種の悪循環におちいらないだろうか。たとえ、まったく別の方向で、研究したとしても、おそらく、同じような部類のことが確認されるであろう。

というのも、こうしたアプローチには、二つの問題点があると思われるからだ。まず第一の問題点。これらのアプローチでは、女性のアイデンティティの定義が、すでに確立されたものとみなされている。ところが、こうしたアイデンティティを構築しうるのは、むしろ、歴史における女性の社会的役割を、研究することによってなのだ。だから、実際には、女性たちが残した足跡の集積を、すなわち、女性の存在が証明される点の全体を、女性固有のものとみなすだけで、満足してはならないはずである。第二の問題点。また、これらの研究は、共通して、「女性という領域」の中に、閉じこもろうとしているようにみえる。あたかも、この領域が、社会という空間の外部に構築されうるもの、構築されるべきものであるかのように。閉じた世界か、保護区ででもあるかのように（たしかに、すくなくとも、西ヨーロッパ各国の社会において、女性として生きることは、歴史的にみて、こういうふうなことだった、と認めるにやぶさかでないとしても）。そのため、今日、その大部分が、女性の手になるにもかかわらず（あるいは、おそらく、女性の手になるからこそ）、女性に関する歴史叙述には、さまざまな制約や過去の遺産が、あい変わらずみられるようである。けれども、女性の歴史——もちろん、現実の歴史のことだが——は、こうした制約や遺産にこそ、長いあいだにわたって、とらわれきたのである。

六、ところで、過去に現在のあかしを求めようとする、こうした方法とは別のやり方を、考えてみることもできる。たとえば、歴史という経験のなかに、男性と女性の役割のそれぞれ異なった輪郭を識別し、両者の関係の復元を目的とする方法である。

『ムーヴマン・ソシアル』誌の、すばらしい特集号「女性の労働」（一九七八年）の巻頭で、ミシェル・ペローは、皮肉をこめて、こう問いかけている。「いまさら再確認しなければならないのだろうか。女性たちが、たえず労働をしつづけてきたことを」、と。もちろん、女性たちの仕事が、労働であったことには、なんの疑いもない。けれども、それを再確認するのは、けっしてムダなことではない。すくなくとも、ここ一五〇年ほどの間、労働としての価値を認められてきたのが、ほとんどすべての場合、唯一「生産」労働のみだったからである。つまり、家の外での賃労働であり、したがって、当然大筋において、男性の労働のみだったからである。だからこそ、女性の仕事に、他の仕事と同じく、労働としての位置付けを、あたえなければならないのである。と同時に、その際重要なのは、女性の仕事が、例外的なものであることや、ほかに代用のきかない性質であることを、はじめから指摘したりしないことである。むしろ逆に、あらゆる形態にある女性の労働を、男性の労働と対応させる方がいい。そうすれば、これらの形態が、どんなふうにして上下関係をつけられ、たがいに連結されているのかが、よりよく理解できる。また、それぞれの形態のあいだの、対立、競合、連携などを明らかにすることができる。もう一度いうが、問題を、できるだけ広く定義しようとするなら、女性の役割の歴史を、きり離された歴史として書きあらわすのは、やめるのが望ましいと思われる。それをやめることによって、まさに、女性の役割の歴史が、グローバルな社会史の中に、その地位と位置付けをえて、女性の実践も（男性の実践とならんで）、そのほんとうの意味を、見い出すからである。そこで、最近の二つの著作から、それぞれが論証していることを、例としてひくことにしたい。ただし、この二つの著作は、その方法においても、またそれが到達した主張においても、まったく異なってはいるのだが。

七、はじめの著作は、マルティーヌ・セガレーヌによる研究、『農村社会における夫と妻』（一九八〇年、〔邦訳『妻と夫の社会史』〕）である。この民族学者の研究は、フランスの「民間の」伝承の膨大な資料体を、基礎としている。これらの伝承は、まず民間伝承研究家たちによって、ついで民族学者たちによって、主として十九世紀半ば以降に、採集されたものである。この著作の第一の利点は、農村における女性の仕事と男性の仕事だけでなく、女性の役割と男性の役割までをも、対比している点にある。しかも、それは、社会的関係のきわめて多彩な段階に、つまり、婚約や結婚の儀式から、農村家庭の枠内での性による役割分担にまで、わたっている。さらに、この包括的な問題の処理法は、もうひとつの利点をもっている。家族という枠組みは、十九世紀のブルジョワ核家族が変型してできたものであるが、研究者たちは、しばしば、無意識のうちに、すべてを、この枠組みにオーヴァーラップさせてきた。ところが、セガレーヌの処理法は、この枠組みによって、われわれが、古い農村社会における夫と妻の関係を、どれほど歪めて把握してきたのかを明らかにする。また、この枠組みによってつくり出され、今日当然と信じられているもののうちの、どれほど多くのものが、いつわりであるのかを明らかにする。

たとえば、もう一度、労働の分担の問題を、とりあげてみよう。この著作では、それは、農家の家事という枠内でとらえられている。わたしたちは、しばしば、しかも今日においてさえ、結婚によってはじめて、配偶者間にゆるぎない役割分担ができあがる、という前提から出発する。女性が、おおまかにいって、家内空間の管理（子供、家事、料理、水汲み、家禽や家内菜園の世話）に責任をもつ一方で、男性は、畑仕事の全部と、大型の家畜の飼育をとりしきり、男性だけが、家族集団と外部との関係を保障していた、と考えている。役割分担が存在した、という考えを拒否することなど、問題にもならない。それは、資料によってしばしば確認されている、というわけである。けれども、だからといって、夫と妻がたがいに交替できる一連の活動を、無視してもいいのだろうか。たとえば、緊急の場合や、それが都合のいい場合には、家の外でも、妻の協力が求められる仕事があり、家庭内空間においても、夫の協力が必要な仕事もあるのだ。さらには、夫婦というレヴェルで、男性と女性の労働分担を分析することが、つねに正しいのだろうか（第一、夫婦という社会的単位は、伝統的な農村家庭が機能する上で、かならずしもいつも、通用する単位ではない）。すべては、民間伝承研究家や民族学者たちが、その研究対象のうちに、自分たちの見慣れた法則を、さらに突きつめていえば、かれらの生きていた社会の、支配的なイデオロギーのモデルに合致する法則を、懸命に見い出そうしてきたことに、起因しているようである。家内労働と家庭外労働という、こじつけの対立などは、そのよい例である。「家内」空間と、それに付属する仕事とが、これほどまでに、既婚の女性や、自立していない女性などの、少数者のものとされるようになったのは、十九世紀のブルジョワ産業社会においてにすぎない。たしかに、農村の家庭でも、男性と女性の間の上下関係は、歴然と存在し、しかもそれは、象徴的なしきたりによって強化されてさえいた。また、こうしたしきたりは、婚姻の儀式においてだけでなく、集団全体がその後夫婦に課する規範の中でも、重要な意味をもっていた。けれども、この関係が決定的なものとなるのは、おそらく、労働の過程のレヴェルでではなかっただろう。とりわけ、男女の役割分担を、絶対的なものとするうえでは。

セガレーヌが提唱しているのは、男性と女性の関係の「垂直な」分析であるが、それには、上でみたように、大きな利点がある。すなわち、男性と女性という、一見単純明快な対立関係や、古い農村社会に関して一致していわれていることの背後にあるものを、それは明らかにしている。そこには、一連のズレや、ダブリや、補完関係がかくされており、それによって、男性と女性の規定そのものや、その仕事、役割が、もう一度、定義しなおされることになるのだ。

ところで、これとは反対に、イヴォンヌ・ヴェルディエが強調しているのは、「水平な」分析である。ヴェルディエは、二十世紀のブルゴーニュの小村における、女性の集団的な文化を研究し、女たちの『話し方、振舞い方』（一九七九年、〔邦訳『女のフィジオロジー』〕）を著わした。この著作は、残された資料の中から、象徴的コードの断片をひろい集めたものだが、これらのコードによって、女たちの振舞いは、ひとつの全体に結びつけられ、その真の意味をあたえられるのである。そこでは、分析は、共同体生活における三つの中心的な女性の機能にしたがって、進められている。そして、民族学者ヴェルディエは、村の社会の中での、女性の空間のもつ内的整合性だけでなく、女性と男性の間で、それぞれ固有の特徴が、どのように分配されているのかをも復元している。そして、さらにもっと決定的に、共同体の生活の中で女性文化――つまり、女性に関すること――が、どのような構造をもっているのかまで、復元しているのである。まず、洗濯女は、新生児に産湯を使わせ、死者の化粧をすることを通じて、人生の始まりと終わりという、ふたつの極の通過を保障する。つぎに、お針子は、外部との関係を全体として管理し、若い娘の成人を保障する。最後に、料理女は、婚姻をつかさどり、集団の枠内での社会的な融合を、保障する。そして、これら三つの機能によって、習慣を完結させることが、可能になる。つまり、おのずとなされることをなすことによって、集団の団結と再生産を保障し、象徴的にであれ、主要なできごとのたびごとに規則を再確認し、「運命の通過する節目」を監視しているのである。

ところで、女性の文化は、たしかに統一性をもっている。しかし、だからといって、それがもう一つ別の文化だという確証にはならない。それが、一種の対抗＝文化のようなもので、支配的な男性の文化と二者択一の関係にある、ということにはならない。それよりもむしろ、この統一性は、女たちの言動の固有性を通じて、以下のことを示しているのだ。すなわち、集団がそれ自身について考え、その存在を、象徴的にであれ、賭ける時には、いつでも、女たちがいるし、また必要とされるということである。女たちは、自分たちの社会的感覚をもとにしたことばで発話《エノンセ》するが、このことばは、共同体全体に関係するものなのだ。女性の身体に特有の生物学的リズムから、かの女たちがその守り手となっている技術まで、あるいは、かの女らのものである空間から、かの女らだけが生みだし、解読することのできる意味作用まで、女たちは、ひとつの明確なシステムを発話しているのだ。しかも、このシステムは、集団が存続するのに必要なものであり、かの女たちは、全構成員のためにそれを発話しているのである。女性の役割は、ここでは社会という役者の、とり返しようもなく二分された片一方では、もはやない。それは、むしろひとつの技量を、生きる術でもあるひとつの技量を活用することを通じて、全体的な秩序の存在と、その秩序が、集団的に管理されうることを明らかにしているのである。

八、とはいえ、研究者たちの注意を、もっとも強くひきつけてきたのは、やはり、象徴的な対置のもたらす作用である。それによって、男性的なものと、女性的なものとが、より鮮明に、対比されうるからである。たとえば、一連の装置によって、男性的なものと、女性的なものが、逆転する場合がある。あるいは、完全であれ不完全であれ、男性であること、女性であること、それぞれの象徴的な意味が交換されることもある。こうした現象を通じて、とくに、男性と女性という、対立する項の相互作用を、把握する試みがなされてきた。こうした象徴的な装置は、ひさしい以前から、人類学の文献によって、わたしたちにとってなじみ深いものとなっている。それによると、集団の存続にかかわる、いくつかの場面、たとえば、命日のサイクルの中の特定の日とか、共同体の未来にとって決定的な、あるいは例外的な、経験がなされる機会とかに、性別による役割分担が、交換されることがある。ところが、そうした交換は、社会のしくみを公然と示す手段であり、裏返しにではあるが、集団にとっての真実を語る手段なのだ。これまで研究されてきたケースでは、その大部分において、こうした儀式は、防衛、ないし贖罪という機能をもつとされている。しかも、それは、いわゆる移行（たとえば、生のはじまりである誕生、その終わりの死、子供から大人への変身である成人など）の儀式に結びつくか否かとは、かかわりがないのである。つまり、社会秩序を、対応する項ごとに、逆転させるふりをすることによって、また、そのよって立つ基本的な区分（男性であること、女性であることは、もちろん、こうした区分のひとつである）をあらためて問題にすることによって、あるいは、演技という――ないしは、時として、遊びという――様式で、その死を演出することによって、集団は、実際にはそれ自体の再生産を、確かなものにしているのだ。既成の秩序が、もっとも脆弱にみえる時に、それをより強固なものとするため、根本から覆すふりをしているのである。

ところで、一九六〇年代末以来、西ヨーロッパの国々のいたるところで、きわめて自由な、社会的な、ものの考え方がみられる（一九六八年五月の事件は、フランスにおけるその典型的な実例である）。そして、ここでも、人類学者たちのもたらす教訓は、偶然にもこれと一致していることになる。たとえば、こうした動きのもっていたモチーフのいくつかをあらためてとりあげたのが、女性解放闘争だった。この闘争は、きわめてしばしば、女性たち自身によって、裏返しにされた世界というかたちで、とらえられてきた（もっといえば、おそらく男性たちにとっては、ふたたび表に返された世界、というかたちで）。だから、ここでもまた、これと比較できるようなシナリオを、過去に求めようとしてきたのである。

ところで、そうしたシナリオに不足することはない。だが、それらは、わたしたちになにを語っているのだろうか。それらが示すのは、性による役割分担に「ゆとり」があって、それにともなう身分や権力を、定義しなおすことも可能だ、ということなのだろうか。それとも、それらは、記号をいれ替えるだけで、ゆらぐことのない秩序を、あい変わらず提示し続けているのだろうか。答えはさだかではない。

九、西ヨーロッパの伝統にかぎってみても、すくなくとも古代ギリシア以来、女性は、同時に、無秩序と服従の象徴だった。あるいは、もっと正確にいえば、女性は、社会的無秩序の比類なき力を代表していたため、服従していなければならなかった。この点に関しては、神学者、モラリスト、教育者、政治家、医者のすべてが一致している。女性を対象とした、社会的統制の特別な訴訟手続きが重視されたのも、こうした理由からだったのである。中世末期以後、核家族が発達し、しかも、父権の強化をその特徴としていたのは、こうした例の、最後の、そしてまたもっとも雄弁なもののひとつなのだ（アカッティ＝レヴィ、一九八二年）。つまり、夫婦という枠の中で、女性をいっそう服従させることは、明確に、社会をよりよく機能させようとする意図に、結びついていたのである。それは、十六世紀の王令の前文にきわめて明確にのべられている。この王令は、父権の新しい形態を規定しつつ、「婚姻は国家の学校なり」とのべているのである。

しかも、服従させられているからといって、女性の姿が消えてしまったわけでも、女性がかき立てる恐怖感が沈静してしまったわけでもない。荒れ狂う女、調教されていないジャジャ馬、といったモチーフは、中世末期、ないし近代の初頭以来、ヨーロッパ人の想像力をつらぬいて流れている。ブリューゲルの『悪女フリート』は、十六世紀ヨーロッパの、ひきつった集団意識の中にあった、女性の狂暴さは突如として現われるという観念を象徴しているにちがいない。まるで、旧世界の政治的、宗教的、文化的大混乱の典型的なあらわれのひとつが、性による身分分化や役割分担を、やり直さなければならないという幻想だ、とでもいうようである。ブリューゲルよりもはるか以前、エラスムスもまた、『対話集』（一五二四年）の女の登場人物につぎのようにいわせている。すなわち、教養ある女性が、おろかな聖職者の、人を馬鹿にしたようなうぬぼれに怒って、静かに、しかし破壊的に、こう口答えする。「もしも、あなたさまが、おはじめになった時と同じように、このままお続けになるなら、ガチョウだって、自分で説教をはじめようとするでしょう。あなたさまがたのような、ろくにものもいわぬ司祭さまたちに、我慢しているより、その方がましですもの。もうよくおわかりでしょうが、世界という舞台ではすべてがあべこべになっておりますのよ。ですから、仮面をつけたお芝居なんか、やめてしまわなければなりませんよ。そうでなければ、ひとりひとりが、自分のいいたいことを、いえばいいんですわ」（引用は、ナタリー＝ゼモン・デーヴィス、『近代フランス初期の社会と文化』、一九七五年、一二七ページより。傍点は引用者）。

もっと一般的にいうと、古代社会では、ある複雑な儀式によって、人間の役割や身分の交換が表現されていた。主として謝肉祭《カーニヴァル》の行事のことである。しかし、この儀式は、ほんとうに、社会秩序を疑問視するものだったのだろうか。カーニヴァルという遊びは、それを機会に、人びとの身分や役割を定義しなおし、その配分を根底から変えるものだったのだろうか。近年、この祭の文化を、歴史家として研究した人びとがいる。その中で、ミハイル・バフチン（『フランソワ・ラブレーの作品と中世・ルネッサンスの民衆文化』、フランス語訳は一九七〇年）とナタリー＝ゼモン・デーヴィス（前掲書）は、それぞれのいい方こそ、はっきりと違っているものの、この問いに肯定の答えを出しうると考えている。まず、バフチンは、カーニヴァルの文化の中に、秩序に関する異議申立てと、民衆によって（したがってまた、民衆の中の民衆である、女性によって）認められた、その表現をみている。すなわち、「物質的・肉体的根底」の文化が、嘲笑の価値を活用することによって、正統な価値や権力が不安定であることを、定期的におもい起こさせるのだ。

これに対して、デーヴィスは、まず、カーニヴァルにおける逆転のモデルに、それが遊びであるという限界を認める。しかしながら、デーヴィスは、こうしたモデルが、まさに表現の遊びであったがゆえに、女性たちの、手探りではあるが執拗な意識に、自覚の空間と手段を提供できたのだとみなしている。つまり、この逆転の儀式という遊びによって、怒り狂った女というイメージが、近代全体を通じて、社会的異議申立てを体現するもののひとつとして残った、と理解すべきだというのである。

けれども、これは、完全に納得できるものではない。たしかに、カーニヴァルは、実際のところ、人類学者たちの描く複雑な儀式に正確に対応している。それは、明確で、限定された時間であり、そこでは、集団が、みずからの死のスペクタクルを、上演することによって、より強く再生する——正確には、「カーニヴァル王」の死の後に、であるが——のである。けれども他方では、とくに、性による役割分担の交換を問題にする時、その表現方法が、どれほどまでに体系化され、統制されているのかを指摘することが肝腎である。文学的な資料は、専門家たちに、男に仮装したさまざまな女の姿を提示している。図による資料にも大胆な表現がみられ、たとえば、女性に固有な身体的特徴と、男性の持ちものとを、破廉恥にもあわせもつ女が描かれている。ところが、公的な儀式で、民衆によって承認されていたのは、通常、男が女に仮装することだけだったのである。この一方通行は、しばしばくり返して指摘されているが、それは、ひとつの問題を提示しているのである。すなわち、社会的な異議申立て——たとえ、それが、想像の中での異議申立てにすぎないとしても——の秩序の中で、いったい、なにが許されているのか、という問題である。つまり、それは、性の象徴するものと、秩序と上下関係からなる構造とを結ぶ、基本的な関係をおもい起こさせるのだ。そして、すべての社会は、こうした構造に組織されている。また、さらにいえば、されていると、みずからをみなしている。

この点に関して、一つの傍証をあげてみよう。それは、十六世紀から十九世紀にかけて、ヨーロッパに流布していた、一連の版画の分析からえられる。それらの版画は、通常大衆向きのスタイルで、裏返しの世界というモチーフを表わしているが、そこでは、性による役割分担の逆転が、相対的に重要な位置をしめている。たとえば、夫が、つむぎ車で糸をつむぐかたわらで、妻は、パイプをくわえて、狩猟か戦争にでかけようとしている。あるいは、妻が配偶者を叱り、ドレスにかえて、家庭内での権威の象徴であるキュロットを、身につけている。これは、「民衆的な」異議申立てなのだろうか。ないしは、すくなくとも、民衆に受けいれられ、民衆にそう理解されうる、異議申立てのイメージなのだろうか。おそらく、公式化された表現のレヴェルでは、そういえるのだろう。しかし、もっとよくみると、この答えに、それほど確信をもてなくなってくる。というのも、その同じ図柄の中に、性の逆転と並列して、「自然の」類型の逆転が描かれているからである（海は空と位置がいれ替わり、太陽は夜に輝き、上と下は逆転し、ヒツジが、オオカミを追いかけている）。つまり、そうすることによって、これらの版画は、性による身分の分化や役割の分担を支配する関係を、自然にも等しいものとして描こうとしているのだ。性別という価値基準（さらにいえば、もっとひろく、社会的な価値基準）を逆転することは、ほとんど考えられないことことであり、物理的世界がひっくりかえることに等しい、というわけである。だから、裏返しの世界とは、あくまでもユートピアの中のことなのだ。版画業者の仕事場においてさえ、裏返しの世界が、「楽園《コカーニュ》」の図と密接に結びついているのは、けっして偶然ではないのである。

十、それでは、性による役割分担の逆転という、想像上の遊びに関して最後の例をあげてみよう。それは、イタリアの歴史家、R・ザッペーリの著作（一九七九年と一九八二年）であり、妊娠した男というモチーフに関する研究である。このテーマは、きわめて古くから存在が知られており、すくなくとも、二つの伝承にもとづいている。まず、そのひとつは、『創世紀』の記述に根ざすものだが、これをみなもととして、多くの図版が制作され、十一ないし十二世紀以来、全ヨーロッパに流布している。それは、出産というかたちで、アダムのわき腹から誕生するイヴを描いたものである。この伝承は、結婚に関する新しい神学的見解と、時を同じくして現われた。最近、ジョルジュ・デュビーの研究したところによると、それは、天地創造の順序の中では、アダムが先におり、したがってイヴはこれに従属することを示している（産みだされた女は、産みだす男に由来する）。つまり、男性の利益のために、女性の第一の社会的能力、生命を誕生させる力を、女性からとりあげているのである。

第二の伝承は、これよりはるかにあいまいなものである。九世紀から、すくなくとも十九世紀まで、寓話や小話のみならず、口承というかたちで、妊娠したと思いこむ（ないしは、思いこまされる）、暗示にかかりやすくて、まぬけな、あるいは、暗示にかかりやすいか、まぬけな、男の物語が流布していた。これらは、だいたいの場合、笑い話であり、同一のかたちに準拠してつくられている。この前代未聞の、しかも、どうにもならない設定によって、男は笑いものにされ、社会的には不幸な存在となる。主人公は、ほとんどだいたい、道化にしたてられるとともに、あらゆる段階の苦しみと屈辱をなめてからでなければ、そこから逃れられない。

このモチーフに関して、ザッペーリは、その系譜をたどるよりも、むしろ、その社会的な利用のされ方の特徴を明らかにしようとしている。それは、なんの役にたつのか、だれの役にたち、だれの役にたたないのか。こういうテーマが、明らかに論議のまとになっている。

その答えは、時代によって異なる。またとくに、この妊娠した男のテーマが、どんな社会的＝文化的レヴェルにおいて、必要とされたのかによって異なっている。ザッペーリが、そこに認めうると考えているのは、真に民俗的な農民の霊感であり、その中でこそ、このモチーフによって、権力者（夫と、そしてとくに僧侶）への異議申立てが育てられてきたのである。たとえば、一八八八年に、ピトレによってシシリーで採集された寓話がこのケースにあたる。農民たちは、村の司祭の暴君ぶりに、堪忍ぶくろの緒をきり、これに復讐するつもりで、かれのベッドにコガネムシを入れておく。コガネムシが、肛門から腹の中にもぐり込んだため、司祭は、てっきり妊娠したと思いこむ。うろたえた司祭は、なんとかして堕胎しようとするが、どうしていいかわからない。結局、かれは、告解にきた女たちに、つまり、通常ならば、かれが、性行為に関する告白を無理強いし、それをもとに罰してきた女たちに、助言を求めるはめになる。この物語では、司祭が、性の逆転——ここでは、司祭が、一時的に女になるわけだが——によって、農民の嘲笑にさらされるのがはっきりとみてとれる。日頃から、知識と、宗教と、社会的地位と、そしてその性別によって、農民を抑圧していた司祭が、である。

けれども、このテーマは、しばしば、そのほこ先を変え（民衆の間に伝わっているかたちが、もとのかたちであるとしてだが）、女性や農民に対して、あてこすりとして用いられることもある。妊娠した男は、この時、ボッカチオの描くカランドリーノのように、都市に迷いこんだ粗野な男であり、その本質をなす馬鹿正直さによって、都市の住民の愚弄にさらされる（『デカメロン』、第九話、三章）。しかし、この話にはもっと別の側面もある。すなわち、カランドリーノが妊娠したと信じこむのは、かれが、妻との間で、女性上位の性交渉をもつことを、受けいれたからなのだ。つまり、カランドリーノは、それによって、オスとしての特権を放棄し、ある意味で、かれ自身の妻の妻になっているのだ。したがって、かれの妊娠は、ふたつの違反を罰していることになる。ひとつは社会的・文化的違反（都市に迷いこんだ農民）であり、もうひとつは、性的違反（女になることを受けいれた男）である。妊娠した男のモチーフは、ここでは、もはや、既存の秩序を問題にするために用いられているのではない。むしろ、それは、この秩序の価値と、そこから恩恵を受けているものたちの確信とを、補強しているのだ。また別の例では、僧侶たちのほうが、このモチーフによって、自分たちの優位を公言し、一般人の信じこみやすさを攻撃している。あるいは、ニコラ＝ド＝トロワの『新話大鑑』（十六世紀）の中の、ある話の場合のように、夫の策略となることもある。つまり、ある夫が、医者と共謀して、まず、自分が妊娠したことにし、つぎに、（明らかに、かれが妊娠させたにちがいない）召使いの女に、この妊娠の重荷を背負いこませる芝居をうち、妻の監視をごまかそうとするのである。

このように、嘲笑するものと、嘲笑されるものとは、それぞれの話がどんな教訓を論証するのかによって、その役どころが交換されている。けれども、これらの異なった、あるいは、反対だとさえいえる話には、一定の数の共通した特徴がみられる。そのひとつは、このテーマがどんな風に解釈できるにしろ、そこにある社会的想像力には限界がある、ということである。つまり、男も女も、町人《ブルジョワ》も農民も、博学の士も、文字を知らないものも、全員が、つぎのように認めているようにみえる。まずは、基本的に女性の特性である妊娠というものが、一種の社会的欠陥であり、したがって、その人物の品位をおとしめる懲罰となりうること。また、もはや完全に男でなくなった男（カランドリーノや、また両性の特徴をあわせもつ司祭など）は、嘲笑されることによって、罰せられねばならないこと。そして、性による役割分担という階級制度は、社会生活全体にかかわる基本的な規則だ、ということである。ここでもまた、男女の役割を一時的に逆転してみせることは、それを問題にしているふりをするだけであって、結局は、階級組織を強化しているのだと思われる。

だから、工業化以前の社会で、性による役割分担が、どのようにして構築され、どんな効力をもっていたかを理解しようとすると、役割の逆転というシナリオの数は、きわめて限られているように思われてくる。すなわち、すくなくともヨーロッパの例だけに限ってみると、これらの話は、たいがいの場合、記号を逆転させているだけで、実は、「正常な」装置の秩序を再現しているだけなのだ。もっと一般化していうと、この種の話は、それ自体としてよりも、その適用形態や扱い方——それこそが、ザッペーリの著作の関心事なのだが——によってこそ、重要な意味をもつ。ただし、すでにみたように、この話が、もともとは、どちらかといえばコンパクトなつくり話だったにもかかわらず、その利用のされ方は、ひとつひとつで大きく異なり、さらには、まったく反対のことさえある。だから、きわめて当然のことに、この話のような象徴的な装置から、実際の社会の動きを演繹することなど、できないはずである。ことに、今の時代の雰囲気とか、自由化のイデオロギーなどが暗示するのとは反対に、男女の役割分担は、それを明確にみせようとする表現形態を通じては、むしろ把握されにくいと、わたしには思われる。それよりも、その表現にまさに抵抗するもの、その障害となるようにみえるものの中にこそ、それは把握されるのである。一例をあげてみよう。すくなくとも十六世紀から、十九世紀のエピナル版画にいたるまで、一冊の展示目録となるほどの数の版画に、家庭での権威をめぐる夫と妻の争いが描かれている。そして、この争いは、ほとんどの場合、キュロットのとり合いと、夫をなぐる妻という、ふたつのモチーフによって表現されている。この種の図版には、ほとんど独創性がなく、たいていの場合、まったくのやき直しにすぎない。たしかに、そこで妻が女として描かれているのか、それとも、男に仮装して描かれているのかで、違いがまったくないとはいえない。けれども、それによって、版画が示そうとしている役割分担が、根本から変わることはない。ところが、これとは反対に、ふたりのパートナーに特徴を分配する上で、表現にまよいのある場合がある。特徴が、複雑にまぜ合わされている場合がある。実は、こういった表現法は、別種の表現のシステムをつくろうとする努力を意味しているのである。たとえば、一五四〇年の日付けのある、ドイツのマルティン・トロイ作の版画がある。そこでは、妻が、夫を、こん棒でメッタ打ちにしている。この妻は、挑発的なまでに男性的な半ズボンをはいているが、と同時に、明らかな女性の特徴ももっている。かの女は、髪をふり乱し、胸をあらわにしているのである（デーヴィス、前掲書、図版8―b）。あたかも、この版画家が、こうした複雑な男女両体の姿をつくりだした（輪郭のはっきりしない男の姿を、修正してのことだが）のは、今日の歴史叙述において、男女の役割分担に関して、あまりにもしばしば見落されているものを、指摘するためであるかのようだ。つまり、こうした役割とは、つくりあげられたもので、はじめからあたえられてはいないのだと、教えようとしているかのようなのだ。ところで、この役割分担を構築する作業は、性差による分化が解消されるのではないかという脅威に、抵抗してきた。そんなことになれば、社会組織全体が危機に瀕するからである。だから、この作業は、とぎれることなく続けられ、しかも、いかようなかたちをもとることができる。歴史家たちの第一のつとめとは、この構築作業を探知し、そのさまざまな形態、そこにみられるためらい、それぞれの形態のつながり具合などを、理解することなのだ。

十一、こうした視点からみると、最近の歴史叙述は、おそらく、文化に関する現代の図式によって、あまりにも簡単に、そのほこ先を鈍らされているのである。それは、また、「伝統的な」文明の厚みを、あまりにも安易に受けいれている。すなわち、J・ル＝ゴフによると、十九世紀まで続いているとされる、あの長い中世が、表現と実践の巨大な塊をなし、しかも、それが、比較的変動しない（「伝統的で」あるがゆえにか？）ものだと、認めているのである。このふたつの理由によって、おそらく、分析を、男性と女性の対立のうえに固定してしまう傾向が生じる。多くの場合、この対立が、既得のものだと思いこんでしまうのである。この点に関しては、より視野の長い歴史学と、人類学の示唆するものとが、いくつかの道標を示しうるよう、わたしには思われる。終わりにあたって、これらの道標だけは指摘しておこう。

まずは、歴史学について。たしかに、あらゆる人間社会には、男性と女性という対立がある。けれども、この対立を組立てている象徴的コードは、それぞれの社会ごとに独特なものであり、したがって、いろんなかたちの修正や、違反を、許容するものなのだ。たとえば、ポール・ヴェーヌは、古代ローマ社会における性的関係や婚姻関係の変遷を、共和政の末期から、アントニヌス朝の治世〔日本でいう「五賢帝の時代」にほぼ同じ〕にいたるまで、たどっている（ヴェーヌ、一九七八年）。それをみると、キリスト教の道徳観念が浸透するはるか以前から、ローマの上流社会が、同性間の性関係をも許容していた状態（このころは、性交渉の当事者をわける線は、男と女の間ではなく、もっと根本的に、能動的なものと受動的なものの間に、ひかれていた）から、厳密な結婚による性関係だけを認める状態へ、どんなふうに移行したかが、明らかにされている。この移行をへてはじめて、性による役割分担が決定され、それに対するすべての違反が罰せられるようになったのである。ところが、わたしたちの文化の中では、この役割分担の表現が、だんだんと男女という二元的対立性を強めてきた。そのため、とうとう、わたしたちは、男でも女でもないもの、あるいは、決定的な特徴を男女両性からえていると、すくなくとも、集団的に考えられていたものを認めることができなくなったのである。すなわち、社会的な想像力の中に、こうした人びとのための場が、ひとつ（ないし、いくつか）存在しえたと、考えられなくなってしまったのだ。もちろん、同性愛について考えることはできる。しかしながら、同性愛の歴史は、文化の支配的な標準《モデル》の論理にとらわれているため、不幸にも、その抑圧という角度からのみ書かれてきた（例外あり。ボズウェル、一九七八年）。さらに、まだもっと不明確な、そしてこれまでほとんど研究されてこなかった現象も、考えることができる。たとえば、擬娩——出産にともなう苦痛を、男性がかわって演じる儀式——である（これは、いくつかの中世の文献で、確認されている——ただし、どんな考え方にしたがってだろうか）。あるいは、古代文化や分類医学にみられる、半陰陽に対する昔からの深い関心も、あげることができる。半陰陽の概念は、ひとつの社会的遊戯の象徴として、それなりの働きをしている。そして、この遊戯の中では、性による役割分担も、一方の性の他方に対する優位性も、西ヨーロッパで支配的となっている表現形式にみられるほどには、確定していないのである。つまり、それは、分類されないものに対する、一種の魅惑を表明しているのだ。そして、この魅惑は、すべての社会の秩序化に含まれた、分類への基本的な要求と、共存してきた（ただし、その形態は、きわめて変化にとんでいる）はずなのだ。わたしたちの社会のように、きわめて自由であると同時に、かつ対立をはらんだ社会において、半陰陽の（あるいは、よくいわれているように、単性《ユニセックス》の）概念が、あらためて好意的に扱われようとしているのは、はたして偶然だろうか。中間的なものを想像したこれらの例は、つみ重なった地層全体の中の、いくつかの面なのだ。だが、こうした面のうえでは、性による役割分担が、問題視され、定義しなおされようとしている。だから、これらの例の位置付けや機能は、手つかずで残っている分析の対象なのである。

つぎに、人類学に関して。最近とりあげた仕事の中で、フランソワーズ・エリティエは、いくつかの個別研究をもととして、以下のように指摘している。すなわち、性による役割の分配と割当ては、ただ単に性別によってのみではなく、年齢や、これと関連した社会的地位によっても、調整されていたのである（エリティエ、一九七九年）。たとえば、カナダのインディアン、ペイガン族は、厳密な族長社会を形成しているにもかかわらず、そこでは、一部の女性は、「男の心をもつ」とされ、男性同様の社会的・文化的特権を享受している。ただし、これらの女性のほとんどすべては、共通して、閉経してしまっているか、妊娠不能になっている。また、上ナイルのノエル族では、エヴァンズ＝プリチャードの指摘によると、不妊とみなされた女性は実家に帰り、以後そこでは、男性とみなされる。この女性は、経済的にも、家庭内でも、男性としての権力を行使し、妻さえめとるのである（妻たちの性生活は、奴隷によって保障される）。このふたつのケースで意味深長なのは、規範の侵犯が、集団によって、単に認められているだけでなく、制度化されているということである。もちろん、この侵犯が許されるのは、なんらかのかたちで、出産能力を失って、女でなくなった女性に関してではある。けれども、ここでは、境界線が通っているのは、もはや、形態学的な意味での男と女の間ではなく、子孫を産めるものと、産めないものの間である。もう一度いうと、それは、わたしたちの社会とは異なったかたちで、構築されている。ところで、これらの指摘は、西ヨーロッパの文化的モデルから、はるかに遠いところへ、わたしたちを誘なっていくのだろうか。それとも、それらは、かたちだけの賛辞であって、民族誌における異国趣味から、なんの役にもたたない魔力を称えているだけなのだろうか。この点については、あまりさだかではない。というのも、わたしたちの社会においてもまた、このようなゲームが、しぶしぶと、そして、こっそりとではあれ、時として認められるからである。たとえば、十七世紀から十九世紀にかけて、あらゆる医学の文献で、結婚生活において、適度な性の営みが必要であるとされている。だが、そのいい回しによれば、それは、精液によって、男性が女性に、その本性を変質させるものをもたらすからであり、それによって、女性が「真の」女になるからである。もしもこれが不足すれば、女性は、その女らしさが強調されすぎて、逆にアイデンティティをなくしてしまう危険がある。反対に、性を職業としている女たちのように、もしもそれがすぎると、男性と化してしまうおそれがある。だからこそ、しわがれ声や異常な毛深さによって、売春婦であることがわかってしまうというわけである。さらには、ヨーロッパの社会においても、性による役割分担の侵害が、けっして考えられないことではなく、時には組織的に行なわれてさえきたと、あらためて指摘しなければならないのだろうか。しかもそれは、なにも驚くようなことではない。「正常な」生涯のはじめと終わりに、その痕跡を認めることができる。まず、青年期のはじめに、贖罪の儀式では、男子と女子の間で役割を交換することが、長い間にわたって可能とされてきた。また、老年期には、女性は不妊となるが、それはしばしば魔女の年齢であり、これこそ、おそるべくも権力が逆転する場なのである。

「喪に服す性」と十九世紀の女性史

――アラン・コルバン

マネ作「レストラン〝ペール・ラテュイユ〟で」1879年。
店主の息子が女性客を口説いている。

女性の歴史は、一群の男性の言説《ディスクール》のたすけによって、そのこだまとして描かれている。男女を問わず歴史家たちが、女性のことば《パロール》を歴史の森から狩りだそうとしたにもかかわらずに、である。公文書保管所に集められている資料のほとんどすべては、責任ある職務にいた男たちの手になるものである。たしかに、女性解放の闘いの証言、教育的あるいは教訓的な多くの文学、そして、まれには書簡類やいくらかの私的な日記などがある。けれども、いくら興味ぶかいものであるにしろ、それだけでは右にのべた不均衡を回復するにはいたらない。資料が男性の手になるものに片寄っているため、わざわざ男性の証言というまわり道を通らなければ、歴史的なイメージをかたちづくることができない。この一事を考えただけで、男性の心性についての認識が必要不可欠なものだとするに十分である。

つまり、女性のおかれた状況を研究するまえに、聖職者、医師、司法官、警察官、行政官あるいは文学者といった人びとの発する言説が、どのような動因から生まれてきたのかを、まず分析しなければならない。だがその際にも、みえすいた戦略を見破って、女性が公的な舞台から遠ざけられていることを明らかにし、沈黙を強いられていると強調するだけでは、充分とはいえまい。女性に関する表象の体系、女性に対するさまざまな恐怖の念や不安の核心を、はっきり見抜くことが必要である。というのも、こういったものが、男性の言語活動《ランガージュ》と行動とを組みたてているからである。

この点については、あの古くからの女性蔑視を「ユダヤ教＝キリスト教共通の底流」とでも名づければすむ、というほど問題は単純ではない。教父たちのいいわたす破門のことばを思いうかべ、たとえば、テルトゥリアヌスの恐ろしげなことばや、聖アウグスティヌスの冷酷な戒告を悦に入って引用することで、たしかに、ひとつの時代の心性を明らかにすることができる。この心性は、女性の劣性を頭から決めこむ精神的実在論に強い影響を受けているわけだが、この実在論こそ、あの遠いむかしからの女性蔑視という源泉に端を発しているのである。しかし、こうした教父たちの言説は、当時から、もはやひとつの便利な鋳型でしかなく、十九世紀のあらたな不安は、たまたまこの鋳型に沈澱しただけなのだ。十九世紀は、一方でサドの『ジュリエット』にみられる女性虐待にとりつかれるとともに、他方ではそれとは逆に《ア・コントラリオ》、透きとおるような天使崇拝や聖母の「無垢なる受胎」という心やわらぐイメージに魅惑されていた。けれども、十年、二十年と時がたつにつれて、女性への恐怖が高まっていったのである。例の「近代様式《モダン・スタイル》」とかいうものを女スフィンクスのようにおごそかに凝視しさえすれば、この高まりつつある恐怖の絶頂を示すことができよう(1)。

　適切な調査の方法によって成功した研究の事例には、こと欠かないところまですでにきている。たとえば、マルティーヌ・セガレーヌは、十九世紀末の民俗学者たちが分析の必要すらないとみなした事象のなかに、非常にたくみな方法で、ある意味を見い出すことができた。セガレーヌは、ブルジョワ家庭の女中のイメージによって歪められた民俗学者の観点が、どのようにして、フランスの農村を研究する歴史家たちを長いあいだ迷わせてきたのかを、明らかにしている(2)。

ところが、このような分析があらかじめなされていない場合には、納得のいかない女性史をつくってしまったり、また、男性の言説のしかけたワナにはまったりする危険さえある。だいたいは性の歴史から借りてきたものだが、つぎの三つの事例によって、このような危険性をよく認識することができよう。

女性の本性《ナチュール》をめぐる言説の研究は、十八世紀末につくりあげられ、その後ますます広く行なわれるようになって、今日では女性史のなかで、もっとも完成された一章を構成している。しかし、このテーマで輝かしい書物を書いた女性たちに対して、かの女たち自身の性についての医者のまなざしを、充分に斟酌していないと非難をすることができるかもしれない。すなわち、女性についての学問的洞察には、男性が性的に劣勢であるという思いこみがいつもこびりついていたのである。[3] このような感情は、すでに、ヒステリー患者の観察者でもあった王立医学協会のメンバーたちの発想のもとであったが、[4] その後性生活の数合わせとでもいうべきものを生みだし、これが十九世紀全体を通じて流布することになる。つまり、淫売屋での手柄話を吹聴したり、もっと単純には、夫婦の性行為を不安気に勘定したり、[5] また、いざという時に性的な失敗をしないかという恐れが生じたり、[6] 精液は用心深く管理する必要があるとひそかに考えられるようになった。だが、こうした考えは、消費することや、消耗することの幻影と緊密に結びついて、過剰で心身を消耗させるものという女性のイメージ[7]を強化するか、あるいは逆に、これをふり払おうとするものだった。このような感情を考慮しておかないと、あの男性の言語活動《ランガージュ》をなかなか理解できない。すなわち、色情狂の女、ヒステリーの女、レスビアンなどによってその力が示される、地下からわき出るような諸力を、ひどく恐ろしいものとする言語活動をである。また、不妊の女性や閉経した女性に浴びせられた激しい非難も理解できない。こうした女性たちは、けっして妊娠することがないため、その放埒さが、弱められも縛られもしないとみなされていたのである。

処女性に過大な価値をもたせること、世なれた男性による性の手ほどきが必要だと考えること、医師の団体が、女性の快楽を規制して、ゆき過ぎを避ける責任は夫にあるのだといったりすること。これらもまた、同じ不安の根から出たことである。男性の性には、このような不安のイメージがあるために、女性の快楽が高まることにブレーキをかけ、快楽主義的な行為にタガをはめ、堕落という地獄のなかにとじ込めようとしたのである。だから、この地獄は、性生活の秩序を維持するために、大多数の女性を抑えこむうえで必要不可欠なものだったわけである。

以上のことと関連して、別の例をみてみよう。ミシュレ、教育改革にたずさわった政治家ジュール・シモン、ゾラ、さらには、ジャーナリストで政治家のシャルル・ブノワまでが、断固たる口調でいい切ってからというもの、だれもが、十九世紀の都市では、女性、とくに労働者である女性は、男なしでは生きていけないと思いこんでいる。女性史や売春の歴史の専門家だけでなく、産業史の専門家たちもまた、このことを確信していると公言している。かれらの目からみれば、当時の社会的な慣行がこの観察の有効性を広く立証している、というわけである。

しかしながら、これが男性の側の通説なのだということを、けっして忘れないほうがいい。男性なしで生きていけるということは、女性にとっては、みずからの性生活を自由にできるということを意味するではないか。だからこそ、さきの証言者たちの断固たる口調は、男性の抱く不安と十九世紀の抜け目のない性意識にきっちりと照応し、自分たちに都合のいい通説になんの疑念もさしはさませないようにしているのである。このような自分勝手なまなざしが、歴史家たちの利用する資料になにほどかのバイアスをかけたことは確かだといってよい。たとえば、マリー＝ジョゼ・ボネは、当時の医者たちが、同性愛者に対して、まったく間違ったイメージをつくりだしたと指摘している(8)。これら医者たちにとって、二人の女性が男なしで快楽に身をゆだねられるとか、あるいは、そのときにどちらかが男のふりをしたり役割を演じたりせずともよい、などと考えることには我慢ならなかったのである。また、ジャン＝ピエール・ジャックの強調するところによれば、この時代の観察者にとって、レスビアンの関係は、極端で、ゆき過ぎた、はめをはずしたものでしかありえなかった(9)。女性の欲望を規制するために、男性の入りこむ余地がなかったからである。また同じような信条によって、若い女性の「手なぐさみ」——つまり、マスターベーション——には、それを慎むように際限のない項目をつらねた処方箋が下される。こうした信条によって、ときとして、この領域においては残酷な治療法が採用されることもあったのである。

同じ理由から、十九世紀の社会のなかで「オールド・ミス」が占めていた位置を再検討したほうがいいだろう。文学的な言説では、オールド・ミスは完全な女性ではなく、黄ばんだ顔の、痩せさらばえた女性として描かれているが、これは明らかになにかの欠落を指している(10)。男のいない女性の不幸は、そんなにも大きいものだったのだろうか？　アドリーヌ・ドマールが、未亡人たちの羽ぶりのいい生活と、むしろ夫のいないことからくる利点とを強調したのは、正しいことではなかっただろうか？[11]　同じ批判的な関心から、モーリス・アギュロンは、独身者の社会生活のむしろ幸福な実態と、ジャン・ボリのみごとに描くところの衰弱した独身者というイメージとのあいだのギャップを、指摘したのではなかったのか？[12]

この点についで片をつけておくために、もうひとつ別のワナについて想起しておきたい。それは、聖職者、医者、警察官などによる、千変万化する男性の言説によってしかけられたワナである。たとえば、金で買える色恋についての情報をわれわれにあたえてくれる資料は、アウグスティヌス以来の伝統に結びついている。こうしたテクストにあたると、程度の差こそあれ明らかに、売春婦は、汚物、悪臭、病、死体と結びつけられている。この相関関係のシステムが売春婦のイメージを構成する。それは、貧困にして夭逝すべく定められた女性の運命を是非もなく描きだす。もう一度いうと、このような人物描写は男性の欲望を満足させる。すなわち、女性の性に隠されているかもしれない放埒なものはすべて、金銭ずくの関係のもとにおきたいという欲望をである。いき過ぎた欲望に身を委ねた女は、欲望に誘導され、貧困のどん底まで落ちて道端に放りだされ、死に怯えていなければならない、というわけだ。こうして、「肉欲に狂った」女たちは、[13]男たちの性にとって危険な脅威となり、貞淑な妻たちにとっては恐ろしい見せしめとなるだろう。だが、もし、売春婦たちが金銭欲にかられて行動するならば、危機にさらされるのは、財産の秩序や社会のさまざまな階級秩序のほうであろう。だからこそ、〔ゾラ描くところの〕ナナは、〔その魅力で上流階級の男たちを誘惑しては、破産やはては自殺にまで追いこんだため〕一八七九〔一八七〇〕年に悲劇的な最後を遂げざるをえなかったのである。[1]

歴史家たちは、部分的にせよ、あまんじてこのような論理のワナにはめられてきたと、すくなくともわたしは思う。もちろん、悲惨な売春の存在を否定しようというのではない。ましてや、きらめくような遊び女の成功を称揚しようというのでもない。おそらく、そんな女はごく少数にすぎないのだ。問題は、これら売春婦のおかれていた状況を、可能なかぎり万全の正確さをもって評価することにある。街の女たちは、同じ階層の「まっとうな」娘たちとくらべて、ほんとうにずっと不幸だったのだろうか。それともそうではなかったのだろうか。「まっとうな」娘たちにしろ、工場や仕事場そして家事労働の場に縛りつけられていたではないか。売春婦たちの平均寿命は客観的にみて短かったのか。それとも、パラン・デュシャトレの著作から考えられるように、しかるべき長寿を享受したのだろうか。[14] 売春婦たちの果たす社会的機能は、その喜びや満足感をすべて奪ってしまうほど否定的なものだったのだろうか。

過去にむけられたまなざしを歪め、あまねくゆき渡った偏見にしたがわせる恐れのある、二つの前提がここにある。まず、歴史家は、この分野においては、いまだに博愛精神からのがれられないでいる。研究者たち――女性研究者はたいていそうなのだが――は、売春婦の更生施設に残る記録をとくに重視するため、どうしても失敗や悲嘆や不幸を過大評価してしまう。研究者たちの検討しているサンプルが、罪を悔いているものや敗残者に片寄っているからである。(15) 明らかにごく最近まで、大学における研究にも、このピューリタニズムの影響が重くのしかかっていた。不幸や後悔という代償があるときだけ、教師でもある研究者は、悪徳について、またそういってよければ、ディオニュソス的衝動の満足について語ろうという気になるのだ。卑猥さをあまり感じさせないですんでいるのは、贖罪の象徴とされる女聖人マグダラのマリアのイメージだけである。かくして、苦悩が人間形成に役だつという考え《ドロリスム》の基礎が築かれ、歴史家が売春婦たちについて、またもっと広くは性について語る気になるのは、「病院」、「病気」、「出生率」、「死亡率」、「監獄」、「ごみ捨て場」、「罪過」などの項目のもとでだけとなる。(16) 快楽《ル・プレジール》ということばも、たとえば、食卓の楽しみ《レ・プレジール》というように——複数形で——使われる以外には、依然として大学の学位論文の目次から追放された唯一のことばである。(17) したがって、この点に関しては、ミシェル・マフソリの表明している批判に賛同しないわけにはいかない。マフソリが、現代社会を研究する歴史家が、ディオニュソス的機能の研究を注意ぶかく避けてきたと非難しているからである。(18)

しかし、十九世紀には、女性の羞恥心も、お針子のはかなさも、売春婦の悲惨も真実だったと人はいうだろう。もう一度くり返すが、そのことを頭から《ア・プリオリ》否定しようというのではない。ただ、いかなる誇張をも避けるために、再検討を促しているのだけなのである。この種の調査は、歴史分析を歪めるのが男性の言説のみでないだけに、ますます必要となっている。歴史分析はいまでも、モデルとされる人物への思い入れがあると同時に、女性自身が自分の行動を演出しがちなこともあって、おおいに難渋している。社会の監視が厳しく、慣習が硬直しているため、ついつい身ぶりが芝居がかってしまい、それが、かつてのとんまな証言者と同じように、信じやすい歴史家を迷わせかねないのである。

このような素朴な演出は、今日ではなんら有効でないことがはっきりしているはずだが、それでも明らかに、必要な場合にはたくみに利用されている。たとえば女性の羞恥心の現われ方は二つの側面をもつ。まず、羞恥のもととなる脅威の的がデッチあげられ、いかにも本物のように粉飾される。だが、それも、この脅威をはね返すことができるという前提あってのことなのだ。こういう二面性の正体は今日では明らかにされている。また、か弱さというものも、誘惑してみたいという気を起こさせると同時に、いかにも哀れな悲惨を意味して、同情をひくための巧妙な手段となるかもしれないのである。このような駆けひきはすべて、同情という人の心を動かす感情をあてにしている。したがって、この感情のさまざまな形態やメカニズムは、それ自体体系的な歴史研究に値するものであろう。

女性の歴史を的をえたものにするには、これを包括的な見地からおし進めなければならない。だから当然のこととして、それは、資料の骨格をなす強迫観念や、思いこみ、恐怖などの分析に閉じこもってはならない。それらが男性側にのみ、みなもとをもっているからである。こんなふうに、両性の運命をそれぞれ別個に研究すべきではない。男性・女性という二つの性は、それぞれにたがいを明らかにしあうものなのである。ついでにいってしまえば、こういうふうに考えることによって、これまで一方的に男性のものだった歴史の面目を、失墜させることができるのである。

すでに明白になっているように、また、このシンポジウムでの論争や、最近もっとも好評を博した民族学の著作からみても明らかなように、今日では、男女それぞれの役割が、たがいに依存しあい、補完しあうように、たくみに配分されていることを強調したほうがいいようである。しかもそれは、社会的慣習の分野においてだけでなく、象徴的なものの作用する分野においても、いえることなのである。

しかし、イメージの連関作用に配慮することも重要である。他者を描き出すこととおのれをイメージすることは、それぞれ別個になされるわけではない。ともかくも、以下の真実を無視することはできない。すなわち、女性の過去についての研究が、男性の側からなされてきたことがいまや明らかになった以上、両性の共存する歴史の場にも男性を連れだしたほうがいいのである。

すでにこの領域では、成果をあげた研究が数多くある。たとえば、アンヌ・マルタン＝フュジエが、みごとに指摘してみせたのは、十九世紀末のブルジョワ女性が、男性の期待にそうために、どのように自己を形成したかということであった(19)。また、マルティーヌ・セガレーヌが農村の妻のおかれた状況を描きだし、説明することができたのも、同様の考え方から、まず夫の状況を理解すべくつとめたからであった。さらに、最近アドリーヌ・ドマールは、制限選挙王制下のパリにおけるブルジョワ世帯の機能分析を手がけたが、この研究は、既婚女性の現実の状況についての、ともかくも新鮮で、思いもかけなかったようなひとつの歴史にいきついたのだった。

このような研究の進め方が、とりわけ性の歴史にとってぜひとも必要なのだ。十九世紀を特徴づける、欲望との不健全な関係を研究することも、両性を視野におさめないでは、とうていなされえないだろう。正式な妻であれ、内縁の妻であれ、一方の当事者である女性の情動は、男性の欲望の表現や抑制、満足や不満の、さまざまな形態ときり離して考えることはできない。男性のエゴイズムを攻撃してばかりいるのではなく、男女両者の関係を全体として分析することで、はじめて、この世紀の最後の三分の一期に現われる新しい夫婦、より結びつきの深い、親密な夫婦の登場の真相を明らかにすることができるだろう。

同じように、売春婦の歴史も、売春婦と客の男性との関係の歴史に道をゆずらなければならない。値をつけられ、金で買うことのできる女がかきたてる欲望のさまざまな根、この女が客たちと結ぶ関係の本質、社会という網の目を繕うとする売春婦の社会的機能、これらがつくりだす領域の研究は、今やっと端緒が開かれようとしているのである。

例の孤独な快楽については、これまでいやになるほど聞かされてきたが、これもまた、当然、全体として研究されるべきである。男性・女性どちらをとっても、この快楽は、戦術的意図、というか暗黙の了解からきている。すなわち、当面はともかく、あとになれば衝動が充足されるだろうとあてにしているのである。もっと一般的ないい方をすれば、肝心だと思われる点は、相手のいないときに描かれる欲望のすがたが、男女でたがいに補いあっているさまを、もっとよくとらえることなのである。この点で興味ぶかく思われるのは、マリー＝ヴェロニック・ゴーティエのやり方である。ゴーティエは、「猥談」を生みだす原動力とその表現形態のさまざまを探りだそうとしている。それによると、「猥談」とは、男性同士の社交の中心にみられるもので、それぞれの色好みを吹聴するためのものなのである。[20]

多くの考察がおもむくところ、歴史叙述における男女間の不均衡を回復すべきだということになるが、さしあたりは、以下の点がとくに問題となるようである。さきにのべたように、男性のほうには欲望との不全な関係という症候群が、もっと一般的にいえば、十九世紀の男性には苦悩の兆候が認められるにもかかわらず、わたしには、奇妙なことにこうした兆候がわざわざ隠ぺいされていると思われるのである。そして、このように男性の苦悩が語られないという状況は、かならずしも当時支配的だった苦行至上主義からくるものではないが、重い障害となって女性の歴史にのしかかっているのである。

欲求不満と緊張という女性のほうの症候群、すなわちヒステリーのさまざまな症状については、いまでも、高い成果をあげた研究が数多くある。[21] 欲求不満の兆候となると、歴史家たちは楽しげに語りはじめる。欲求不満が苦悩という衣をまとっているため、風評を気にすることなく、相手の性の欲望について語ってもいいような気持ちになっているのである。わざわざくり返すまでもないが、実際、十九世紀には、ヒステリーとは典型的に女性の示す症状だと長いあいだ考えられてきた。これは、当時の臨床的な観察によって確認ずみのことのようである。こんなふうに女性の苦悩を演出してみせることを、おそらくは、男たちが望み、ときとして強要し、そして、つねに身をすくませるような視線で観察してきたのである。だが、このこれみよがしの演出は、じつは男性のほうの苦悩の症候であり、そして、おそらくはその治療薬ではなかったのか。男性の苦悩が女性の苦悩ほど大向う受けしなかったため、さほど目立たなかっただけなのである。(22)

われわれは、ここで、感情の表出の歴史という、困難ではあるが、ぜひとも必要な歴史にゆきあたる。これに関しては、微妙なニュアンスというものを避けては通ることができない。十九世紀初頭に書かれた男性の私的な日記は、ながながとした嘆き悲しみそのものにほかならない。一ページごとに、書いた人の悲しみがにじみ出ている。だが、夜中に部屋の奥でつづられたこれらの告白は、まだ出版される予定もない。日記は、きわめて口の固い打明け話の相手の役割を果たしていたのである。これに対して、詩やロマン主義の文学は、いってみれば、男性の苦悩をなんどもくり返し、あげくは実現するわけでもない両性具有の夢へと逃げこんでしまっている。感情教育の見習いや入門コースの難しさ、「二度とない」臨終の苦悶などが、読者をうんざりさせさえするときもある。しかし、この苦悩の告白という問題については、フィクションというまわり道を避けられないということが、きわめて意味深長なことなのである。

また、これだけは強調しておきたいのだが、公の場では、実際、男性の苦悩が表現されることがしだいに少なくなっていった。支配階級のあいだでは、行動は決められたモデルの鋳型にはめこまれていたため、男性の身振りは、十年、二十年と時がたつにつれて洗練されていった。グルーズの絵におけるような芝居がかったしぐさが急速にすがたを消し、涙も舞台から撤退する。[23] 写真をとるときの姿勢も、男の落ち着き、重々しさ、威厳を強調するものとなり、役者のポートレートでさえ、劇的な態度がおさえられる傾向にあった。[24] タバコが、「話が興にのって脇道にそれることを少なくさせ」、「しぐさは、ゆったりと堂々として節度がある」ものになったと、フィリップ・ペローは書いている。[24-2] ぶらぶらと散歩する人も、ついでは急いでいる歩行者も、自分の利益に夢中になって、胸をえぐるような心中の苦悩をみせるのを避けるようになる。[25] 以来、自殺志願者は、人に不快感をあたえないようにせざるをえなくなる。[26] 自己管理《セルフ・コントロール》が極限にまですすめられ、よき教育の基準となったのである。

　こうして、働きざかりで、完全に健康であっても、男性はもはや、身ぶりや表情を自由にあやつって、みるものの心を動かしたりなどしてはならないということになった。このようにイメージが厳しく両断されたことの、たぶん、ひとつの指標だと思うが、十九世紀も時がすすむにつれて、性的倒錯の色彩をおびた慣例がすがたを消していくのである。

　こうして、涙や苦悩のさけびやふさぎこみといったものが、すこしずつ女性に独占されていった。めまい、失神、神経のさわりなどのことばが、両性の本質に関する医者の言説の正統性を強調するようになる。制御のきかないことが、か弱さの証明となり、これに同情することを当然とする。このような二面性のある感情によって、女性は、未熟で無力なさまざまの存在に結びつけられる。つまり、子供、病人、不具の乞食、老人、そしてやがては動物たちが、その恩恵を女性と共有するのである。[27]

十九世紀の男性は、戦う男というモデルに一致するよう義務づけられている――ここに、今日すがたを消してしまってはいるが、性別によるイメージや行動の分割の基本的な側面のひとつがある。しかもそれは、とくにいっておきたいのだが、民衆のあいだでも同じことだった。したがって、男子教育も、しばしば「体罰」をともなう厳格なものとなった。[28] 仲間うちの殴りあいのものすごさ、戦場でも信望をうる腕っぷしの強さ、パリの建設労働者にたえずつきまとう恐ろしい暴力、[29] これらは、それぞれに、力の支配を示すしるしなのである。第二帝政期まで、ブルジョワ家庭では、娘は家に残しておきたがったが、[30] 息子のほうは、寒く、汚れて、悪臭をはなつ寄宿学校に入れられ、体を鍛えるためにスパルタ式の訓練を強制された。その厳しさが、男らしい気質をつくりあげるうえで、大きく貢献すると思われたからである。

もしも、その兆候が欠如している場合には、注意ぶかく耳をすますしかない。そうすることによって、この緊張の世紀における男性の苦しみの大きさが明らかにされよう。この集団的苦しみは歴史を説明する一要素であり、けっして看過してはならない。その輪郭はすでに、かつてよりずっとはっきりしてきている。歴史家が、内面生活の証言を仔細に検討する気になってきたからである。これらの証言からは、「浮世の舞台《テアトルム・ムンディ》」のうえでの苦悶があふれ出ているが、おそらくこれに関しては、一万七、〇〇〇ページにもおよぶアミエルの日記[31]や、十八世紀から十九世紀にかけての思想家メーヌ＝ド＝ビランの悲しくも醒めた打ち明け話以上の好例はないであろう。十九世紀の経済史家たちが、男たちの疲労が十九世紀の経済成長の原動力となったといっているが、そこには、これと同じ現実認識が流れているのである。[32]

また、その影響する範囲を過大評価しないほうがいいのだが、社会の流動性も不安感を、すなわち、社会的位置が不明確で不安定なことからくる、あらたな不安を生みだす。[33]十九世紀の社会では、生まれというものが、社会的な帰属意識の明確で決定的な基準という機能を徐々に失っていった。そうした社会では、個人は、自分というものにどんなイメージを描けばいいのか定かではなくなる。だから、他人のまなざしが、あらたな不安と苦しみを生みだす。社会的位置を示す一連の指標が不完全で、不安定で、複雑なままであるため、不安はさらに大きなものになる。自分自身なり夫婦という小単位なりを、社会のどの階層に位置づけるかは、個人に課せられた義務となり、しかもそれが、ほとんど全面的に男性の双肩にかかるようになった。

さらに、戦場での恐怖が市民生活のレヴェルに移しかえられ、社会は激しいもみ合いの状態にあるというイメージに、ますます道理があるように思われてくる。おそらく部分的にはここに、男性の過剰自殺願望や、デュルケムが個人主義的自殺、あるいは社会的無秩序による自殺と命名した自殺が、増加した原因がある。働きづめの生活から受けるさまざまな痛手こそが、家庭のぬくもりを必要とさせ、優しさに満ちた妻＝看護婦や、貞節で、外で受けた傷口を逆なでなどしない妻を求める基礎を築いたのである。だから、社会の流動性が増大したこと、プライヴァシーの概念の飛躍的に普及したこと、妻を家庭に閉じこめるようになったこと、これらを、きり離して

考えることはできないのである。(34)

しかし、また別の症候もある。ある研究者たちは、前述したこの社会のヒステリー化現象をとりあげている。たとえば、テオドール・ゼルダンは、憂欝症や神経衰弱、精神衰弱——これらは、すべて、基本的には男性のものとされている——が十九世紀に増大したと強調している。(35)また、ルイ・シュヴァリエの気には入らないだろうが、(36)満たされぬ性や性的ゲットーといった概念を介在させることもできよう。(37)男性の結婚年齢が高くなり、遺産相続の戦略上子供を少ししか産まない傾向がかつてないほど強まったため、性の衝動の充足は妨げられることになった。独身文学の登場、風俗犯罪のもたらす恐怖の高まり、(38)孤児院の娘たちを暴行したというジェヴォーダンの農民たちの粗暴な行動、(39)職工長たちの度をこえた性欲、そして規則づくめの売春、これらすべてが同時に、男たちの苦悩をさし示している。ここでは、女たちの不幸は男たちの悲惨の帰結なのである。

本稿を終えるにあたって、もっとも明らかな指標をあげて、歴史叙述にみられる不均衡を指摘しておこう。この不均衡が、われわれの目を曇らせかねないからである。すなわち、良心的な書店では、出産や母性の歴史の棚は豊富に品揃えされているのに、その一方で、十九世紀における兵卒や一介の兵士に関しては、つねになにもみるべきものがないのである。たしかに、軍事史の著作だけはあることにはあるが、それも、将校や脱走兵、反軍主義者に関するものか、もっと時代が下がって、第一次大戦時の戦闘員についてのものにすぎない。(40)

帝政期に行なわれた殺戮、〔ナポレオンの侍医〕コルヴィサールによるかずかずの切断手術、ソルフェリーノの激戦における死体置場、一八七〇年の戦争による六〇万人の死者たちのことは、忘れられているのだろうか？[41] この戦争の世紀を扱う歴史家が、これらを問題としない態度をとっていることの意味は、何なのか？ 一種のたとえとして「労働戦士」のことは研究されるのに、[42]どうして兵士そのものの研究はされないのか？ 要するに、多かれ少なかれ意識してのことだろうが、広く流布していた男らしさのモデルの研究、すなわち、男性たちの苦しみが激しさを増したあの舞台の研究が、どうして拒否されているのか？

十九世紀の男たちは、女性への恐怖にとりつかれていたため、男らしさという古ぼけたイメージを重荷として背負っていた。このことを認めるのを恐れてのことなのだろうか？「喪に服す性」[43]の不幸と弱さを目のあたりにするのを、恐れてのことなのだろうか？ だが、この苦しみの大部分は、明らかに、女性を遠ざけ、また、なによりも女性に沈黙を強いてきたことから生じたのである。

嫁入り道具は、女性固有の文化か？

アニェス・フィーヌ

「仕事」（トラヴァイユ）。針仕事はあらゆる時代の、あらゆる階級の女性にふさわしい仕事とされていた。

歴史学と同じように、民族学においてもここ十年来、女性たちの運動の発現によって提起されたかずかずの新しい問題が山積している。そしてそのことは、この間フランスや諸外国、それもとくにアングロ＝サクソン諸国で出版された、かず多くの著作をみれば明かである。(1)

ところで、フランスの農村社会に関して、最近、三冊の著書が刊行されたが、このいずれにも、女性の権力を問題にしているという共通点が認められる。まず、一九七九年に出版されたイヴォンヌ・ヴェルディエの著書では、女性に固有な象徴的権力の重要性が分析されている。それによると、出生、結婚、死といった、個人の人生の重要な節目において、三種類の「渡し守」——洗濯女、お針子、女料理人——が、それぞれもっている知恵や技術を通じて重要な役割を果たしている。つぎに、マルティーヌ・セガレーヌは、一九八〇年に刊行された『農村社会における夫と妻』〔邦訳『妻と夫の社会史』〕のなかで、経済活動における性による役割配分を分析しながら、男女の役割が相互に補完しあっていることを強調している。そして、最後に、スーザン＝キャロル・ロジャーズは、『農民、女性、市民』のなかで、フランス東部のロレーヌ地方のグラン＝フォーの農村の社会的生活をさまざまな角度から分析している。ロジャーズによれば、この村の社会では、男性が支配的な権力をもっているわけではないという。そして、かの女はその後の分析による最新の結論で、これまで考えられてきたような女性の権力に関する問題の立て方を再検討して、「権力」という概念が複雑なものであると強調するにいたっている。(2)

これら三つのアプローチでは、手法も分析手段もまったく異なっているので、その結論だけを比較して評価をくだすことはできないように思われる。むしろこのシンポジウムでは、わたし個人の嫁入り道具に関する研究を参考にしながら、民族学の手法によればどのような問題がたてられるのかを、具体的に説明するほうがよいと思われる。

わたしは、当初、十九—二十世紀のフランス南西部の農村社会の家族を研究していた。が、そのなかで、結婚がどのように行なわれるかを知ることが、女性の地位を理解するうえで不可欠なことのように思われた。ところで、結婚にともなう投資、すなわち持参金や嫁入り道具は、わたしたちの社会のなかで重要な意味をもっている。だから持参金や嫁入り道具は、はじめは人類学（グッディ）や社会学（ブルデュー）の対象だったかもしれないが、いまや完全に、歴史学の対象となっているのである。

もちろん、タイプを別にするアプローチ、すなわち民族学特有のアプローチが、そのまま歴史学にあてはまるわけではない。民族学は、もっぱら象徴機能の分析に重点をおいているからである。しかしながら、ひとつの社会的現実のさまざまな側面を説明しようとするときには、民族学的なアプローチが必要不可欠であることがわかる。このアプローチではそれぞれの側面を表象するものが、たがいに整合性をもって結びついていることが、常に念頭におかれているからである。そして、嫁入り道具は、こうした研究の格好の例なのである。

さて、歴史学の古典的な分析は、どんな方向へむかっているのか。この分析は、書かれた資料を、つまりこの場合は公証人によって作成された婚姻契約書の分析をもとにしている。だから、それによって嫁入り道具の構成やその金銭的価値を分析することができる。これは、ある社会集団の経済的水準をしめすすぐれた指標であると同時に、ひとつの時代のいわゆる物質文明、すなわち、生活の道具、その形態、質、素材などに関する証言でもある。むろん、これらはすべて、重要なものである。だが、結婚に際して公証人の前で契約をかわす慣習がすたれるのと歩調をあわせて、資料そのものがなくなってきた場合には、いったいどうすればいいのだろうか。たしかに、ごく近年のことについては、聴きとり調査によって、こうした空白を埋めることができる。年老いた女性たちのきわめてくわしい記憶によって、それを補うことができる。ところが、聴きとり調査という方法は、情報の不足を補うだけでなく、最初にたてられた一連の問いそのものに変更をせまる。というのも、インタヴューをうけた老齢の女性たちが熱心に語ってくれるのは、単にどのような嫁入り道具を持参したのかでも、また、その経済的価値がどうであったのかでもないからである。かの女たちの話を聞くと、嫁入り道具が女性たちの生活のなかで、なにか非常に重要なものだったことがわかる。そこには、いくつかの儀礼的な品じなが含まれているが、嫁入り道具とは、これらの品じなの意味するものをはるかに超えたなにかだったのだ。わたしがここで報告しようとしているのは、まさに、こうした嫁入り道具が民衆のレヴェルでなにを表わしていたのか、という調査の結果なのである。ただし、この報告には二つの問題点がある。そのひとつは、この報告がいささか長すぎて、しかもシンポジウムのテーマからはずれているのではないかと思われることである。さらに、もうひとつは、ここで述べたことの一つひとつをすべて十

分に検証できたわけではないので、いささか舌たらずなのではないかという点である。(3)
けれども、こうして民族学の分野を迂回してみることによって、おそらく、いくつかの問題をより具体的に提起することができるだろう。たとえば、嫁入り道具が、なにか女性に固有なものを表わしているとすれば、わたしたちが研究している社会において、なにが、この女性に固有なものを定義づけているのかという問題である。また、女性は嫁入り道具を手に入れるために、独特の熟練を必要としている。だとすれば、それと関連して女性の文化について語ることはできないのか、という問題である。

嫁入り道具なしでは、結婚はできない。

嫁入り道具をもたずには、結婚を考えることはできなかった。このことは、わたしがインタヴューした老齢の女性たちによって、いろんないい方で確認されている。

だれだって娘に、婚礼家具を一式やったものさ。これがやれないっていうのは、おそろしく貧乏なんだってことだったんだよ。貧乏人だって、なにか嫁入り道具をもたしてやったものさ。どんな娘っ子だって、もっていったもんだよ。

嫁ぐ娘に、嫁入り道具をもたせないとしたら、「まったくの裸で嫁にやる」ことになるだろう。「それくらいなら、むしろ」、母親が「まる裸になったほうがいい」のだ。つまり、そんなことなど考えることすらできないのだ。

婚礼家具一式がダメならいくつかの家具を、それすらダメならせめて六枚のシーツをもたせたものだった。これが最低限であった。一九三〇年代のフランス南西部の農村社会では、どれほど貧しくとも、これ以下に落とすことは両親にとって不名誉なことだった。

結婚と嫁入り道具との関係は、あまりにも分かちがたいものだったので、嫁入り道具の中身がまえもって決まらないと、結婚式を挙げることはできなかったようである。この点に関して、一九〇七年に、フランス南西部、アリエージュ県の十六歳の若い娘に起こった話を紹介してみよう。この娘は、非常に貧しい小作人の家庭に生まれ、五人の子どもの長女だった。娘はまだたいへん若かったけれども、近所に住む裕福な小地主の二十五になる息子と親しくつきあっていた。だが、娘の両親は、身分ちがいのかなわぬ恋であったからだけでなく、娘が嫁入り道具をもっておらず、しかも、自分たちも用意してやれないことを理由に結婚を認めなかった。両親は、「おまえは、結婚はできない。嫁入り道具を準備してやれないからね」と、娘にいうのだった。相手の青年の両親の力添えがなければ、この結婚はとうてい無理だったであろう。すなわち、青年の両親は、娘の両親に結婚を許してくれるよう熱心に頼んだのである。そして、自分たちのほうが娘の嫁入り道具を買ってやるから、娘にイニシアル文字を刺繡させたらよいとまでいい添えてくれた。これが実行されて、難問が克服され、なんとか慣習を守ることができたのである。

このような習わしは、民俗学者の言を信ずるなら、古くから、また非常に広く、流布していたようである。というのも、民俗学者たちによって、十九世紀に、それも多くの地域でつぎのような慣習が確認されているからである。すなわち、娘が孤児で貧しかった場合には、適齢期になると年輩の婦人たちにつき添われて村の家いえをたずね歩き、嫁入り道具にするために亜麻布や麻の布施を請うたのである。多くの慣習上の募金と同じように、これに積極的に応えることは義務であった。布施をしてやらないのは、これらの娘たちに一生独身でいろと宣告するのと同じことだったからである。

若い娘が結婚のときに嫁入り道具を準備できなかった場合は、母親のほうが道義的に責められることになった。先ざきの準備をしておくことは、母親のつとめだったからである。だから、母親たちは万一のこと、それもとくに経済的な困難にそなえて、非常にはやくから娘の嫁入り道具の準備をはじめた。たとえば、嫁入り準備のための積み立てがはじまるのは、一般に初聖体拝受（通常、七歳で拝受する）のときからだった。また、母親たちは、娘がまだ学校に通っているうちから最初のシーツを買ってやったりもした。こうした積み立てや、また掛け売り制度があったので、どんなに貧しい家族でもなんとかこの義務を果たすことができるようになっていた。すなわち、村の食料品屋には、まず掛け売りで生地を売り、払いは収穫や刈り入れ後にすませるという制度があった。食料品屋はこのようにして、シーツ、タオル、テーブルクロスとナプキン一式を売っていたのである。一九二〇年代に、このような商売を活発に行なっていた一軒の食料品屋の息子が憶えているところでは、父親たちが「ちょっとばかり力にあまる借金だったが、やっと、すこしずつだが返済できたよ」と、よくもらしていたという。ほかにも、大きな商社が、セールスマンを使った訪問販売のシステムをつくっていることもあった。つまり、セールスマンたちが村を回り、結婚適齢期の娘のいそうな家を選んで訪問するのである。

だから、第二次世界大戦やドイツによる占領といった非常時でなければ、生地類が不足して結婚適齢期の娘に嫁入り道具がもたせられないという、悲劇的な事態は生じなかった。フランス南西部のロート゠エ゠ガロンヌ県のある農婦は、これに関して、いまでも母親に感謝している。この農婦は一九四二年に結婚したのだが、母親がまえもって準備しておいてくれたので、同世代のいく人かの娘たちが経験したような、悲惨な目にあわなくてすんだのである。

あのころは、嫁入り道具のない娘は、ヤミで手にいれるか、それとも服地屋と仲がよかったり親戚だったりするとか、そうでなければ、有力者でなければならなかったわ。ヤミったって、食料品ととり替えるんだけどね。そうじゃなかったら、おっかさんが戦争のまえからすこしはそろえておいてくれなきゃ花嫁道具はなしさ。

こうした「闇取引き」の恩恵にあずかれない娘たちは、「古いぼろ切れ数枚」で我慢せざるをえなかった。けれども、それは、嫁入り用品は新しいものでなくてはならないという慣習に、まったく反することだったのである。

女が結婚することと嫁入り道具とは、切っても切れないくらい結びついていたので、両親と子どもが仲たがいしていても、その結びつきがいきていたほどである。たとえば、娘の選んだ結婚相手が両親の気に入らず、おたがいの間に激しい争いが起こった場合の、こんな話がある。それによると、両親は娘を戸口から追いだしたが、それでも娘に「嫁入り道具を投げつけてやった」という。もうひとつのケースでは、なかば日常茶飯事となっていた「駆け落ち」の例がひとつ報告されている。これは、フランス南部のラングドック地方でわりによくあったらしいが、両親が結婚に反対している場合、婚約したもの同士が合意のうえで「駆け落ちして」しまうのである。そして、親しい友人、もしくは親戚のだれかにこれをうち明け、両親にそのむね知らせてもらう。やがて、二人はだいたい三日後に家に戻るが、そのときには両親は結婚に同意せざるをえないことになっている、というのである。ベセード＝ド＝ソー（オード県にあるピレネー山脈の近くの村）で一九二〇年ごろにあった駆け落ち事件では、娘の叔母のひとりが、うち明け相手だった。そして、この叔母が、機転をきかせてそっと窓から嫁入り道具を姪に渡してやったという。六〇年たったあとでも、お年寄りたちは、この駆け落ちにまつわる話をうれしそうに語っている。

法律もまた、結婚と女性と嫁入り道具にまつわる、この特別な関係を認めている。フランス南部では、嫁資法が、中世前期から民法制定にいたるまでのあいだ、婚姻にかかわる唯一の制度であった。この法律は、その後婚姻の制度として農村にひろく浸透し、十九世紀の半ばごろ南部のいくつかの地方で廃止されたものの、これに代わった別の婚姻の制度にも同じ精神がうけ継がれていた。この夫婦財産制によれば、父親は娘に持参金をもたせる義務を負うのである。そして、その義務の実行されたことが、結婚契約の成立時に、公証人によって記録された。この法律にしたがって、父親は、娘に、持参金として、できれば一定額の金と、そして、かならず、フランス南部の公証人が「婚資《ドタリス》」と呼んでいた品物一式を指定することになっていた。これは、家具、衣類、リンネル類からなり、まさに「嫁入り道具」そのものだった。持参金として金や土地がもらえないこともあったが、最低限嫁入り道具だけは、すべての女性が公証人のまえで受けとっていた。一七八七年に、ラングドックのローラゲ地方の村むらでは二七一件の結婚契約が結ばれたが、その詳細を調べてみると、そのうち六九件が持参金なしであるのに対して、嫁入り道具はどの場合にも贈呈されているし、その内わけや金額は公証人によってことこまかに記録されている(4)。

だから、娘に嫁入り道具をもたせなければ、結婚が法的に認められることはなかった、ということになる。そして、公証人の査定をうけたこの嫁入り道具は、妻にのみ固有の財産となった。つまりそれは、花嫁の父、夫の父、夫、そして花嫁自身に、それぞれ固有の取り分のある持参金の場合とはちがって、他のだれの権利もおよばないものだった。嫁入り道具は、ベッド、シーツ、衣類など、妻となった女性自身の人格に密接に結びついた品じなからなっていた。このため、この女性自身こそが、その唯一の所有者だったのである。嫁入り道具の中身の一つひとつが、結婚契約のなかにことこまかに記載されており、しかもそれは、ごく近年の契約にまでおよんでいる。また、これらの品じなには娘のイニシアルが旧姓でしるされ、これらの品が、嫁いだ家のなかにあっても、妻個人のもちものであることがつねにわかるようになっている。このように、嫁入り道具は、妻が所有することのできた唯一の財産であり、生涯所有権をもち続けることのできるものだったのである。

妻の嫁入り道具に対する強い所有意識は、夫が権限をふりかざしても揺がなかった。それは、ノナ・ネッダの聴きとり調査(一九五二年から六〇年に行なわれた)を受けた、ひとりの年老いたシシリアの女性が、はっきりと認めているとおりである。(5)

亭主は、女房もいれて、家全部のあるじだっていってるけれど、自分のもってきた嫁入り道具の御主人さまはいつだって女房のほうさ。

そのうえ、妻がもってきた嫁入り道具は、結婚のときかならず必要なものだっただけでなく、夫と死別した場合にも、再婚する場合にも、もち主の女性にしたがって移動した。ところで、娘に嫁入り道具をもたせてやる習慣は、アンケート調査が行なわれた時期(一九〇〇年から一九六〇年にかけて)には、法律上の義務とはみなされなくなっており、両親の道義的な義務と考えられるようになっていた。このことから、二十世紀の後半になって、深刻な社会的変動があったため、嫁入り道具が必要だとする考えはすたれてしまったと思うかもしれない。だが、そんなことはまったくない。それも、とくに農村では。というのは、農村では、いまだに、さまざまな文化のモデルが、それぞれの地方独特の形態で混ざりあっているからである。

たとえば、ピレネー地方のモンレジョーに近いある農村で、マギーという娘が一九七三年に結婚した。そして、このときも、マギーは村を巡回してくる食料品屋から、一つひとつ嫁入り道具を買いあつめたのである。マギーは、婚約者が兵役につくことになったとき、いそいで嫁入り道具を整える必要性を感じた。このとき以来、「そんなら、もうそろそろ、嫁入り道具の準備したほうがいいんだわ」と、マギーは考えたのである。そこで、この娘は、嫁入り道具を一つひとつ買いあつめたわけだが、それは、「積み立て《エパルニュ》」という社名の大企業が実施していた、嫁入り道具専用の積み立て制度を利用してのことだった。かの女は、幼稚園の保母のつつましい収入から、これを利用して積み立てていたのである。すなわち、一枚一〇フランのシールがあり、これを五〇枚手帳に貼るようになっていて、この手帳がいっぱいになると「積み立てセット」をひとつ選ぶことができる。セットのカタログには、「リンネルセット、食器セット、嫁入り道具一式」などが、記載されているというわけである。そして、巡回の食料品屋がシールを回収し、品物を配達する。マギーはこうして嫁入り道具を整えたわけだが、それも、いい加減にではなく、決められた順序にしたがってのことだった。

わたしは、まずシーツから買ったのよ。まっさきにシーツからね。それから、タオルを買って、そのつぎが布巾、そしてナプキンと揃えていったのよ。

マギーは、人夫をしている父親の八番目の子どもだったが、嫁入り道具を整えるにあたってはやはり母親の大きな協力があった。母親は娘の相談にのり、娘にかわって注文し、ときには娘と同じシールを利用して、いくつかの道具を買ってやりさえしたのである。

また、今日では、どこでも、嫁入り道具を整えることは、個人の趣味や、そしてとくにリンネル類への愛着をおおっぴらにしてもよい機会とみなされている。

シーツは季節ごとに揃えることに、ずっとまえから決めていたわ。春、夏、秋、冬と、それぞれ違った花のついたものに……。それから、「あなた《トワ》と《・エ・》わたし《モワ》」セットも買うことにしてあったの。とてもモダンなんですもの。それを見たときにすっかり気に入ったんで、買うことにしてたのよ。

個人の趣味か、それとも「家庭のしきたり」か。この問題は、ロート＝エ＝ガロンヌ県のある洋裁師の場合、つぎのようになっている。この娘は、一九五八年に結婚したとき、家族が代々やってきたことにしたがったのである。娘の母親は一九三〇年に結婚したが、自分自身で全部嫁入り用品に刺繍した。この母親も一九五八年当時洋裁師をしていたが、自分の結婚のときにはとても豪華な嫁入り道具を整え、その一つひとつをアジャンの公証人に記帳してもらっていた。母親は、自分の十六歳になる娘も、この特別な家風を積極的にうけ継いでいると考えていた。「娘も、誕生日に、嫁入り道具の一部となる純麻の布を買ってやったら、喜んでいたわ」。母親は、自分の家系のことを、「嫁入り道具を大事にする」女の血統だといい、嫁入り道具に「関心を示さず、予備のリンネル類ももたずに結婚することを、ごくあたりまえだと思っている」女たちとは違う、とのべている。

今日では、慣習となっている規範についても、各個人に密着したいい方をするのがはやっている。「わたしは、それを大事だと思うわ」とか、「それがあたりまえだと思っている人もいるわ」、といった具合である。しかしながら、後者のいい方は、依然として規範のあることをはっきりと示している。つまり、予備のリンネル類をすこしはもたないと、結婚できないというわけである。

これらの習慣は、若い娘たちの地位が向上しても、矛盾せずに存続している。たとえば、地中海沿いのヴァール県・ラ＝カディエール出身のミレイユは一九八二年に結婚したが、大学の第三期過程〔大学院レヴェル〕の学生だった。ミレイユと姉のエヴリーヌは、母親がまえまえから準備してくれたこともあり、また、物質的には比較的裕福であったこともあって、豪華な嫁入り道具を手にすることができた。

結婚するまえから、結婚なんて口にするよりまえから、お母さんが、ある月は二人のうちのどちらかに、そして一ヵ月後には、もうひとりのほうにといった具合に、タオルを二枚ずつ買ってくれたものだったわ。それにときどき、『トロワ・スイス』や『ラ・ルドゥット』なんかの通信販売会社からシーツを買ってくれたわ。「これはミレイユの分よ。一ヵ月前に、エヴリーヌに買ってあげたからね」っていってね。わたしは、それをどうしていいかわからなかったわ。まったくたいへんだったわよ。タンスも整理棚もボール箱も、布巾類でいっぱいだったんですもの。布巾のたぐいで、どんなものをもってたと思う。ハンカチでしょ、タオルでしょ、しかも小さいの、中ぐらいの、入浴用の大きいの、それに洗顔用に、足ふき用ですもの。多すぎたわ。

この「多すぎる」ということば、つまりその量の多さから、嫁入り道具には、単に実生活に役だつという経済的な機能だけではなく、いろいろな機能のあることがわかる。しかもそれは、今日でも、むかしと変わりがない。ラ゠カディエールでも、嫁入り道具を揃える習慣に、いまでも、適齢期にあるすべての娘たちがなんらかのかたちでかかわっている。たしかに、この習慣は、若者たちが結婚をめぐって新しい行動様式をとりつつあることによって、くつがえされようとしてはいる。たとえば、一九七七年にはフランスの若者の一〇パーセントが、「同棲」という形態をとるようになったが、それは、農村地帯にも浸透してきている。ただし、ここでいう「同棲」とは、実際には、結婚式という公的にケジメをつける儀式によって、境遇の変わったことをおおやけにすることなく、いわばだれも知らないうちに夫婦関係に入ることを意味している。この場合、嫁入り道具については、母親の側にふた通りの反応がみられる。ある場合には、母親の整えた嫁入り道具が、娘の衣裳タンスに移されないことがある。ここでは、母親が、娘の結婚がまともでないことを戒めているわけである。こうした母親のひとりがいっているように、「結婚式をしないものには、嫁入り道具をやらない」というわけだ。つまり、「嫁入り道具なしには結婚できない」という、結婚と嫁入り道具とをかたく結びつけている習慣の論理を逆手にとっているわけである。ところが、他の母親たちはもうすこし柔軟な対応をしている。この場合には、嫁入り道具が正式に嫁入り道具としてでなく、母親の衣裳タンスから、新婚の娘夫婦のところへと移されることになる。つまり、なん枚かのタオルやなんダースかの布巾が、クリスマスや誕生日のプレゼントとして、贈られるのである。

「嫁入り道具」ということばを口にすると、若い娘によくある、古い習慣から脱皮しようとする気分を傷つけてしまうので、それとわからないように配慮してもたせてやるわけである。けれども、正式に結婚していない娘に、あえてシーツをもたせてやる母親はほとんどいない。というのも、シーツを贈ることが、若夫婦の性生活を全面的に承認することを意味しているからである。この点で、女性たちが自分の嫁入り道具については、いつもくどいほど長話をするにもかかわらず、その金銭的な価値にはけっして触れない、というのも興味深いことである。たしかに女性たちは、「すてきな嫁入り道具」とか、「豪華な嫁入り道具」とかいうにしても、それは、リンネル類の点数とか、生地の肌ざわりのよさや質、刺繡の美しさなどを問題にしているだけなのである。つまり、嫁入り道具は物質的な財産であるというよりも、女性の社会的地位のしるしであり、また、女であることのしるしなのである。実際のところ、嫁入り道具をもたない娘は完全な女ではなく、結婚に必要な資質をそなえておらず、結婚する資格がないかのごとく思われている。結婚の際に嫁入り道具のないことが考えられないことだとすれば、どのようにして、その資格はつくられるのだろうか。嫁入り道具を手に入れることに対して、どのような象徴的価値が認められているのだろうか。嫁入り道具の中身を分析してみると、いくつかの仮説をたてることができる。

寝具

フランス語には、花嫁が結婚するときに持参するものを総称して表わすことばはひとつもない。そのため、ここでは便宜的に「嫁入り道具（trousseau）」ということばを用いているが、このことばを狭い意味で受けとってはならない。たしかに、新旧いろいろな辞書の定義によると、「嫁入り道具（trousseau）」とは、「娘が嫁ぐときに、母親が与えるリンネル類や衣類」（『フュルティエールの辞書』――十七世紀）を意味している。けれども、わたしたちがこのことばで意味しているものは、第一に、リンネル類ばかりでなく家具（ベッド、タンス、衣装箱）をも含んでいるし、第二に、なにも女性だけに限るものでもない。男性たちもまた、他家に「婿入り」するときには、「婿入り道具（trousseau）」をもっていくのである。カタロニア語には、家具とリンネル類を総称していう「エクソヴァール（aixovar）」[6]ということばがあり、これは、南フランスの方言でいう「ノヴィアーチェ（noviatge）」ということばにあたる。カタロニアで「エクソヴァール」がよく用いられるのに対して、「ノヴィアーチェ」ということばは、フランス南西部ではほとんど用いられず、むしろ、「婚資（dot）」ということばのほうが好んで用いられている。また、アンシャン・レジーム期には、フランス南部の公証人たちは「ドタリス（dotalices）」ということばを用いていたが、これは、女性がもってくる場合にのみ限定されていた。このように、ことばの厳密な意味をつきつめることは重要である。というのも、家具とリンネル類とを総称して表わす単語が存在するということが、一見まったく別のこのふたつが同一の機能を果たしていたことを示しているからである。それでは、これら家具とリンネルは、どんな品からなっていたのだろうか。

嫁入り道具の中身には、社会集団、地域、時代によって大きな違いがみられる。[7]そこで、ここでは、フランス南西部のいくつかの地域（とくに、ラングドック地方のローラゲ地域[8]やオード県のピレネー山脈地帯の農村[9]）で、十六世紀から二十世紀に結ばれた結婚契約の分析を参考にしてみよう。これらの地方では、新婦は「羽の敷きぶとんつきの」ベッド、クッション、毛布（ローラゲでは、十七世紀には、白い毛布に限定されていた）、ブラース（マットレスの一種）、そしてシーツ数枚などに加えて、経済的余裕がある場合には錠前と鍵のついた金庫を持参した。またこれに加えて、黒のドレスももっていくことが一般的であったが、これは、おそらく日曜日や祭日に着る新婦の衣装だったのであろう。だが、こうした衣料品や、ドレスは、十九世紀の初頭になると結婚契約書からすがたを消し、そのかわりに、食卓用の布巾類（テーブルクロスとナプキン）が大きな意味をもつようになった。さらに、下着が登場するのはやっと一八七五年以降になってからであるが、それは、第二次大戦まで、嫁入り道具の重要な要素を構成することになる。家具の中身もまたさまざまであるが、その点数はしだいにふえ、また、中身の変化は生活様式そのものの変化を物語っている。たとえば、十八世紀になると、寝台の帳《とばり》があらわれるようになったし、鏡台、ナイトテーブルなどの新しい家具も加わった。こうして、とくに裕福な新婦たちは多くの家具をもたされるようになる。たとえば、地中海に面したオード県のベルフォール＝スュル＝ルバンティの製粉業者の娘は、一九一〇年に、娘自身の口をかりれば「とても、とてもすてきな」寝具一式を持参したのだが、そのうちわけは、「タンス、水差しつきで、表面を大理石張りにした化粧台、大理石と天然木材でできた飾り棚、衣裳のいっぱいつまった両開きのタンス、象嵌細工をほどこしたベッド」であった。

このように、家具の中身は一見さまざまであり、歴史的にも変化している（ここでは、すこししか触れることができなかったが）。にもかかわらず、慣習としてもっていかなければならないものの中身は、驚くほど固定していたとみることもできる。つまり、それは婚礼寝具であり、新婦は婚礼衣裳とともに、これをもっていったのである（のちには、これに新婦個人の衣類も加えられるようになる）。この慣習が深く歴史のなかに根を張り、また、地理的にも広く分布している（すくなくとも、ヨーロッパ全体）ことを考えると、それがいかに基本的なものであったかがわかる。したがって、この慣習がフランス南西部において、一九六〇年代になってまで完全に維持されていたとしても、驚くにはあたらない。そして、それは今日でもなお、いくつかの社会階層において尊重されている。つまり、こうした階層では、慣用的な表現にしたがえば、新婦はいまでも「寝室用家具（chambre）」を持参するのである。

妻が負担するのか、夫が負担するのか、あるいは双方が折半するのかは地域によって異なるとしても、フトン付きベッドやタンスからなる寝室用家具は、新婦がかならずもっていかなければならないものとなっている。ただし、そのなかでもっとも重要なものは、ベッドであり、とりわけベッド用シーツである。フランス語の語彙のなかにある、「嫁入り道具（trousseau）」ということばが、もっぱらリンネル類を意味するようになったのは、おそらくこうした理由によるものであろう。「嫁入り道具の中でも、まずシーツを揃えよ」とよくいわれているが、これこそ、シーツ類の象徴的な意味が抜きんでていることを示している。たとえばピレネー山地のソー地方では、十八世紀には三組か五組の、十九世紀には六組の、さらに二十世紀になると一ダースのシーツをもっていくことになっている。そして、これを四組以下しか持参できない場合は、貧困ぶりをみずから認めたことになるほどである。いずれにせよ、シーツを含まない嫁入り道具など考えられないのである。

　また、男のほうが「婿入り」して義理の家族と同居する場合にも、婚礼用品を持参することになっている。その中身は、むかしはベッドだったが、今日ではシーツと花婿個人の衣類である。しかし、妻たちは、自分たちの「嫁入り道具」のほうが点数も多く華麗であるのに対して、夫の婚礼用品はとるに足らないものだと好んでいいたがる。たとえば、ある娘は、中南部タルヌ県の県庁所在地アルビで一九五〇年に結婚したが、「わたしの夫がもってきたのは、婚礼用品まがいのものよ！」と、恩着せがましくいっている。だが、そもそも新郎側の婚礼用品は、原則として結婚相手の娘の嫁入り道具の半分でなければならないのだ。また、それにはなん枚かのシーツを別にすれば、家で使うリンネル類は含まれていない。ただし、二十世紀になると、驚くべき枚数のハンカチが含まれるようにはなるのだが。

　これらのベッド、寝具、タンス、衣類、リンネル類などからなる婚礼用品は、すべて新品でなければならないというのが肝心な点である。たとえ嫁ぐ先に十分なほど家具があったとしても、結婚する娘は、（できる場合にかぎってだが）新しいベッドやタンスをもっていく。したがって、「嫁女《ノラ》」のタンスは、そのひとつひとつが、持参した花嫁の名、人となり、世代などの思い出として婚家に残っていったのである。だからいったん嫁入り道具として使われた家具を、婚約した娘に譲ることなどけっしてなかった。婚礼家具は譲渡されることがなかった。あくまでも、持参した本人の人格に結びついていたからである。

結婚式が目のまえに迫ってくると、タンスをあつらえたものさ。すると、タンスが家具屋から運ばれてきたもんだ。新婚さんを古いベッドで寝かせる、なんてこともなかったね。ベッドは、いつだってピカピカの新品さ。

新品を持参できなかった娘たちは、しきりと残念がった。しかし、それは娘たち自身がそう決めたわけではない。たとえば、貧困のためやむをえないこともあった。「わたしにもたせてくれたシーツが新品だったかって。とんでもないわよ」と、ローラゲの小作人の召使いだった娘はうったえている。あるいはまた、姑が出費を節約するという口実で、嫁入り道具の中身を決めてしまったため、どうにもならない場合もあった。

姑が、ベッドはたくさんあるからいらないっていったの。だから、タンスだけ買ったんだけど、わたしとしてはベッドも買いたかったわよ。

それにしても、このように新品が要求されるようになったのは、比較的最近のことのようである。というのも、十七、十八世紀や、また十九世紀においてさえも、貧しい農民の結婚契約には、一度使われた衣類やリンネル類の記載がみられるからである。しかしながら、原則として、嫁入り道具は、「一度おろして」しまったものであってはならなかった。文字どおり「新婚さん《ノーヴィ》」と呼ばれる新郎・新婦が使うのだから、新品でなければならなかったのである。

そして、結婚式の前後になると、青年男女が登場して嫁入り道具に触れる場面が二度あるが、いずれの場面にも性的な意味が含まれている。まず、これは、十九世紀から二十世紀の初頭にかけて、フランスの大部分で確認されている慣習だが、結婚式の前日または前々日に、嫁入り道具の搬入祝いが行なわれていた[10]。この儀式は、翌日挙行される輿入れを象徴したものである。すなわち、この儀式が終わるまぎわになると、陽気な青年男女の一団が、「閨《ねや》に」侵入し、さかんに歌を歌ったり冗談や駄洒落を飛ばしたりしながら、ベッドやタンスを据えつけるわけだが、これらの歌や冗談は、いずれも、翌日の新郎・新婦の性行為を暗示するものなのである。このときには、男の子たちがベッドを据えつけ、娘たちがタンスにリンネル類を収める。ただ、今日ではこの儀式はすたれ、わずかばかりの痕跡が残っているだけである。たとえば、一九三〇年代に、南部大西洋岸のランド地方では、結婚式の前日、新婚夫婦の寝室が近隣の女たちにに公開されていた。けれどもその際、女たちは家具類、それもとくにタンスに飾りつけられた嫁入り道具のリンネル類をほめそやすにとどまっている。もうひとつ、結婚式のまえに嫁入り道具に触れる例を紹介しておくが、こちらは、今日でもよくみられる例である（一九八二年に、地中海沿いのヴァール県で記録されている）。それによると、新郎・新婦のベッドをしつらえるのは結婚をひかえた娘本人でも、また、その母親でもなく、新郎・新婦それぞれの親戚から選ばれたふたりの未婚の娘なのである。

床入りが終わると、ふたたび青年男女が寝室に押しかけて、いっしょにタマゴ入りニンニクスープを飲む。この慣習はかなり広い地域でみられたが、フランス南西部では、今日でもなお行なわれている。このとき、青年男女は寝室に押しかけると、さかんに、ずばり性的な内容をもった歌を歌ったり冗談をいったりして、新婚カップルをたたき起こす。そして、力を合わせて新婚夫婦のベッドを揺すり、新調のシーツがおろされたことをみんなに知らせるのである。

ここまでくると、嫁入り道具のもつ意味が明らかになる。つまり、寝室、ベッド、シーツとは、新婚カップルの性生活が営まれる場なのである。

ところで、寝室、ベッド、シーツが象徴する性的な意味がわかったとしても、それではなぜこの意味が、とりわけ女性と関係づけられるのだろうか。そして、なぜ女性たちは「嫁入り道具をもたない女は、女ではない」といわれるほど、嫁入り道具とひとつのものになっているのだろうか。実は、女性と嫁入り道具、とくにシーツや下着とを結びつけるきずなは、以下にのべるように、時間と、労力と、そして母から娘へと伝えられた技術とが、つくりだしたものなのである。

母と娘

このきずなは、古くからのものである。実際、タンスやベッドなど嫁入り道具に含まれる家具は、結婚式もまじかとなった婚約式のおりに両親が買い与える。だが、リンネル類を整える作業は、母と娘によってつくられるひとつの長い歴史なのである。この作業は、娘が学校を卒業し、最初の聖体拝領を行なうときにはじまる。このとき、まず母親は、娘にシーツを数枚買いあたえる。しかも、それを買うための金は、もっぱら女性たちの仕事からの生産物によってつくられる。たとえば、農村社会では、女性たちが菜園や家禽類と小型の家畜の世話をとりしきっている。そこで、タマゴ、メンドリ、アヒル、ウサギなどを売った金を、そのままリンネル類を買うための資金にまわすのである。だから、リンネル類は、まさしく女の蓄財力がかたちとなったものなのだ。つまり、娘たちの嫁入り道具をそろえることは、母親の大きな仕事なのである。たとえば、ベルペッシュ(前出のオード県にある)の日雇い農夫の妻は、アヒルを飼育していた。アヒルが十分大きくなるたびに、娘は、一〇キロほど北の町マゼールの市場に自転車でそれを売りにいっていた。母親はその代金を預かって、特別にとっておき、十分に溜まると娘にシーツを二枚買ってやっていた。母親は、「年一回二枚ずつだと、ずいぶん時間がかかるね」と娘にいうのであった。こうしてシーツを一二枚をそろえる時間と、アヒルを飼育するのに必要な期間と、また娘が成長するのに要する時間とが一致することになる。しかもすばらしいことに、こうして家禽類をリンネルに変えるしごとは、いわば、知らずしらずのうちになされたようである。「いったい、どうやって準備してくれたのかしら。これっぽちもお金がなくって貧乏だったのに。でも、結局いるものは買ってくれたのよ」と、ある娘は述懐している。一九三〇年代に、南部大西洋岸のランド県のある小作農の家庭では、母親がウサギや若ドリを売っては娘にいっていた。「ほら、この若ドリが大きくなったら、お前さんに、ちょっとだけどリンネルを買ってあげるよ。」しかし、一家が農業経営をしてえた収入をまわすことはけっしてない。父親が穀物や家畜を売って手にいれた現金は、めったにあるものではなく、貴重なものだったからである。「嫁入り道具に、家の金をもちだすもんじゃない」というわけだ。つまり、嫁入り道具は、もっぱら女の手で整えられるものなのだ。リンネル類は、もしも買うときでも、女性がみずから貯えたお金で買わなければならないのである。

母親は娘の一人ひとりに、生まれた順にしたがって、嫁入り道具を準備してやらなければならない。

わたしのお母さんは、まず、ふたりの姉さんの嫁入り道具の準備をしていたの。それも、ふたりの歳があまり違わなかったものだから、ふたついっしょに準備していたの。そのあとが、わたしよ。下の姉さんが結婚したら、すぐわたしのにとりかかって、すこしずつ買いそろえてくれたものよ。

このように、娘たちの成長にあわせてきちんとしつけることと並行して、その嫁入り道具を整えていくのも母親の仕事なのである。それは、子どもたちに食物や衣服を与えるのと同じように、母親としての役割の一部になっている。だからこそ嫁入り仕度の準備には、娘の成長にあわせて時間をかけ、すこしずつ整えていくのである。

そして娘たちもまた、金を稼げるようになると、自分自身の嫁入り道具を買うための手助けをする。たとえば、もっとも貧しい家の娘たちは、十二歳になると家畜の番をさせられていたし、ときとしては七歳のときからガチョウや豚の番をさせられることさえあった。そして、娘たちがこうして手にいれた金は、この年ごろでは使うこともないので両親がとりあげ、一定の年齢(十五、六歳)になると嫁入り道具を買うようにと娘に渡すのであった。娘には、このように親に預けた金で嫁入り道具を準備する権利が認められており、親たちがこれを守らない場合には、権利に相当する金額を強引にとり戻すことが許されていた。そして十八歳ころになると、自分が稼いだ金は原則としてその全部を手にすることができた。だから、娘たちは、金を稼ぐあらゆる機会を求めていたのである。

わたしは洗濯、豚の調理、日雇い作業の手伝いなんかをして、何スーかのお金を稼いでは、肌着を買ったものよ。

ある娘は、第一次大戦下の一九一四年に電報を配達して一通につき六フラン稼いだし、べつの娘は近所の家の靴下の繕いをした。「いつも、なにかしら仕事はあった」わけである。若い娘たちが工場で働くことを許されたのも、嫁入り道具の準備という正当な名目があったからである。たとえばフランス南西部では、多くの小さな繊維工場が、一般に、嫁入り道具の準備や未来の夫捜しのために腰かけ的に働こうとする若い娘たちを、きわめて安い賃金で雇いいれた。またマシッフ・サントラルに近いセヴェンヌ地方の製糸工場では、若い娘たちが、自分たちは使うことのないような高級な糸を紡いでいた。

若い娘たちが嫁入り道具の資金を稼ぐのに、お針子、刺繍工、繊維労働者など、すべてリンネル類や針と糸を扱う仕事をしたというのも興味深い。Y・ヴェルディエが指摘したように、若い娘と嫁入り道具とのあいだを結ぶ特別な関係が、前述のような女性固有の道具を使用することによって結ばれていたからである。

娘たちは結婚適齢期になると、こうして準備された新しいリンネル類に「自分の印をつける」。かの女たちは、学校で、十二歳ころになると「マルケット（印つけ）」と呼ばれる刺繍をならったが、この習慣を分析していくと、それが女性の生理的発達と関係していることがわかる。

リンネル類に印をつけるとは、初潮があったということである。つまり、このいい方は明確に、生理的できごとを指しているのである。娘たちも、この年ごろになると、文字どおり下着を血で汚すからである。だから、娘たちが周期的に下着を血で汚すようになると、そのことをマルケットで裏づけるかのように、嫁入りのためのリンネル類に赤い糸でクロスステッ

チするのである。(11)

マルケットに続いて、成熟した女へのつぎのステップがやってくる。すなわち、十五歳の冬になると裁縫師のもとに預けられることになる。この冬のあいだ、娘たちは、なにかたいそうなことを習うわけではない。娘たちは「針を使う」ことを習うだけなのだが、それは実際には、衣服をつくることを通じて「女性固有の装いの術」の手ほどきを受けることを意味している。そして、かの女たちがのちに結婚するときには、針が、若い娘には特別の意味をもつ道具となり、裁縫術もまた特別の意味をもったたしなみとなる。こうして娘たちは、一人前の女性《フェミニテ》へと近づいていくのである。

したがって、若い娘の人生全体は、リンネル類と特別な結びつきをもっている。つまり、「娘が結婚適齢期になるのは、布の切れはしによってである」というわけだ。その一例として、Y・ヴェルディエが、フランス中部のミノー村の女たちの慣習や談話を分析しながら、若い娘が裁縫術を学ぶことと、結婚適齢期に達することとの、本質的な関係を浮き彫りにしている。

だがこの関係は、フランス南西部ではすこしちがった形態をもっている。この地方では中部のミノー村とちがって、赤い糸を用いてリンネル類にクロスステッチすることは、もはや行なわれていない。あまりにも田舎っぽいしるしだとみなされているからである。だから、これを刺繍するのは、敷シーツや雑巾などの粗布にのみかぎられている。この地方では、若い娘はむしろ自分のしるしとして、白地に白い糸で繊細な刺繍をすることになっている。イニシアル文字にくわえて、シーツの折り返しには、はしごかがり、格子模様、透かしなどをほどこし、シュミーズや下着の縁には花づな模様を刺繍する。しかも、若い娘たちには、まさに芸術作品といっていいほどのものが要求され、娘たちのほうも自分たちは専門家と腕を競うほどだという自負をもっている。こうした刺繍は「流行」となって、アリエージュ県の農村地帯だけでなく、タルヌ、ジェール、ロート、ロート゠エ゠ガロンヌなど、フランス南西部の各県にも浸透していった。赤い糸を用いたしるしが残っているのは、南西部ではアヴェロン県のもっとも貧しい階層にだけである。ところで、こうした刺繍の仕事にはたいへん多くの時間を要した。

シーツ一枚にニース風透かしやイニシアルを刺繍するのに、二週間以内ですんだことなどなかったわ。よく夜中の一時や二時まで仕事していたものよ。小さなテーブルを据えて、暖炉の片隅で、お父さんがそのためにわざわざ買ってくれた小さな石油ランプをともしてね(一九三〇年の話しである)。

だから、娘がいよいよ結婚するという年になると、両親は、嫁入り道具の準備にいっそう専念できるようにと、畑仕事は免除してやるのであった。この一年、娘はもっぱら家の中で仕事に専念する特権を与えられ、敷シーツ六枚にそれは美しい刺繍をさし終える。だが、この仕事には多大な時間を要したから、この一年だけでなく、もっとはやくからはじめることが必要だった。

若いうちからとりかからなければならなかったわ。そう、娘が学校を卒業するとすぐにはじめなければならなかったわ。だって、急がないと、結婚までに刺しおえていないことだってあったんですもの。

ところで、粗布にのみ娘のしるしをつけるのにかわって、刺繡をほどこすようになったのは、工場でつくられた上質なリンネルが、農村に普及する時期になってからである。品質のよさと、そしておそらくはその値段の安さから、既成のリンネルが普及すると、娘たちが長い期間かけて手ずからリンネルを紡ぐという習慣も急速にすたれていった。数世紀にわたって、こうしたリンネルの製造は、麻の栽培・収穫から製糸にいたるまで女性固有の仕事だったのである。だから、この時刺繡をほどこす習慣が広まったのは、まさに、それが長い時間を要する仕事だからだった。つまり、刺繡に要する時間の長さが、リンネルづくりの時間の長さにかわって、若い娘たちと嫁入り道具のリンネルとの、伝統的なきずなを結びなおすことになったのである。こうした変化が起こったのは、一九〇〇年前後のことだった。

こうして刺繡する作業自体にも多くの時間が必要だが、それだけでなく、その技術を習得する時間も必要だった。一九〇〇年から一九四〇年代にかけて、このブルジョワ階層の技術を伝える文化の仲介者となり、これを農村にも広めていったのは修道女たちだった。実際、若い娘たちはみんな、学校で、バックステッチやクロスステッチなど、ごく基礎的な縫い方を習ってはいたが、ふつう、刺繡のやり方は知らないまま卒業していた。したがって、娘たちは農閑期の冬に一年ないし三年間続けて、修道院の共同作業場で修行を積んだのである。これらの作業場で、娘たちは「花嫁修行させ」られていたわけである。つまり、刺繡のさまざまな刺し方を教わるほか、教訓めいた話を大きな声で読みきかされて、道徳や宗教の基礎知識をも身につけたのである。共同作業場は、南西フランスの小都市や農村の中の小さな町（キャン、トナンス、ヴィク＝フェザンサック、マゼール、ボーモン＝ド＝ロマーニュ）に散在していたが、その周辺の農村の娘たちに人気があった。もちろん、こうした修行ができるのは、農作業の暇なあいだだけであったが、共同作業場はまさに若い娘たちの受け入れ施設となっただけでなく、女性むけのこまごまとした装身具をつくる場所としては、専門のお針子のいる縫製工場と競合するまでになった。たとえば、こうした共同作業場のなかには寮制度をもつものもあったが、この場合、娘たちは注文を受けて刺繡の仕事をし、それを寮費の支払いにあてていた。また、このように注文をとって嫁入り用品を刺繡することによって、経営が成り立つ作業場すらあった。こういうところでは、だれもが報酬をえていた。それは修道女たちにかぎったことではない。娘たちもまた、十分に働きさえすれば一定の量の布地をもらい、日曜日にそれで自分自身の嫁入り用品をつくったのである。しかも、この作業場で学んだ刺繡の技術は、たちまちのうちに広まった。修道女に習った娘たちが、隣人に披露したり、いとこに「教え」たりしたからである。そして、「自分の嫁入り用品に、完全に自分の手で、しかも細かな縫い目《プチ・ポワン》で刺繍することを、ひとりひとりが誇りに思っていた」。嫁入り用品に刺繍することは流行になっていたと、何人かの娘たちは述べているし、当時のフランス南西部では、間違いなくひとつの常識だったのだ。つまり、「わたしたちは、いくらかでも刺繍の刺し方を憶えようと、みんな一所懸命だったわ」というわけである。けれども、この技術を習得するのはたやすいことではなかったから、専門の刺繍職人に頼むこともよくあったようである。

つまり、娘たちが「いくらかでも刺繍の刺し方を憶えようと、みんな一所懸命だった」としても、なかには、まったく憶えられなかったと認めているものもいた。一九三三年に結婚した、大西洋岸南端のピレネー＝アトランチック県の町ミルペクスの娘の場合がそうである。だがこの場合でも、母親が娘の嫁入り用品の刺繍を専門のお針子に任せたとはいえ、娘自身も「格子模様は全部自分で刺した」し、その努力を誇りにしていた。また、ロート＝エ＝ガロンヌの県庁所在地アジャンで裁縫師をしていたもう一人の娘は、自分のアトリエをもち、客がいて注文も多かったため、自分自身の嫁入り用品に刺繍をする時間がなかった。そこで、この娘は、その一部分を共同作業場にあつらえ、残りは母親に頼んだ。けれども、「すこしではあったけれど、ナプキンなどテーブル用品一式には、自分で刺繍をした」のである。どの娘も、そのやり方はともかく、嫁入り用品には自分のイニシアルをつけることが義務づけられていたからである。第一次大戦前に、地中海岸南端のピレネー＝オリアンタル県のポール＝ヴァンドルで、ウルスラ女子修道会の教育を受けたあるブルジョワの娘は、つぎのように語っている。

わたしは、嫁入り用品の刺繍をしなかったわ。なん枚かのシーツ以外にはね。だから、たいしたことはしなかったわけだけど、なにかはしなくてはならなかったのよ。

実際のところ、「なにかはしなくてはならなかった」のである。このように、そのかたちはさまざまであったろうが、イニシアルを刺繍しなければならないということは、ミノー村でと同じように、この地方でも強く意識されていたのである。

嫁入り用品にするリンネルの色は白だった。それは、色つきのリンネルが出回っていない時代であってみれば当然のことであった。けれども、色つきのリンネルが登場してからも、白いリンネルを求める傾向は強まるばかりだった。

わたしは、一九三二年に結婚したでしょ。色つきのリンネルは、一九三六年に出回るようになったから、わたしは、わたしの人生には白と色つきと両方のリンネルがあったことになるわ。

こう語っている女性は、リンネル類に凝っていたので、嫁入り用のものをたくさんもっていたにもかかわらず、結婚してからも色つきのリンネル類を購入した。このように、色つきのリンネル類を買ったり、実際にそれを使ったりすることはたしかに認められていた。けれども、嫁入り道具にするリンネルは、絶対に白でなければならなかったのである。白地に白糸で刺繡しなければならなかったのである。「赤ですって。とんでもない。赤でつくったのは雑巾ぐらいのものよ」。洗面用のタオルもふくめて、リンネルはすべて白くなければならなかった。しかし、ごくすこしずつではあるが、薄いブルーやピンクのパジャマがあらわれるようになり、これには、同色の糸で刺繡がしてあった。それにしても、今日でもなお、年配の婦人は嫁入り道具のシーツは絶対に白でなければならないと考えている。そして、たとえ若いカップルのほうが欲しがったとしても、一般向けの婚礼用贈答品リストをみて、緑や黄色の「柄もの」のシーツを買ってやることをいさぎよしとはしない。しかも、このように嫁入り用品は白でなければならないと考える傾向は、流行の変化によって赤でイニシアルを刺繡する習慣がすたれてから、よりいっそう強くなったようである。嫁入り用品の白は、まちがいなく花嫁衣裳の白を連想させるものであり、これこそが、嫁ぐ娘たちの純潔の象徴だからである。

嫁入り用品は、むかしは衣裳箱にしまっていたが、今日では、新居の新婦の部屋の新品のタンスに保管される。したがって、タンスとそのなかのものは新婦だけの所有物であり、また、しばしばこれらにベッドを加えたものが、よそ者扱いされる家での新婦の唯一の財産となる。だから新婦は、自分がもってきたリンネル類をできるだけ節約して使おうとする。嫁にとっての腕の見せどころとは、姑の家のリンネル類を最大限活用して、自分のリンネルをできるだけとっておくことなのである。このことをめぐって、嫁と姑の間に鋭い衝突がよく起こった。よく聞く話では、姑が非常にケチな場合、ベッド・メイキングのたびごとに、掛けシーツか敷きシーツのどちらかしか嫁に貸さず、もう一方のシーツは嫁入り用品から出さざるをえないようにするのである。それに、どちらにしても、嫁入り用品のシーツはたいへん立派なものであることが多かったから、そう頻繁には使われなかったのである。原則として、嫁入り用品は「大切にしまっておく」ものとされていた。これにはいくつかの理由がある。まず、新婦が嫁入り用品をすぐに使ってしまったりしたら、この新婦は、「浪費家で、家の管理などできないものとみなされたことであろう」。また、そもそも、こうした嫁入り道具は、大きな行事のときしかもち出されなかった。たとえばシーツは、その一家のだれかが結婚する時に納屋の壁に飾ったり、ナプキンは、脱穀祭やブタ祭〔秋にそれまで飼育してきたブタを屠殺し、ソーセージなどに加工する行事の日〕の晩餐のときに用いたり、という具合だったのである。

わたしの家じゃ、嫁入り用品をもち出すことなんてないわ。だって、母さんがわたしのためにきれいな品を用意してくれたんだもの、そっとしまっておくのよ。それ以外には、使いみちはないの。

嫁入り用品のリンネルを使わないために、もうひとつ論拠をもち出すこともできる。つまり、使い勝手が悪いのである。たとえば、シーツにしてもゴワゴワしていて重く、洗うにしろアイロンをかけるにしろ大変なのである。今日用いられている洗濯機に入れたら、たった一枚でもいっぱいになってしまうであろう。

このような理由から、嫁入り用品は、タンスにためておかれることになる。そして、女たちは、「嫁入り用のシーツなんか一度もベッドに敷いたことがない」し、さらには「一度だって洗ったことさえない」ほど、たくさんのリンネルをもっているといって自慢するのである。こういう女たちのひとりは、さらにつぎのようにつけ加えている。

わたしは、自分の嫁入り用品を使うつもりなんてないわ。嫁入り用品はタンスのなかにあるだけでいいのよ。指一本触れたことだってなしに、そこにあるのよ。まっさらな新品のまま、わたしのイニシアルがついたままでね。そこにあるのよ。触ったことさえないわ。

こうして、タンスには、母から娘の代へと、違ったイニシアルのついた嫁入り用品が蓄積されることになる。娘は、母親の嫁入り用品をうけ継いでゆくが、だからといって、自分の道具を準備しないでいいということには、けっしてならないからである。嫁入り用品というものは、つぎつぎと譲りわたされていくものではないからである。それはただ一代かぎりのものであり、代々の娘ひとりかぎりのものであり、だからこそイニシアルが刻まれているのである。それは、娘と母とがつくり上げた、若い娘の身体の歴史であり、一度は成就され、そして伝承されてきた「若い娘の成人の儀式」の歴史なのである。だから、嫁入り用品をタンスに蓄積していくことには、以下にのべるような特別の意味がある。すなわち、純白の嫁入り用品とは、若い娘の宝物なのではないだろうか。汚れなき性と純潔そのものなのではないだろうか。若い娘が、だれにも触れさせることなく守りとおそうとした、純潔の証しなのではないだろうか。結婚することさえなかったら、性的関係を免れえたかもしれない、純潔の証しなのではないだろうか。これら「けっして洗われることのなかったシーツ」は、生理や、処女喪失や、出産の血によっても、セックスによる精液によっても、けっして汚されることはなかったのだ。この点にこそ、年老いた女たちがその晩年になって明らかにしている、嫁入り用品の秘密があるのではないだろうか。

嫁入り用品は女性固有の文化か？

このように、女性であるということ《フェミニテ》が、性的なものと密接に結びついたかたちで表現されている。そして、こうした表現のされ方は、女性たちばかりでなく、男性たちも、これを共有している。だが、こうして表現された女性像をいかに生きるのか、ということになると、そこには、やはり、女性であるということに特有の形態がある。たとえば、リンネルの世界、ないしはリンネルと関わることはすぐれて女性特有の仕事である。織物、刺繍のステッチ、「すかし」、「バックステッチ」などは、女性のみが問うものにその秘密を明かすことのできる、女性固有の「文化」なのではないだろうか。ところで、「文化」ということばが、ある集団によって共有されている慣習や表象体系の総体を意味するとすれば、「女性文化《キュルチュール・フェミニーヌ》」といういい方は不適当だ、ということになるかもしれない。というのも、この女性的なるもの《フェミナン》の表象体系は、男性と女性によって共有されているからである。けれども、すぐれて女性に特有の慣習が存在していることも、また事実である。したがって、問題は、女性たちがこれらの社会的規範とどのように関わっているのかを、明らかにすることにあるのではないか。すなわち、女性たちが、どのようにして「女であること」を確認しているのかを、具体的に問うてみることではないのか。

　どんな娘も、いつかは嫁入り道具の準備という義務に従わなければならない。それは、女性の地位という社会的モデルに合致すること、すなわち「女であること」を、性的にも社会的にも、そして、親族のなかの一人前の人物としても確認する場なのであるが、同時にそれが、女性の行動を拘束するものであることも、また事実である。

　あらゆる規範と同じように、嫁入り道具は女性の行動を拘束する。娘たちは、かつては「編みもののレッスン」をさせられていたわけだが、これこそY・ヴェルディエが例証してみせたように、まちがいなく「しつけとしてのレッスン」であり、その本質的な目的は娘たちを権威あるものにおとなしく従わせることにあった。ところが、この「編みもののレッスン」に続いて、嫁入り道具を製作することもまた、娘たちの身体を拘束することとなった。糸を紡ぐ仕事では、後の時代の刺繍の仕事と同様に、身体をじっとさせていなければならない。少年たちが、集団となって昼も夜も村中をかけ回り、さらに狩猟の仕事で村のはずれの野山を探検している年ごろに、娘たちは背中をかがめ、糸の数を数えようと目を凝らし、仕事に神経を集中して縫いものをする。このように、行動する空間が限られていることは、娘たちが、祭日に針仕事をおいてダンス・パーティーに出かけるときにも歴然としている。つまり、そうしたときでさえ娘たちは、母親の厳しい監視の眼にさらされていたのである。少年たちとはちがって、村という空間だけが、娘たちに許された行動空間だった。娘たちが近隣の村に出かけることもあったが、それは、親戚のものに、その村の守護神の祭に招かれたときだけだった。こうして空間が管理されていただけではない。自由に動きまわる時間もまた、管理されていたのである。娘たちは、「なにもしないで」過ごすことをけっして許されなかった。空いた時間をどう過ごさせるのかということも、娘たちを管理することの重要な一環をなしていた。読書は、とくに目のかたきにされた時間の過ごし方で、これに没頭するには、娘たちは両親の目を盗まなければならなかった。たとえばある娘は（一九五〇年代のことであるが）、『アンチミテ』とか『コンフィデンス』などの感傷的な雑誌を、家畜の番をしているときにもっていって読んでいた。また、別の娘は、小説を読むために木に登りさえした。かつては、糸を紡ぐ仕事に膨大な長さの時間があてられて、これによって時間が管理されていた。ギリシア神話のペネロペは、死んだと思われた夫オデッセウスの生還を信じ、男たちの求婚をしりぞける口実として、義父の服を織っていたという。この逸話によっても、わたしたちはそのことを想いおこすことができる。だが、のちにはこれにかわって、刺繡の仕事を通じて時間が管理されるようになった。長い冬、日曜日、休みの日、そして毎晩一時、二時まで、刺繡の仕事にあてられた。「わたしたちって、暇をみつけてはいつも刺繡していたのよ」、というわけである。

このように、女はあまり動きまわらないものとされていて、娘たちはいつも両親の監視のもとにおかれていた。だから、これに反して「ぶらつく」娘は、とくに疑いの目でみられた。娘は、村のなかをほんのわずか動きまわるときにも、その理由を明らかにしなければならなかったし、「どちらへ?」という問いに答えなければならなかった。つまり、この問いが、「こんにちわ」という挨拶のかわりだったのである。

嫁入り道具は女たちの身体、空間、時間を拘束するものだっただけでなく、さらにはその行く末をも決定するものだった。すなわち、嫁入り道具は、生物学的な性としての女性を、結婚と結びつける象徴だっただけではなく、女性たちの社会的存在全体をこうした生物学的性に結びつけていたのである。けれども、こうした見方にのみ固執して分析をすすめるとすれば、それはすくなくとも一面的な、そして、ときとして間違ったものにさえなるであろう。たしかに、この生物学的な性というものは、ひとつの規範であって女性を拘束していた。だが同時に、嫁入り道具のほうは、大人の仲間入りをするためのひとつのプロセスであって、これを通過することは積極的な意味をもち、創造性を高め、喜びを味わうことでもあったのである。

まず第一に、ほとんどの場合、娘たちは嫁入り道具を準備することによって、自分のアイデンティティを確認する。したがって、それは積極的な体験だったのである。事実、娘たちの社会的地位、すなわち周囲の人びととの関係における位置は、嫁入り道具によって確認された。社会的地位の指標という嫁入り道具の機能を、人びとが知っていたからである。だから、嫁入り道具がこのような社会的役割を積極的に果たしていると認めるとき、娘たちのことばのなかには、喜びと誇りとがはっきりとみられるようになる。喜びと誇りは、家具やリンネルの量も種類も豊富だったこと、布地の品質もよかったこと、刺繡のセンスがよくとてもきれいだったこと、などの記憶となって現われている。こうした娘たちのことばは、豊かで、熱情に満ちていて、感嘆符、修飾語句、最上級の賛辞がちりばめられており、しかも喜色満面に、またきわめて饒舌に語られている。以下の二つのエピソードは、とくによくこのことを物語っている。まず、第一の例をみてみよう。

結婚式のあるときには(一九三五年のランド県での話である)、前の日に、近所の人たちが花飾りを飾りにくるのが習わしだったの。そして、そのときに新婦の部屋をみせてもらうわけ。普通、マットレスは花嫁が用意することになっていたけど……。わたしの場合、それは夫が買っておいてくれたから、羽ブトンをかけたの。その羽ブトンまだもってるけどね。それに、ケワタガモの上等な足かけブトンもね。夫が壁紙を張りかえておいてくれたわ。部屋をピンク系でまとめてみたんだけど、そりゃあとってもきれいだったわ！　そんなきれいな部屋、この辺にはほかになかったくらいよ！　それにわたし、菱形とバラの花を一輪刺繡した、サテンの錦織のきれいなベッド・カバーももっていたのよ。ママが、ダックスデパートのセールスマンから買ってくれたのだけど、純毛でできていてきれいで暖かだったわ。近所の人たちがそりゃあもうびっくりして、帰っていったし……。「このベッド・カバーは、この辺で一番いいところへ嫁いだ、あのイレーヌのよりきれいだよ」って、いってくれたものよ。

タンスをあけて、リンネル類や刺繡もみせるのよ。ハンカチはきれいなリボンでまとめてあって……、三、四、いや五ダースくらいあったかしら！　ママが、エールの婚礼用品の専門店で買ってくれたのよ。

その時ヴァランチーヌったら、タンスのまえにじっと立って、うらやましそうにみてたんだから！　わたし、自分で刺繡したパジャマをもってたの！　そうそう、ヴァランチーヌだって、花づな飾りのいっぱい付いたシーツをもってたわ。あの娘《こ》のお母さんが、「あんまりきれいで、百姓にはもったいない」って、いってたっけ。エンジニアのところへでも嫁にやったつもりだったんだわ。でもヴァランチーヌは、牛飼いと、つまり、しがない百姓と結婚したのにね……。

わたしずっと憶えていると思うわ。あのヴァランチーヌが、わたしのリンネルをうらやましそうにながめていたのを。

こう語ってくれた娘の結婚の場合、嫁入り道具のもつ社会的な意味は、ことのほか重要だった。なぜなら、娘は小作農一家の出身であり、それは、裕福な地主である夫の一家に比べて、はるかに貧しい家庭だったからである。だから、母と娘は自分たちの社会的地位が、この挙式の日に、おおやけに評価しなおされることを非常に意識していた。まさにこの娘のいうように、「嫁入り道具が立派であればあるほど、輿入れさせた一家の名誉になった」のである。

二番目のエピソードは、一家の名誉ではなく、むしろ娘の誇りを物語っている。社会階層からいうと貧しいほうだった(父は鉄道員で、母親も家政婦をしていた)にもかかわらず、独力で嫁入り道具を手に入れ、自分自身で刺繍することができたからである。

まあ、なんて情けない娘《こ》なの! 嫁入り道具ですって! わたし、まだわたしのをもってるわよ。でも、絶対に使う気なんてないの。たしかに、シーツももってたわよ、ねえ、全部刺繍してあるのを。わたしは刺繍を習いに行ったんですもの。お裁縫もできたわよ。だって、とっても好きだったから、習いに行ったんですもの。でも、そのまえから、もうお裁縫はできたの。習いに行くまえから、自分でちょっとしたものは作ってたの。ほんの小さかったころからね。だって、それはもう血筋だったのね!

わたしの嫁入り道具を、すっかりみてみたら! そのままとってあるけど、けっして使うつもりなんてないの。考えてもごらん、パジャマにはすっかり刺繍がしてあるし、シュミーズも胸のところには全部刺繡だし、羽ブトンだって、表には一面いろんな刺繡がしてあるのよ。それに下着は、とても上等な麻のシャツ地なのよ。その麻の下着まだもってるわよ！　今度おまえが家に来たら、みせてあげましょう。おまえにもわかるわ！　イギリス刺繡の格子ステッチにチョウチョの模様……、みんな……本当にステキなんだから！

このように喜々として嫁入り道具の話をする女性には、聴きとり調査で何度でも出会うことだろう。それは、ことに、自分で刺繡した娘の場合にいちじるしい。けれども、たとえ刺繡のむつかしい技術をマスターできなかったとしても、シーツやリンネル類を買い、母親の了解をえて専門家に刺繡してもらったのが、自分で稼いだお金によってでありさえすれば、それは自慢のたねなのだ。

社会的規範とアイデンティティ

だから、嫁入り道具の話をあまりしたがらなかったり、あるいは、まったく語ろうとしない場合は、むしろその仕度がまともにできなかったことを物語っているのである。実際、非常に貧しい娘たちのなかには経済力がなかったため、大人の仲間入りする年代をまともに過ごすことができなかったものもいた。したがって、こうした女たちの話は、辛い思いに満ちた失意の物語となる。一九〇〇年から一九三〇年にかけて、みじめな青春時代を送った三人の女性の話は、その実例である。一人目の女性は、一九〇七年にアヴェロン県の非常に貧しい小作人の家に生まれた。かの女は、一一人もいたなかで、四番目の子どもだったが、七歳のときから農場の召使いとして働きにでた。この女性が語ったところによると、その一生は絶えまない転職の連続だった。しかも、こうしてつぎつぎと変わった雇い主のことは、かの女の記憶のなかでは、一貫して、与えられた食事の量と結びついている。召使いとして得たわずかな収入が、弟や妹を養うために両親にとりあげられていたからである。こうした理由から、この女性は十八歳になっても、自分の嫁入り仕度をはじめることができなかった。そのうえ、二十三歳で私生児を産んだため、もはやまともな結婚は望むべくもなかった。それでも、かの女は、貯蓄銀行にためておいた分の給料だけは、どうにかして父親の手からとり戻した。だから、四十歳になって、七人の子持ちの寡夫と結婚した時、この女性は、ごく質素ではあったが嫁入り道具をもっていくことができた。つまり、ベッドカバー一枚と一ダースほどのタオルを。けれども、かの女はこの話をしながら、すぐに、自分にはできなかったことを残念がっている。「ナプキンを、わたし、もってなかったのよ」と。またシーツの話をするときも、一二組ももっていくものがいるのに、自分は三組しかもっていけなかったと嘆くのである。さらに、刺繍についてはほとんど話すこともないため、「イニシアルはしたわ、でもそれ以上はね。そう、あと、格子ステッチはしたけれど」と、憮然と答えるのであった。

この女性の場合、経済的に貧しかったことと、道徳に反したこと（つまり、私生児を産んだこと）とが重なって、すくなくとも「人並み」の嫁入り道具を手にすることができなかった。かの女は、自分の結婚には純白の花嫁衣装も、指輪も、正式の届けも、祝宴もなかったといっているだけだが、それは、言外に、そういう結婚を残念に思っているのだ。それが、かの女にとって、世間から一人前の人間として認めてもらえなかったことを象徴しているからである。実際、外套やハンドバッグを買ってもらうだけでも、父親とあれこれやり合わねばならなかったほどなのだ。

わたしたちは、もう一人別の女性からも、その生涯の話を聴きとったが、この女性の場合も、やはり、十分な嫁入り道具をもつことができなかったのは、経済的貧困のせいだった。けれども、この女性も、こうした貧困がいかに深刻なものなのかを、年若い聴きとり手にどう伝えていいかわからなかったようである。問題の女性は、一八九九年、南部の内陸ロート県にあるサン゠シルク゠ラポピーの町のロクロ職人の娘として生まれた。十四歳になると女中奉公にでて、第一次大戦中にトゥールーズで住み込みの家政婦になった。月収わずか一八フランであった。「靴一足が一七フランしたのに、どうやって貯金ができるっていうんだい。わたしの場合、親も文無しだしさ。文無しだよ、わかるかい」。それでも、かの女が一九一九年に結婚した時、ごくつつましい嫁入り道具、つまりパリに移住した両親からもらったわずかばかりのリンネル類と、トゥールーズの女中部屋で刺繍したブラジャーを数枚もっていった。これについてかの女は、「ほんのありあわせのものでねえ。なにしろ、お金がなくって、布地を買えないのさ。わかるかい」、というのであった。

　こうした貧困にくわえて、母親を早く亡くすと、惨めさがよりいっそうつのったようである。三人目の女性は、アヴェロン県の小作人の家で、七人の子どもの末っ子として生まれたが、この女性もまた、農場の召使いをしていた。かの女は、嫁入り道具が少なかったのは、母親を早く亡くしたためだと残念がっている。というのも、この母親は、まだ健在だったころには、家が非常に貧しかったにもかかわらず、姉たちの嫁入り道具を準備してやれたからである。ところが、この娘は、愛情をこめて協力し、いっしょに努力してくれる母親をなくしていたため、刺繍のほどこされた嫁入り道具をもっていくことができなかった。残された娘は、「最小限必要なリンネル類」を買うのにも、それまでにまして精一杯働かなければならなかった。そのうえに刺繍する時間など、どうやって工面することができただろうか。

　一九五〇年にロート県で生まれたアリスの場合も、同様である。この娘は孤児であったため、貧民救済制度によって裕福な地主の家に召使いとして奉公にでた。「わたしは、嫁入り道具を準備しなかったわ。助けてくれる人がだれもいなかったのよ。お裁縫や刺繍は好きだったけど、やっぱりだれか手助けをしてくれる人が必要だったわ」。ここでも母親のいないことが、いかに辛いものであるかがわかる。アリスの場合、ふつうに母から娘へと伝えられるたしなみを教えてくれる人が、まわりにだれもいなかったからである。そして、しかも嫁入り道具をもてないということが、孤児というアリスの社会的な立場をいっそう不安定なものにした。経済的な貧しさと、愛情をかけてくれるものがいなかったことが、重なってしまった例である。

嫁入り道具は、一種の社会的、象徴的な投資のようなものであったため、大多数の娘たちにとって積極的な意味をもっていた。というのも、娘たちは、熱心に嫁入り仕度をすることによって、まともな結婚をしたいという熱望をかきたて、創造性や感受性を発揮することができたからである。けれども、物質的にも、愛情のうえでも、ひどく貧しい状況におかれた娘たちにとっては、嫁入り道具は苦痛に満ちた失意の象徴ともなった。したがって、きれいな嫁入り道具をもつことは、すべての、とりわけもっとも貧しい階層の娘たちにとって、なんとしてでもかなえたい夢だったのである。

けれども、嫁入り道具を整えるにあたって、娘の社会的な地位よりも、その家のなかの地位――つまり、姉妹や、母親、父親との関係――のほうが、さらに重要な役割を果たすこともあった。嫁入り道具は、母と娘の協力のたまものだったが、そうであればあるだけ、両親と子どもたちのあいだで確執の場にもなったからである。とくに、娘の選んだ相手が両親の気に入らない場合、確執は一段とひどくなった。こうした場合の両親の対応の仕方はいろいろであるが、つぎに、その事例を二つばかりみてみよう。

タルヌ県のある地主の娘が、隣の町で鍛冶屋をしている青年のもとに、しげしげと通うようになった（一九五〇年のことである）。娘の父親はこの交際に反対した。「両親は、わたしが同じような身分のものと結婚するのを望んだのよ」と、娘は語っている。二人は、両親、兄弟・姉妹が協力して監視したにもかかわらず、密会を続けた。娘が頑固であったため、両親がついに譲歩することになった。つまり、娘がハンストをしてすっかりやせ細ったため、父親は、二人がおおっぴらに家で会うことを認めたのである。しかし、両親は、きわめて巧妙なやり方で、自分たちの反対の意を表わした。つまり、この鍛冶屋の青年と娘の姉の婚約者とに対して、わけへだてをすることにしたのである。たとえば、同じ日曜日に訪れても、姉の婚約者は裕福な地主であったため、まるで「太守《バシャ》」のようにもてなされた。ところが、娘の婚約者の鍛冶屋には、ボトルから酒を注ごうとさえしなかった。しきたりどおりに婚約者をもてなすために、娘は、自分自身の給料で別に何本か白ワインを買っておいたのである。母親は、一般に、歳の離れていない娘には、わけへだてなく嫁入り道具を整えてやろうと気づかうものであるが、ここの家では、あきらかに不平等な扱いがなされている。すなわち、母親は、この娘にいくばくかのシーツを買ってやっただけだった。ところが、姉のほうには、父親がはるかに「立派な」婚礼家具を買ってやっている。だから、この娘が、自分がある店で売子をして貯めた給料を、家族の共有貯金に振りこむのに断固として反対したことにも合点がいくであろう。娘にとっては、自分の金で、できるかぎり豪華で美しい嫁入り道具をそろえることが、両親に対して、自分自身と、一顧だにされない自分たちの結婚とを認めさせる手段だったのである。つまり、嫁入り仕度という慣習となった務めを果たすことをもって、両親も自分の意志に逆らえないことを認めさせる手段としたのである。

つぎに紹介するケースは、親子のいがみ合いがもっと激しく、結局は娘が犠牲となった話である。この娘は、一九〇五年にフランス南西部のジェール県で生まれ、やがて近所の男と恋仲になった。ところが、娘の父親が、その男をこころよく思わなかったのである。その村は、いわゆる政治的見解によって二つの党派に分断されていて、実際、相手の男が「敵側」に属していたからである。そこで二人は、人目を忍んで密会を続けた。かれらは、父親の監視の目をそらして、「道端や野良、はては小川の河岸」でデートを重ねた。こうして親の目を盗んでの密会の話までは、この女性もうれしそうに語っている。だがその後、娘の父親の怒りが激しく、また相手の男をさんざん脅かしたため、男はついに結婚をあきらめてしまい、二人は会うこともなくなった。娘は、「あの恋人《ひと》のことを忘れられず」、その写真を胸のペンダントに入れてずっともっていたと告白している。この女性は、ここまでの話は非常にくわしく語ってくれたが、そのあとつぎつぎと起こった不幸については、きわめて言葉すくなに片付けている。すなわち、叔母の家に女中奉公にいかされ、そこで、未婚にもかかわらず妊娠していることが発覚し、無理やり親もとに戻され、昼も夜も外に一歩も出してもらえず、やがて出産するために町にいる別の叔母の家に追いやられ、最後には、自分の産んだ私生児もよそへやられてしまったのである。「赤ん坊はとりあげられて、また女中奉公にやられたのよ」と、かの女は語っている。だが、この娘は消極的だったため、周囲の意向にもてあそばれたのではないのか、という印象をもたずにはいられない。事実、すこしたってから、叔母の勧めるカフェのボーイを夫にしたのも、同じく消極的な理由からなのである。つまり、「かれが酒のみでなけりゃ、あとは、どうでもよかったのよ」というわけである。

ところで、この娘は、はじめの叔母の家に女中奉公していたころ、この叔母の忠告にしたがって、また、父親に反抗したい気持ちもすこしはあって、給料を親のところに送らず、嫁入り道具を買うために自分で貯金しておいた。こうして整えた嫁入り道具は、たいへんに立派なものだったらしく、いまでもこと細かに話すことができるほどである。けれども、ちょうどそのとき、未婚のまま妊娠していることが発覚した。そこで娘は親もとにつれ戻されたが、そのときに家具やリンネル類も、持主のあとを追って送りかえされた。このあとしばらくしてこの娘の妹が結婚したが、そのとき、考えられないようなできごとが起こった。当の女性は、六十年たっても怒りをおさえきれぬ様子で、このできごとを語っている。

妹が、わたしから、イニシアルを刺繍してなかったシーツをとっていったのよ。ただ、わたしよりさきに結婚したというだけで。本当にとっていったのよ。父さんもひどいと思わない。シーツがわたしのものだって、じゅうじゅう知ってたくせに。あのときはもう気がおかしくなりそうだったわ！　そう、そのことを知ったときには、気がおかしくなりそうだったわ！

このエピソードのなかで、このときだけ、父親のひどい仕打ちに対して、怒りと憤慨がぶちまけられている。わずかシーツ二枚のことにすぎないとはいえ、自分が稼いだ金で買った嫁入り道具がとりあげられたのである。それは、嫁入り道具のもつ象徴的な意味からいって、きわめて重大なできごとだった。つまり、この仕打ちは、恥さらしなことをした娘にはなんの価値もなく、したがってこうした娘はすでにいないも同然だ、ということを意味している。そしてとくに、家族の目からみて、こういう娘にはもはや結婚する資格もないのだから、嫁入り道具など必要ない、ということを意味している。

この一家は、はずれたことをした娘を罰するのに嫁入り道具をだしにしたが、そのやり方はじつに厳しいものだったといえよう。両親は、娘になにも与えなかっただけではない。娘が自分で買ったリンネル類まで、「とりあげて」いるからである。だからこそ、この娘はのちに、すなわち結婚する数日まえになって、自分の部屋にあった家具をなんとかしてとり戻そうとしたのである。そして、これらの家具がすべて娘個人のもちものであったため、さすがに両親もこれには反対することができなかったのである。

このように、嫁入り道具を首尾よく準備できるかどうかに、娘たちの社会的地位や、両親からみた姉妹間での位置関係がかかっていた。だからこそ娘たちは、いやが応にも、その準備に全エネルギーを注がざるをえなかったのではないだろうか。けれども、こうした事情とはまったく反対の例もみられる。それは、南西部の城郭都市カルカソンヌの、あるブルジョワの娘の例である。この娘は、第一次大戦まえにウルスラ女子修道会で教育を受け、一九二三年に結婚したが、そのとき、母親が用意してくれた豪華な道具ではなく、「自分で用意した、ささやかな嫁入り道具」

をもっていくといい張った。母親のほうは、ひとりっ子だったので、その母親から山のような道具を用意してもらっていたのに、である。けれども、インタヴューを続けていくと、かなりの数のシーツを持参したことが、本人の口から明らかになった。ただ、かの女は、シーツの数をいうこともできないし、寝間着やスリップの数も正確にはいえない。「あっ、そうそう、シーツやタオルももらったわ。まだそのままもっているけど」、という具合である。この女性にとっては、嫁入り道具もたいした意味をもっていないような印象を受ける。第一、自分で刺繡すらしなかったのである。おおかたの刺繡をしたのは家政婦だった。ただ、母親が、「むかしは、それが当りまえだったから」といい張るので、イニシアルなどごく大事な部分だけを自分で刺繡した。この娘があまり刺繡を好まなかったことは、双子の妹や、母親や、兄嫁の登場するつぎのようなエピソードによく表わされている。

憶えているわ。わたしたち姉妹は、まったく男の子みたいだったのよ。木に登っては、小説や本を読んでいたけれど、だれも咎めはしなかったわ。でも、義姉《ねえ》さん、つまり、前線にいってた兄さんのお嫁さんがいてね。義姉《ねえ》さんがよく母さんにいってたわ。「エリーズとメラニーをみてくださいよ。二人ともなんにもしないで、いつも木のうえで本ばかり読んで」って。そして自分は、いつだって刺繡、刺繡、刺繡、刺繡よ。すると、ママもいうのよ。「ねえ、あなたたち、そんなにしてたら、いまになんにもできなくなってしまうわよ」ってね。だから、

「そうね、ママ、そうね。でも、わたしたちだって、そのうちに習うわよ」っていってやったの。

この双子の姉妹は、男の子のように木に登ったりして、「女は刺繡をおぼえるべし」という鋳型にはめられることを、いさぎよしとはしなかった。けれどもこの二人にとって、嫁入り道具は社会的に意味があることでもなかったし、準備しないからといって家庭内のトラブルになるものでもなかった。娘たちのことをよく理解していた母親が、二人の態度にすすんで目をつぶってくれたからである。だから、このあとの結婚も、両親の意思にそってつつがなくとり行なわれた。そして、この娘たちも、必要な年齢になるとすこしは刺繡を覚えたのである。つぎに、もうひとりの娘の話に移ろう（ドーヴァー海峡に面したノルマンディー地方の、ある娘だが）。この娘は、一九二五年に結婚し、嫁入り用品のフキンに丹念にクロスステッチを刺繡した。けれども、この娘の場合も、刺繡にどんな意味があるのか、まったく確信がなかったのである。「こんなことって馬鹿らしい、と思ったわ。リンネルが、わたしたちのものだってことも、なん枚あるかってことも、みんなわかっているのに」と、娘はいっている。どうも、持主を区別するために、目印となる刺繡をするのだと思いこんでいたようである。しかし、この娘はちゃんと刺繡をした。嫁入り仕度をすることがうれしかったからである。というのも、それが家を出る前ぶれであり、その家は、娘自身の口をかりれば、かの女自身けっして好きになったことのない母親に、牛耳られていたからである。
これらは、娘たちが刺繍の意義に異論をとなえているか、ないしは、おそらく無関心でいる例である。もちろんどちらのケースでも、娘たちはたくさんの嫁入り道具をもたされて、立派で盛大な結婚式をあげている。しかしながら、それでも、この娘たちは思春期から結婚にいたる各段階を、みずから望んだとおりの順で生きたことに変わりはない。

ところが、こういうケースとちがって、正式な結婚を経ずに、さきに子供が生まれてしまったため、若い娘としての人生が通常の順序で運ばなかった場合はどうであろうか。この場合女たちは、たとえずっとのちになってからでも、欠落した段階をなんとかしてやり直そうとする。たとえば、もしさきに結婚してしまったとすると、あとから嫁入り道具をそろえようと努力する。ごくわずかずつ貯金をしては、家具類やリンネル類、そしてとくにシーツを買うのである。そしてこのシーツには、夫婦のイニシアルか、自分の旧姓のイニシアルを刺繍させたり、あるいは自分で刺繍する。諸般の事情が許さず、通常の人生の順序が踏めなかったとしても、嫁入り道具の準備という重要な段階を省くわけにはいかないのである。

ところで、今日では、若い娘が嫁入り道具を持参する場合でも、もはや自分で刺繍したりしない。このことは、娘たちが、自分の青春時代の貴重な時間を、将来結婚するときのためのリンネルの準備などに、費さなくなったことを意味している。以前より長い期間就学する女性が増えたこともあって、一人前の女《フェミニテ》になる道すじは、目にみえるかたちとしては、嫁入り道具の準備という段階を経たり、そのための技術を習得したりすることによっては、もはや開かれなくなったのである。嫁入り道具はもはや、必要不可欠な投資ではない。たしかに母親たちは、往々にして計画的にシーツを買いあつめ、高校生や大学生の娘に、いつかは結婚するものだとしつこく教えこもうとする。だが、娘たちのほうは、あまり乗り気ではないのである。

たしかに、結婚式もまじかになると、母と娘とがうれしそうに和気あいあいと、いかにも通《つう》らしいようすで、きれいな家庭用のリンネル類を、嫁入り道具専門の店で選んでいることも多い。けれども、そうした道具の意味となると……

男らしさ、女らしさ

農村社会では、思春期から結婚にいたる時期に、男も女もそれぞれ、女らしさ、男らしさを身につけるための試練を受けることになる。娘たちには、（他のなににもまして）嫁入り道具の準備という試練がある。ところが、これに対応して、若い男たちには、「若さにまかせて」徒党を組み、探検に出かけるという試練がある。つまり、たとえば野生の世界として、行ってはいけないとされている区域に、わざわざ禁をおかして行ってみせるのである。「若さにまかせて行動する」とは、若い男にとって、D・ファーブル(12)の著作がしめすように、一人前の男としてのアイデンティティを獲得するための行為なのである。

人生のこの時期には、女性の領域と男性の領域とがまず分けられ、つぎにたがいに補いあうように仕組まれている。だから、結婚が必要となるのである。[13] 男らしさと女らしさとは、それぞれに固有な一連の生活実践によって定義され、それ以後はずっと、たがいに対立しあうものとなる。C・ファーブル＝ヴァサスが明らかにしているのは、[14] どちらかというと、この消えることのない対立の図式なのである。つまり、この図式が作用することによって、男性と女性とが、それぞれ交互に経済活動に参加することになるのだ。ファーブル＝ヴァサスが明らかにしている、自家消費用の豚の飼育のケースをみてみよう。そこでは、男性と女性とが、それぞれ自分に割りあてられた権限を発揮するようになっている。そして、その様子は、毎年豚の飼育のサイクルが終わる、豚祭りの日に、とくに顕著にあらわれるのである。

さて、この豚を屠殺する日には、男性と女性とが、性別にしたがって、けっしていっしょにならないように作業に参加する。まず、豚を殺すのは、つまり屠殺人は男がつとめる。だが、血が流れだしたときから、この血をすくい集め、調理する作業にはいるのは女性のほうである。豚の血で血入りソーセージをつくる作業は、男性をまったく参加させないで行なわれる。男が一人でもいあわせようものなら、ソーセージが破裂するにちがいない、というわけである。それは、いわば非常にみごとな儀式なのであって、そこでは調理法、使われることば、唱える呪文、そして道化のしぐさまでが文字どおり、子孫誕生を演じるためのものになっている。つまりそこでは、受胎、妊娠、出産、はては洗礼までが演じられるのである。ファーブル＝ヴァサスの分析はあまりにも詳細でなかなか要約しにくいのだが、かの女の言によれば、この儀式では、女性だけが、豚からソーセージへという再生産の過程全体をとりしきり、男性の果たすべき役割をもかわって演じている。ところで、ソーセージをつくる作業で、女性たちにこんなことができるのは、農村社会では、家畜の血が女性たち自身の血、つまり生理のときの血になぞらえられているからなのだ。月経の出血という女性にしかない生理現象によって、家畜の血に関しては、女性にだけ特別の権限が認められているのである。これとはちがって、フランス中部のミノー村のように、血入りソーセージをつくらず、肉を塩漬けにする村もある。この場合、塩漬けの仕事は、まったく男性にまかされた作業となり、月経のある女性は排除される。塩漬けは男性側の生殖活動にたとえられ、したがって男性のみがとりしきる作業となり、今度は、男性たちのほうが女性の役割を真似て演じることになる。ラードは、血の対極にあるものであり、塩漬けにされる肉は完全に血を抜かなければならない。このように、これら二つの作業においては、性別が、まったく逆の、対照的な意味をもっているが、そのどちらにおいても、血はかならず女性の側にあるとみなされている。この二つの作業は、同じ要素によって構成されており、同一の経済的生産活動とみなすことができる。けれどもそうした活動においても、男性・女性という性別《カテゴリー》の区分が生きているため、それぞれが、まったくちがった参加の仕方をすることがわかる。また、このカテゴリーがたえず点検され、再検討されていることもわかる。つまり、男性と女性のあいだの関係からひきだされる本質的な要素とは、性別のもつ象徴的な意味なのである。

しかしながら、こういう種類の調査によって、性別のもつ象徴的な意味を研究することは、まだその緒についたばかりである。したがって、わたしたちの社会において、なにがこうしたカテゴリーをつくり出しているのか、またつくり出してきたのかに関して、結論を出すのはまだはやすぎるようである。ましてや、その歴史を書くことなど、なおさらおよびもつかない。

サン゠マキシマンのシンポジウムにおいて確認されたように、いまや、女性史をではなく、両性間の関係を軸においた歴史を書くべきときなのだ。そしてそのためには、民族学が新しい研究の方向へと向かう必要があると思われる。だがそのまえに、論点をはっきりさせるために、どのレヴェルとどのレヴェルで分析を行なうのか弁別しておいたほうが、おそらくいいようである。というのも、分析のレヴェルによって、使われる方法が異なってくるからである。

わたしは、これを二つのレヴェルに分けたいと思う。まずひとつは、女性という集団を生物学的な視点と社会的な視点から定義し、その位置を分析することである。つまり、親族体系のなかと、生産体系のなかとで、その位置を明らかにすることである。ひとつの集団は、子孫の再生産を管理すると同時に、その労働の生産物をも管理している。そして、この二つの管理の意味するところは、同じように重要なのではないだろうか。なぜなら、親族関係こそ、女性の地位を理解するうえでもっとも重要な関係なのだが、すべての社会が、生産物の管理という問題を解決してきたのは、また、この親族関係を参考にしてだったからである。したがって、とくにわたしたちの社会における生産物管理の問題を解明することは、親族の人類学の課題となる。だから、女性史とは、(古代、中世、近代、農村、都市などの)さまざまな社会で、生産と子孫の再生産という社会的関係のなかで、女性たちが占めてきた地位の歴史になるであろう。

つぎに、第二のレヴェルは、性別のもつ象徴的な意味のレヴェルである。つまり、性のもつ意味を、男・女それぞれの個人がどのように考えているのか、というレヴェルである(ただ、それは、政治的・イデオロギー的に権力を握っている人びとがどのように考えているのか、ということだけであってはならない)。ただし、男性的なるもの、女性的なるもの、というカテゴリーを分析するには、特殊なタイプのアプローチが必要となる。その分析は、男女両性を対象とする。なぜなら、男性と女性の両方ともが、それぞれ固有の生き方でこのカテゴリーを生きながら、たえずそれに手を加えようとしているからである。ところで、これらの二つのレヴェルを区別するのは、いかにもわざとらしく思われるかもしれない。両者が、まちがいなく、密接にからみ合っているからである。だが、この二つのレヴェルは、異なったタイム・スパンのなかにくみ込まれている。たとえば、ここ数世紀、フランス社会において、女性の地位を決定してきた政治的・経済的・社会的条件がある。こうした条件は、非常に細かな年代区分《クロノロジー》で考察されなければならない。これに対して、ここで扱っているテーマを例にとれば、たとえば、娘と結婚と嫁入り道具をめぐる関係の象徴するものは、もっと長いタイム・スパンのなかにくみ込まれているのである。すなわち、ここで明らかにした嫁入り道具をめぐる関係は、今次大戦まえに結婚した女性たちの証言にもとづいている。そして、これはかなり確かなことなのだが、その関係はここ何世紀かのあいだ、同じ性質のものなのである。たしかに、すでにみたように、嫁入り道具はそのかたちをさまざまに変えてきた。もっとも古い結婚契約を読むと、娘たちは自分で紡いだシーツ、ベッド、婚礼衣裳を持参したとされているが、現在ではそれが、寝室の家具と家庭用のリンネル類とに変化している。だが、ここでもっとも大切なことは、嫁入り道具の個々の品がかたちを変えたことではなく、婚礼に際して家具を持参する習慣が変わっていないことに、注目することなのだ。ただし、こうした長いタイム・スパンにも、もちろん区切りのあることを忘れてはならない。

一九七〇年代以降、女性の嫁入り道具は重要な意味をもたなくなった。だが、この変化のなかに、結婚することと女性であることのもつ条件や、その社会的な表われ方に、根本的な変化が起こったきざしをみてとってはいけないのだろうか。

フェミニズムの特異性

フランスにおけるフェミニズムの歴史
――その批判的検討――

ジュヌヴィエーヴ・フレス

ポール・マンク。フェミニストからも社会主義者からも異色の存在として見られていた。

序言にかえて、まずはじめに、フランスのフェミニズムの特殊性について、わたしなりの判断を明らかにしておきたい。つまり、フランスのフェミニズムの歴史は、社会史と心性史との接点で生まれたにもかかわらず、いまだ、そのいずれにも属していないということである。それは、まず第一に、社会史というにはあまりにも深く個々人の生活に関わりすぎ、ついで、心性史というにはあまりにも密接に政治的活動と結びついている。[1] たしかに、フランスのフェミニズムの歴史は、一九七〇年以後の女性史の登場とともに、さかんに書かれはした。だが、右でのべたような理由によって、歴史の専門家から、無視されているとまではいえないにしろ、ともかく不当に低く評価されている。このような状況は、アングロ＝サクソン諸国と比較した場合、たしかにフランスの特殊性だといえよう。アングロ＝サクソン諸国では、フランスとは逆ともいえる動きがみられる。つまり、これらの諸国では、フェミニズムの歴史に関する著作の重要性がまず認められ、つぎにそれが端緒となって、女性史一般という研究分野がきり拓かれたように思われる。そして、それは、おそらく、女性たちの政治史という概念をまともなものにするためだった。というのも、それまでの女性たちの政治史とは、男女平等獲得のあらましだけを語る、具体性のない物語のようなものだったからである。

また、つぎのような特徴も念頭におくべきであろう。それは、フランスのフェミニズムの歴史に関する出版物が、大部分、歴史学の研究機関とは無縁か、あるいは研究機関に属していない著者の手になるものだ、ということである。これらの著者は、ある場合には違う分野の専門家であり、また、別の場合には歴史家であるか否かは別として、フェミニズムの闘争のための書、あるいは啓蒙書（その両方を一挙にねらう場合もある）を書こうとした人物[2]である。このような立場で書かれた書物、つまり、フェミニズムを分析の中軸にすえている刊行物を調べてみると、女性史のもつ非常に特殊な実態がわかってくる。女性史が、専門の歴史家から正当に評価されてはいないことがはっきりしてくる。専門の歴史家たちは、女性史ということばを耳にすると、すぐに、それはフェミニズムのことだと思ってしまう。女性史とフェミニズムの歴史とを区別して考える必要があるのに、その区別を軽んじているのである。女性史とは、女性のおかれた条件の分析であり、フェミニズムの歴史とは、それを変えようとするものの分析であるから、この両者ははっきり区別しておかねばならない。この区別はぜひとも必要である。何について語られているのかを具体的に明示するためにも、また、「女性史」を、どんなイデオロギーでもつっこむことのできるゴミ袋のようなものにして、その信用を失墜させないためにも。けれども、フェミニズムに関する研究それ自体が、二重の困難に直面していることも事実である。つまり、ひとつには流行《モード》としてマス・メディアに利用されて、実態が歪められてしまう危険がある。また、ふたつには無意識のうちに政治的立場に引きずられる危険もある。大学での研究には、通常、厳密性が通念となっているが、この二つの危険性は、それぞれ独特の形態で、この厳密性を損なうものだからである。

本稿では、表題にかかげた研究のための材料を、単行本として出版されたものに限定し、雑誌論文や未公刊の学位論文などは除外した。[3] だが、このやり方でたいして差し障りはないといえよう。というのは、本稿でのわたしの関心は、これらの著作の内容やその問題性にあるのではなく、ただ、それらの序文にのみ向けられているからである。わたしの考えでは、これらの序文が研究領域を、すなわち、フェミニズムの歴史の範囲を限定するための目安を豊富にもっていると思われる。さらにこれらの序文は、著者の姿を舞台に登場させるだけでなく、フェミニズムの歴史に関しては、著者というものが、ほとんど例外なく、裁判官であると同時に、裁かれる当事者でもあるという事実——本稿ではわたし自身がそうである——を、明るみに出してくれるのである。

序文、内容紹介、あるいは贈呈本にはさんである「乞御高評」の紙片を読んでみると、現在が過去に対してもつ関係の重要性を、容易に読みとることができる。その関係とは、よく知られるように、すべての歴史は現在からつくられるという関係である。またもうすこし改まったいい方をすれば、現在と過去との関係は、そのようなものだと思われている、ということである。だから、このような現在と過去の関係は、いまではきわめて明白であり、きわめて今日的な感性であるといえよう。しかし、だからといって、それはなにも新しいものではなく、その意味からすると、おそらく、歴史の奥底に流れている根本的なものなのである。たとえば、一九二六年にマルグリット・ティベールは、過去のフェミニズムに対して「傾向の親近性」や「自然な共感」を認め、それを「再認識」したと論じている。フェミニズムの高揚期に執筆していたからである。ところが、エディット・トマの方は、第二次世界大戦後、ちょうどフェミニズムが舞台から姿を消しているときに著作を出版したため、その姿勢はずっと後退したものになっている。つまり、一八四八年の女性たちについては黙して語らず、サン＝シモン派の女性解放論者ポーリーヌ・ロランを、「自分の考えをはっきり主張し」すぎたため、「常軌を逸した運命」をたどった人物ときめつけている。(4) 事実は、時至らず、フェミニズムが集団的な意識となっていなかっただけの話である。第一、現在のフェミニズムをもとに、過去のフェミニズムについて、いったいどんなことがいえるのだろうか。

過去の遺産にひきずられる運命

女性解放運動《フェミニズム》は、以下のような二つの立場をとる人びとに分かれている。すなわち、男性であれ、女性であれ、フェミニズムにのみ関わる人びとと、社会主義との関連においてしか、それと関わりをもたない人びとがいるのである。だから、現在から過去へのきずなも、フェミニズムの闘争の内部に作用する場合と、外部に作用する場合がある。

相も変わらぬ主張と距離をおいてみること

フェミニズムの歴史において、一時代前《イエール》〔十九世紀後半から一九六〇年頃まで〕と現在とのあいだに似かよったものがあることを、強調してもいいだろう。ヴァランタン・プロス——かれは男性だが——によると、クレール・ドゥマールのテクストが現代性をもっているのは、女性が過去から現在までつねに抑圧されてきたしるしであって、だからこそ、過去一五〇年の歴史があっても、それを記述する用語がまったく変わっていないのだ、ということになる。逆の見方をすると、過去と現在がこのようによく似ていること、つまり、闘争や解放への意志がくり返しあらわれることが実証されて、それに衝撃を感ずる人もいるだろう。実際、とりわけ女性の著作家たちは、原因がさまざまあることは承知のうえで、女性たちの権利回復要求がつねに同じことをいっていると強調している。たとえば、ユベルティーヌ・オークレールの著作に付した、エディット・タイエブの序文にその例がみられる（五二—五三ページ）。

また、何人かの女性は、もっと熱っぽく、もっとずっと心の奥から、歴史のなかに過去の女性たちとの一体感を確認する場をみている。たとえば、エヴリーヌ・ル＝ガレック——その著作の対象であるセヴリーヌと同じく、かの女自身フェミニストでジャーナリストであるが——は、自分史を書いたのは、「もろもろの感情のなせるわざ」であったと説明している。また、ユゲット・ブシャルドーは、著者が主観をもつことは当然の権利であると主張し、自分の著作の書かれ方《エクリチュール》には「復讐を果たした気分」が残っていると、みずから認めている。この著作は、一九一八年から一九六八年におけるフェミニズムをあつかったものであるが、この時期のフェミニズムは、運動がもっと広範に再生するよりまえのものであり、ベティ・フリーダンによると、「いいたいこともいわないでいたヒロインたち」の歴史であって、しかも著者自身の運動の歴史でもあったからである。ところで、運動の内部に目を向けたこのような姿勢は、しばしばなんらかのはっきりした価値判断をうつし出している。たとえば、マイテ・アルビスチュールとダニエル・アルモガトは、自分たちと過去の女性たちとを軽々に同一視したくないという意図から、フランスのフェミニズムの歴史のなかで、「以前の女性たちは、いまよりももっと臆病であった」と断じている。これに対して、リディア・エルアダドは、シュザンヌ・ヴォワルカンを「異端」ということばで分類している。この「異端」ということばは、実は、最近の活動状況のなかで、原義とはちがった意味合いをもつようになっている。つまりそれは最大級の賛辞を意味しているのである。さらに、価値判断が歴史的判断につながることもある。ロール・アドレールは、一八三〇年と一九七〇年の二つの時代をあれこれ見比べて、両者の似ている点だけでなく、異なっている点をも数えあげている。にもかかわらずアドレールは、結論としてはこの二つの時代が似ていること、つまりフェミニズムが同じように敗北をくり返していると指摘している。

ほかの著作家たち、とくに男性の著作家たちは、より慎重で、適当な距離をとる姿勢を示している。まず、ジャン・ラボーは、自著を献呈した際の献辞のなかで、つぎのように自身の意識を描いてみせている。すなわち、自分は、該博な研究知識が必要なため、フェミニズムの「内部に」身をおいているが、男性の眼差しをもっているゆえに、フェミニズムを「外部から」みている存在である。「共感をもつと同時に、批判的に観察し、時と場合によっては、優しさやユーモアもまじえて」と、ラボーはいう。また、アラン・ダロテルは、ポール・マンクをよく理解できたかどうか自問しながら、こういっている。「男性は、きわめて好意的立場に立つとしても、一女性の言に耳を傾け、その思想を説明することができるのだろうか。おそらくは、できまい。だが、たぶん、すくなくとも、男性側に片寄ったものの見方のうち、そのいくつかを斥けることはできるのではないか」(一一ページ)。この二人のうちでは、ラボーの方が、その明解な態度に自信をもっているようである。だが、二人とも、ちょっと変わってはいるが、月並みな自明の理を語っているにすぎない。つまり、歴史家は、みずからを主体として位置づけるべきであること、また、とくにフェミニズムを研究する場合、男性の歴史家は、女性の歴史家よりもすばやく、主体性を確立しなければならないということを。たしかに、状況を分析することより、どこに照準を合わせるのかの方が重要である。とはいえ、この歴史の対象、つまりフェミニズムにひとたび照準を合わせてしまえば、単に個人としてのみならず、男性か女性かという性別の点からも、主観性が作用するのは周知のことである。歴史家は、労働者、農民、民衆あるいはブルジョワなどに対するのと同じ姿勢で、フェミニズムに対することはできない。もちろん、これらの対象が、中性的なものだといっているのではない。ただ、これらの対象については、両性間の違い、あるいは、もっといえば対立を、その根底から、しかもはっきりと認識したりする必要はないのである。だから、フェミニズムの歴史を手がけることは、この場合、危険な賭けをすることになる。なぜなら、そのこと自体がフェミニズムへの一種の参加を意味することになるからである。ブノワット・グルーの立場に立って、フェミニズムというこの奇妙な運動のイメージを描いてみよう。グルーは、過去のフェミニズムを語るために、十九世紀の男性のフェミニストたちを舞台に登場させている(だが、いったい、いかなる理由でか、慎重を期してのことか、あるいは、それが正しいと思ってのことなのか?)。おそらく、グルーは、女性としてこの運動の内部にいるからという理由で、外部にとどまろうとして、このような態度を選んだのである。

だが、フェミニズムの歴史は、その分析にあたって、運動そのものに無関心であることを許さないのである。

フェミニズム、社会主義、サンディカリズム

フェミニズムの歴史にとって重要なことは、それが排他的な歴史ではない、つまり、他の政治的運動からきり離されたものではない、ということである。フェミニストの生活は、他の分野のことと関係をもっている場合が多い。つまりそれは、社会主義の理念やその組織体、また、労働

組合での実践や闘争と関係をもっている。だから、こうした関係は、そのなかに組みこまれるという関係であれ、そこから排除されるという関係であれ、分析や解釈の出発点になるわけである。マリー＝エレーヌ・ジルベルベルク＝オカールとチャールズ・サワーワインという二人の著作家が、この点で参考になるものを書いている。

たしかに、こうした関係を問いただすことになったのは、フェミニズムそれ自体としての正統性や、その政治的有効性が問題となったからである。ジルベルベルク＝オカールは、フェミニズムとサンディカリズムに関するその最初の著作のなかで、政治史よりも、むしろ心性史の方法を援用している。だがそれは、一種の防御的姿勢であるように、わたしには思われる。つまり、フェミニストの闘争が、たえず政治的挑発をひき起こすことから、身を守ろうというわけである。ところが、つぎの著作で、フェミニズムと労働運動との関係を扱うだんになると、著者は、いとも簡単に政治的な次元に移行する。ただし、その場合でも、フェミニズムと社会主義との葛藤を、その構造の次元で分析したりはしない。おそらく、昨日〔一時代前〕のフェミニズムと今日のフェミニズムのあいだの、以下のようなやっかいな関係を口実にしてのことであろう。すなわち、まず一方では、今日のフェミニズムは、その「効果《エフィカシテ》」からみて有効なものと認められている。まるで、自分の時代に対しては、感謝の念を示さねばならぬとでもいうように。ところが、他方では、昨日のフェミニズムについては、この女性歴史家は、同じように大目にみようという気にはなっていない。それが、「労働者階級と関係をもつこと」に失敗したからである。ところで、反対の見方をすれば、フェミニズムと労働運動のあいだの緊張関係が、過去一世紀ちかく、ほとんど変わっていないことに驚かされるのではなかろうか。だが、そのことは、フェミニズム運動の実態について、もうひとつ別の面をうかがい知ることにもなろう。その点で、チャールズ・サワーワインは、もうすこしノスタルジックにこうのべている。まずサワーワインは、女性の社会主義者の運動がなぜ挫折したのか、また、一九〇〇年以降、フェミニズムと社会主義がなぜそっぽを向き合ってきたのか、という問いを立てる。だが、残念でならないのは、序文の終わりのところですでに、このそっぽを向き合った関係というのが、公平に扱われてはいないことである。というのは、実際、サワーワインによれば、男女両性の理論的平等を社会主義者たちが「承認」していたのに対して、フェミニズムの運動家たちが、実践的な面で、女性労働者層に接することに「失敗」したからである。つまり、かれは、理論と実践という同じでない次元で比較して、社会主義者には甘い点を、フェミニストには辛い点をつけているのである。このように、偏見ともいえる判断が突如とび出してくるのをみると、ただ驚くばかりである。これではまるで、フェミニズムの運動と他の政治的グループとの関係、それも、もっとも近い立場のグループとの関係が、もっぱらフェミニズムの外側から、つまり相手側のグループの方から提起され、しかも、その結果が、いつも幻滅や、はては非難の対象になっているかのようではないか。

　ところが、おもしろいことに、労働総同盟《C・G・T》の一女性運動家——もちろん、フェミニズム運動の外部にいるわけだが——は、フェミニズムの運動家たちに対して、これほど厳しい歴史的判断を下してはいない。つまり、かの女マドレーヌ・コランは、「ブルジョワ知識階級のフェミニストたちの勇気」について語っているのである。この評価からうかがわれるのは、フェミニズムの運動が、政治闘争の分野において積極的な意味をもっていたということである。たしかにC・G・Tの立場からみれば、ブルジョワとか知識階級とかいうカテゴリーは、非難にあたることばではある。けれどもこうしたカテゴリーについては、また別のところで検討してみる必要があろう。

フェミニズムの歴史とはなにか?

この問いに対しては、目をとおしたテキストの範囲では、まずこれといった答えは出ていない。いったい、フェミニズムはどこから始まり、どこで終わるのか? それを、前進として定義すべきなのか、あるいは反抗として定義すべきなのか? はたまた、ある一時期の人びとの感性として定義すべきなのか、それとも反対に、時代錯誤《アナクロニズム》として定義すべきなのか? 法律とか教育の諸制度の規則、さまざまな職業組織の活動状況、こういったものは、女性の抑圧や解放の度合いを分析するにふさわしい尺度ではないのか? つまり、女性たちになにが許され、なにが認められていたのかを計る尺度ではないのか? 人も知るように、フェミニズムということばは、第二帝政の末期にはじめて登場する。(5) となると、最後の問いとして、この術語が存在する以前のフェミニズムに該当することがらは、どのように定義すればよいのか？ 解放や平等をめざして、多種多様な戦略や指導方針が語られ、しかもそれらは、しばしばたがいに矛盾している。こうした戦略や指導方針を研究するために、こういったことがらをどのように利用すればいいのか？

これら定義づけの問題は、序文や内容紹介のたぐいでは扱われていない。そのかわりに、人物の資質が問われている。だれがほんとうにフェミニストだったのか？ というわけである。だが、十分承知のことと思うが、レッテルを貼ったり、どんな女性がフェミニストだったのかを知ることなど、たいした問題ではないのである。

普通の女とはいいがたい女性たち

まず、右のような表現があるが、これは、オリヴィエ・ブランが、〔フランス革命期に「人権宣言」を模した「女権宣言」で女性の自律性を主張した〕オランプ・ド＝グージュについて用いたものである。同じように、エディット・トマも、〔みずから未婚の母の道を選び、二月革命期に女性クラブを指導した〕ポーリーヌ・ロランについて「自分の考えをはっきり主張しすぎたためたどった、常軌を逸した運命」を問題にしている。となると、この「普通の女とはいいがたい女性」からは、宮廷の女性や王族など、名家の女性たちも、政治上の女傑《ヒロイン》たちも除かれることになる。その後者について、ジョルジュ・サンド、フローラ・トリスタン、ルイーズ・ミシェルらを例にあげると、かの女たちは、同時代のポーリーヌ・ロランらのフェミニストの闘争を、かならずしも是認していなかった、もっといえば、かの女たちは、理論的に、あるいは実践的に一種の女性蔑視を標榜してさえいたが、それは、平等の権利要求とはほとんどなじまなかった。にもかかわらずかの女らは、しばしばフェミニストとみなされている。また「シンボルとなる女傑《ヒロイン》たち」といういい方があるが、(6) こちらも、それほど実態を説明しているとはいいがたい。つまり、そこでは、フェミニストたちが例外的な存在だったというふうに、誤って理解され、不当な評価を受けていて、さまざまな角度から検討されてはいないからである。実態は逆で、普通の女とはいいがたい女性たち、つまりフェミニストたちは、たしかに孤立していたかもしれないが、すでに十九世紀に、集団的なネットワークが存在していて、それと手を携えていることが多かったのである。そしてこうしたネットワークは今日なら、運動と呼ばれていたかもしれないのである。こういう事実からみて、フェミニストたちを周縁的な存在に追いやり、あげくのはては「例外的な女性たち」ときめつけてしまうことには、はなはだ論議の余地があるようだ。第一この表現は、マリー＝エレーヌ・ジルベルベルク＝オカールによるものだが、それは普通の女性という概念と対置されている。したがってフェミニストたちをこんなふうに呼べば、女性自身の代表としての資格を、完全に剝奪することになるからである。フェミニストたちが、まさに「はぐれ鳥」となってしまい、社会という空間のなかで、その帰属するところを失ってしまうからである。

「普通の女とはいいがたい」という、この特徴を具体的に示すには、アラン・ダロテルの用いた考え方がいいのではないだろうか。それは、ダロテルがポール・マンクに関して用いた、「どこにも分類できない」という概念である。というのも、こう考えることによって、ひとつには、フェミニストの一人ひとりについて判断する際に、普通の部分と例外的な部分を分けようとする姿勢から、解放されるからである。また、もうひとつには、政治的分類という問題を、わたしにとってフェミニズムの核心に触れると思われる問題を、整理することができるからである。「どこにも分類できない」とは、具体的にいえば、共和主義のブルジョワ女性でも、柔順な社会主義者でもないということである。この二つのイメージは、フェミニストの矮小化されたすがただった。だが、フェミニストを、ある特定の社会階級とか政党とかと同一視することなど、そもそもできない。ところが、十九世紀の例の三人の女傑《ヒロイン》、サンド、トリスタン、ミシェルらは、その例外的な存在としての資格は十分であるけれども、おそらく、政治的にはより分類しやすい人物なのだ。このように、フェミニストの一人ひとりに、すぐさまなんらかのレッテルを貼りつけてはならない。そうしないことこそ、おそらく、フェミニズムという、この特殊な政治的・イデオロギー的社会参加の、本質に触れることなのである。

普通の女とはいいがたく、だが例外的というのではなく、どこにも分類できない。ここに、フェミニストの人物像を表現するうえでの、むつかしさがある。そして、このむつかしさこそ、おそらく、民衆や歴史家たちの記憶のなかで、フェミニズムがいつも忘却されてきた理由のひとつなのである。この忘却によって触発された反抗をへて、いまや、この忘却のもろもろの原因を分析したり、理解することが必要ではなかろうか。女性蔑視の歴史があるとしても、その原因を、社会自体が女性蔑視であることに帰して、満足しているわけにはいかない。歴史をつくるということは、この歴史という概念自体の生みだした規範や遺産を、ひき継ぐことでもある。この規範と遺産からのがれることは、けっしてできない。だからこそ、抑圧されてきた歴史を解放しようとすることは、記憶を回復することを求め、忘却の償いをすることにとどまらず、そうした行為を超えていくことにつながるのである。

女性労働者というカテゴリーとフェミニストの言説《ディスクール》

長いあいだ、フェミニストたちは、婦人参政権論者だとされてきた。つまり、ブルジョワの、インテリ女性だときっちり分類されてきた。こうしたイメージがつくられたことについては、社会主義がおおいに手を貸している。なぜなら、フェミニズムと社会主義のあいだに、また、フェミニズムと労働運動のあいだに、一種の矛盾が存在しつづけていたからにちがいない。この矛盾は、女性の給与生活者の存在が意識されてきたことと絡まっている。たとえば、前出のマドレーヌ・コラン（かの女ひとりだけではないが）の場合のように、「ブルジョワの勇敢なフェミニストたち」と、「女性労働者たちの本質的な闘争」とが、対置されるようになる。コランは、ここで、身分・階級などの社会的特性と、女性であるという本質的特性とを、また、個々人の事情と、ひとつの集団的実践とを、対置しているだけではない。かの女が、一度ならず強調しているのは、労働問題の世界の外では、女性たちの問題は、マルクス主義が資本主義のもろもろの矛盾を分析しているなかで、第二義的な矛盾にすぎないとされていることである。だがこれは、裏返しにしていうと、フェミニストは、必然の結果として《イプソ・ファクト》、労働の問題を無視しているということ、それに関心をもっていないということになる。フェミニストの活動家は、大衆に対して例外的な存在であるだけではなく、ブルジョワ、ないしは、プチ・ブルジョワの女にすぎないということになる。日々の稼ぎやパンの価格などという、いちばん切実な現実問題にはかかわり合わないですんでいる、ということになる。

　このような非難は、歴史的なものでもあり、同時に現在的なものでもあるが、これに対して、わたしは、以下の二点を、というか、以下の二つの研究の足がかりを、あえて対置しておきたい。

　まず、フェミニズムは、女性の労働問題を無視しているだろうか？　こう考えるのは次の二つの点から誤りであるといえよう。第一にフェミニズムは、労働の問題にそれなりに関心をもっている（職種やキャリアの開拓）のであり、第二にこの関心は、コランが争点にしている、労働者階級の労働のレヴェルにまでおよんでいるからである。多くの例のなかから、二例だけあげておこう。まず、ジュリー＝ヴィクトワール・ドービエの例である。ドービエは、女性としてフランス初の大学入学資格《バカロレア》取得者であっただけではない。大部な著作『貧しい女《ラ・ファム・ポーヴル》』の著者でもある。この作品の中でドービエは、すべての職業的仕事、とくに労働者の仕事を体系づけて詳述している。

女性たちがこうした仕事につけば、貧困をまぬがれることができると考えたからである。貧しい女とは、売春以外の「生活手段」をあたえてやらねばならぬ女性のことだったのである。つぎに、かつてサン゠シモン主義者だったエリザ・ルモニエの例である。ルモニエは一八六二年、若い娘たちのために、非ミッション系の職業学校の創設の先頭にたったが、それは女性労働者たちの境遇改善という明確な目的をもってのことだった。ところで、この二つの事例は、労働者の労働について、社会主義者や労働組合がとり組みをはじめる以前のことである。ところが社会主義者や労働組合のとり組みがはじまってみると、フェミニストたちがこうした組織に従わないからといって、その計画がうさん臭い目でみられるようになったのである。たとえば、一九〇七年、マルグリット・デュランが組織した、女子労働問題会議をおもい起こしてほしい。この会議は、いろいろな政治組織や労働組合から、非難をこうむったではないか。このように、正しい討論がなされるよりまずまえに、左派系の諸組織のかたくなな態度が、壁になっていたようなのである。

つぎに、フェミニズムの歴史を手がけるにあたっては、まず、フェミニズムのもつひとつの側面、つまり、言説がどんなふうに用いられているのか、という側面を、再認識しなくてはならない。しかも、私見によれば、これは本質的な側面でもある。実際、言説は、フェミニズムの闘争のなかで、とくに際立った位置にある。たとえば、それは、わたしなりのいい方をすると、発言の手段を獲得すること（例をあげれば、闘争の最初の行動として、新聞を創刊すること）を通じて、みえてくる場合もある。あるいは、熱心に、また緊急に、フェミニズム運動の論議をすすめる中で、つまり、女性の権利要求の論拠をくり返し示すなかで、明らかになる場合もある。女性が搾取されているということを、わかっているものは、だれひとりとして絶対に否定しない。けれども、そのことは、労働者の受けている搾取ほどには、簡単に認められていない。だからこそ、反逆と闘争の正当性を、くり返し主張する必要が出てくるのである。

こうして、フェミニズムで用いられる言説は、しばしば、道義の主張《モラリズム》というかたちをとる。ただし、それは、フェミニズムの言説が、伝統の遺産と、それから解放されたいという意志とのあいだでとられた、ひとつの表現だという意味においてである。また、女性たちの人生には、自然対文化という対立の図式がつきまとっているが、フェミニズムの言説がこうした図式から生じた考察だ、という意味においてである。つまり、フェミニズムの歴史の研究が、言説を分析することだと考えられるのは、それが、いろいろな方法のなかから採用したひとつのやり方だという意味でではない。方法論的にも、理論的にも、必然的なやり方にほかならないからである。そして、これこそ、わたしがここでいいたいことなのだが、だからこそ、女性解放《フェミニズム》という課題は、さまざまな階級や社会的・職業的区分《カテゴリー》に潜在する課題のはずなのである。フェミニズムは、女性労働者を無視しているわけでない。ただ、賃金労働の問題を、すべての女性に共通の困難な課題の網の目から、きり離すことはできないと主張しているだけなのである。

フェミニズムの歴史を象徴《メタファー》するもの

フェミニズムの歴史は、あまりにも完全に忘れさられていたため、ひとたび再発見されると、「すぐ人目につく」ことになる。そこで、人びとは、まだ明確に定義されていないこの分野を、見つめ、掘りおこし、探索する。つまり、他のだれもいまだ知らずに過ごしてきたものをみつけだし、たとえわずかなりとも、その発見の経緯を語るのである。だが、そうしたとして、いったいだれを知ることになるのだろう? また、どうやってその人物を知るのだろう?

視《ヴィジョン》ることの特権的な位置

まず断わっておかなければならないが、視るということは、女性史にだけ特別な現われ方をしているわけではないし、ましてや、フェミニズムの歴史にだけ特別な現われ方をしているのでもない。その点に関しては、エディット・トマが、ジュール・ミシュレをひき合いに出して、歴史とは視ることにすぎないと主張しているではないか。それでもなお、フェミニズムについて書いている著者たちが、目にみえるものを、かなりしつこく使おうとしていることは、念頭においておいてよい。目にみえるものこそ、これらの著者の研究対象や方法の具体的イメージなのである。

フェミニズムの歴史は、忘れさられていたために、いってみれば、「遮蔽物によってみえなくされて」いた。だから、わたしたちは、今日、それが「突然出現する」のに、その「神秘のヴェールがとり除かれる」のに、立会っているわけである。たとえば、マイテ・アルビスチュールとダニエル・アルモガトは、フェミニズムの歴史をもう一度整理しなおすことを望んでいるが、それはまた、現在に「照明」をあてるはずのものなのである。つまり、二人が『女たちの不平』のなかで提言している肖像研究《イコノグラフィー》は、歴史の「不透明性」にさからって、過去のいろいろな肖像とその「反射」を、視るもののまなざしによって、現在にまで延長しているのである。

また、過去をこのように整理しなおすことは、同時に、焦点を正して実像を示すことでもある。たとえば、ダニエル・アルモガトは、シュザンヌ・ヴォワルカンの人物像を、これまでより正確に示そうとしている。それは、「ヴォワルカンの輪郭をはっきりさせるには、これまでの肖像を補う特徴が、なおいくつか必要だった」と、アルモガト自身が語っていることからもわかる。つぎに、オリヴィエ・ブランは、オランプ・ド・グージュの生涯を、「ジグソー・パズル」のように再構成している。そして、ブランがそこで目指したのは、まさに、自分の書いた伝記が「焦点を正す」ものであることだった。ここでは、このいい方が、まさしく、誤りの訂正という意味で使われているではないか。

つづいて、こうして整理しなおすことと、焦点を正すことに関して、パスカル・ヴェルネールが、『正史でない歴史』の序文でいっていることを紹介しよう。すなわち、それは、女性史が、わたしたちに、新しい「地理学」をうち立てるよういざなっている、ということではないだろうか？　それは、ひとつの「歴史の風景画」であって、フェミニストの立場にたつ研究によって、「従来とは異なったやり方で、人物を空間に配置し」、「視界が広げられて」いるのではないだろうか？　というわけである。

ところで、過去を目にみえるものにしたいというこの意志は、わたしには二つの意味で受けとることができるように思われる。まず、それは、歴史を書くということは、やむなく忘れられていることとか、不十分にしか記憶されていないことに、「目にみえる材料を与える」ことなのだ、と考えることである。だが、と同時に、とくに、こうして歴史を目にみえるものにすることが、フェミニズムの歴史というこの新しい研究分野で、なにを意味しているのかを、分析しなければならないということでもある。たしかに、視ようとすること、みえるようにしようとすることに徹すれば、今日わたしを悩ませている、ある態度決定の手続きから解放されることになる。すなわちフェミニズムの内部に自分を位置づけるのか、あるいは、その外部にとどまるのかという悩みからである。自分をその運動に同化させるのか、あるいは、それを裁く立場に立つのかという悩みからである（先刻のべたような立場のちがいを、想起されたい）。過去を目にみえるものにしようとするだけなら、結局、こういった問題は、どれを先にするのかという指示の順番の問題にすぎなくなる。それも、ほとんど指で差してやればいい程度の問題にしかすぎなくなる。つまり、自分が視ることや、他人にみせることは、いまだほとんど、どんなふうに視るのかという問題としては、検討されていないのである。だから、いまや、自分の目で直接視なければダメだというような立場は、克服されてもいいのではないだろうか。

目で視ることと知ること(7)

これはひとつの望みなのだが、単に視るだけでなく、知らなければならない。しかし、どうやって知るのか、また、だれを、あるいはなにを知るのか。このことは、研究にとり組む態度、その目的、その動機および方法についていえると同時に、研究されている対象そのもの、すなわち、フェミニズムにとってもいえることなのである。

まずはじめに、研究にとり組む態度のレヴェルでいうと、フェミニズムの歴史に関しては、(フェミニズムそのものと同様に)そのよってたつ根拠をあきらかにしなければならない。つまり、この歴史が失われていること、だから、かならずそれをとり戻さなければならないこと、この二つを同時に訴えるだけでは不十分なのである。もちろん、右の二つの事実が、全面的に誤っているというわけではない。ただ、フェミニズムの歴史がなぜ失われてしまったのかを、正しく理解しなければならない。なぜなら、そのことには、この失われた歴史を再発見する方法が、当然含まれているからである。そうでなければ、女性蔑視の歴史によって隠されていたものや、排除されていたものを再発見すべきだと訴え続けてみても、それは、結果と原因を混同することにしかならない。またそれは、男性中心の歴史や家父長制社会は諸悪の根元である、という偏見にしばられてしまうことだからである。これでは、なんの説明にもならない。ただ告発しているだけである。歴史研究に関していえば、歴史から欠落したものと、その復元を論ずる場合、まず古文書資料が対象にほかならないと考えられるだろう。だが、まず第一に、こうした見解はけっして真とはいえない。なぜなら、第二に、フェミニズムの歴史は、きわめて特殊な側面を、つまり、それがつくり出されているまさにその時期に、すでに否認されていたという側面をもつからである。フェミニズムは、ほかの闘争や反抗よりなお以上に、みずから姿を表わしたその瞬間に、誤解されると同時に認知を拒否されてしまった。歴史のほかの分野におけるのとはちがって、フェミニズムが失われたのは、おそらく、その活動と同時代のことだったのである。

ここは、こうした分析を続ける場ではない。だから、フェミニズムが歴史から忘却されたもろもろの原因を研究する作業が、是非とも必要であることをだけを、ここで確認しておきたい。まず、わたしがさきに指摘したとおり、フェミニストが「どこにも分類できない」という性格をもっていることに、フェミニズムが歴史から忘却された理由のひとつがある。そして、もうひとつの理由は、フェミニズムが、生まれるとすぐに中性化されてしまった点に、あるようである。

歴史から忘却されたこと、だからそれをとり戻さなければならないということ、この二つの考えに肉づけし、歴史をほんとうに整理しなおすには、認識の新しい座標軸が必要となる。フェミニズムの歴史に関する研究を手がけているのは、ほとんどいつでも女性たちである。この事実は、とくにフェミニズム史の研究という作業に、独特な位置をあたえている。だが同時にそれは、方法論的にもイデオロギー的にも、多くのレヴェルで独特であると同時に危険なものなのである。ほかのいろいろな政治運動の歴史とはちがって、フェミニズムの歴史には、また女性史一般には、あのどこにでもある最低限の距離が、すなわち研究する主体とその対象とのあいだの距離が欠けているからである。だからフェミニズムは、昨日は忘却されていると思ったのに、あまりにも度がすぎるほど簡単に認知されてしまう。すると今度は、それに味方するのか、それとも反対するのかという賭けがはじまる。こうした事態に対しては、おそらく女性歴史家と過去のフェミニズムのあいだに、「相互の対話」という関係をたててみることができよう。ただしそれは、それぞれの時代ごとに、問題設定と分析とのあいだを往復しなければならないという意味ではない。むしろフェミニズム研究における女性の位置、あの研究主体と研究対象をかねているという特権的な位置から、たえず距離をおこうとつとめるという意味である。というのは、この特権的な位置は、よい意味でも同時に悪い意味でも、よくもあり不都合でもある位置なのだから。(8)

ところで、ここまでは、フェミニズム史の研究という作業の前提条件を問題にしてきたが、こうした問題は、また、その内容の問題へとつながる。たしかに、本稿では、フェミニズムの歴史をどんな分野として画定するのかを、もっぱら問題にしてきた。だから、引用したり使用したりしたテクストがそうだったこともあって、フェミニズムの歴史そのものについては、はっきりした定義をしてこなかった。しかしながら、ここで、結論にかえて、フェミニズムの歴史が二つの側面をもつことを指摘し、それによって、これを女性史から正確に区別することができるように、わたしには思われる。この二つの側面とは、フェミニズムによって、女性が、一方では歴史的主体として、また他方では、政治的主体として表現されうる、ということである。ここでわたしは、この主体ということばをわざと用いている。たしかに、このことばは、現代哲学から疑義をもたれている。となると、フェミニズムとは時代遅れ《アナクロニズム》のものだ、ということになるのだろうか？　この主体をめぐる疑義にいちいち振りまわされないよう、現代思想に耳をふさいでいる、ということになるのだろうか？　けれども、フェミニズムが主体を認めているのは、なによりも、以下にのべるような逆説を基盤としてのみである。すなわち、差異（つまり、性差のことであるが）という概念が、フェミニストの問いかけの原理そのものである。とすれば、主体が、この男性によって設定された差異からみて他者、すなわち女性の側から設定されるということは、けっしてバカげたことではない。それに第一、哲学における主体とは、なによりもまず、同一者としての主体、すなわち男性ではなかったのか……

さて、こうして、フェミニストの女性たちは、歴史の主体であるということになった。すると、両性間の闘争と階級闘争のどちらをとるのか、という二者択一にわずらわされることなく、分析を提案することができるようになる。というのも、そうなれば、選択肢は、以下の二つに限られてしまうからである。すなわち、この二つの闘争を非歴史的に表現するのか、それとも、フェミニズムという自律的な運動を、政治的に再生産しようとするのか、という二つである。こうして、歴史的主体を論ずることによって、女性を伝統的な枠組みの外でとらえることができるようになる。あるいは、伝統的な枠組みからみて「例外的なもの」と、とらえないですむようになる。つまり、女性を、社会的にも、また同時に政治的にも、能動的な行為者として、とらえることができるようになる。

また、女性たちが政治的主体でもあるとするなら、女性たちにはもっと別の位置を認めなければならない。すなわち、女性とは、私的空間から公的空間へと、わずかずつの改善と進歩によって移行していくものだ、などと考えてはならない。女性たちを、政治生活全体のなかに位置づけなければならないのである。そうなると、みずからの解放をめざす女性《フェミニスト》は、いったいどうすればいいのだろう。かの女は、もはや、ことばのもっとも干からびた意味での、男女平等の権利要求者ではない。もっと具体的にいえば、かつての婦人参政権論者、すなわち、政治的怨念の権化ではない。女性は、社会のすべてについて考えるべきである。私的生活についてと同じように、公的生活についても考えるべきである。ただし、男であるか女であるかにかかわりなく、市民生活全体のなかで、個人として考えるべきである。いま、たまたま女性であるにすぎないのだから。政治的主体は、性別による色分けに疑問を発するとともに、これを超越する。このように、女性を、歴史的主体としてと同時に、政治的主体として把握することは、おそらく、新しい女性像を呼びおこすことになるのではなかろうか……。

女性史という概念は、研究者や読者や教師の頭のなかで、しばしばフェミニズムに結びつけられている。ところが、逆に女性史の分野では、多くの言説が、フェミニズムの歴史的現実をまるで明らかにしないまま横行している。多くの原因が複合的にからみ合い、過小にしか評価されていないためか、歴史としてのフェミニズムには、いまだに正確な記述があたえられていない。だからといって、フェミニズムの歴史は、それ自身だけの閉じた領域を構成するのだとか、あるいは、女性史の一部門を構成するのだとか結論することなど、まったく問題にならない。フェミニズムの歴史は、その政治的性格によって、特別の位置を占めているのであって、周縁的なるものという規定に甘んじるものでは、けっしてない。事実、フェミニズムは、たび重なる無理解の対象であったとはいえ、現実に有効性をもち、男女両性の生活のなかで、いくたの明確な影響を生みだしている。こうしてみると、フェミニズムの歴史は、必然的にひとつの批判的検討へとつながっていく。それは女性たちをめぐる条件を検討することであり、同時に、社会秩序の変革を検討することである。それは、とりもなおさずフェミニズムの歴史の位置を決定し、その将来の見通しをつけるとり組みでもある。そのなかで、今日ではまだ欠けている定義、すなわちフェミニズムの歴史とはどんな領域なのか、というあの定義が入念に仕上げられてくるのであろう。

女性、権力、歴史

ミシェル・ペロー

「オルヌ県フレールの市場」の写真。19世紀末、広告による宣伝の役割は大きく、女性の消費欲を狙った。

女性と権力との関係は、まず、ことばのもつ機能と関わっている。「権力」という語は、ほかの多くの語と同様に、いろいろな意味をもつ用語である。[1] 単数の場合には、政治的な意味あいをもち、国家の中心で枢要の地位にある人物を指すことが多い。そしてその人物は、ごく自然に男性だということになっている。これに対して、複数におかれた場合には、その意味は細かな小単位に分かれ、右に示した意味の周辺に散在するものを指すようになり、いわゆる「影響力」と同義語になる。そしてこの場合には、女性も、こうした「影響力」の大きな部分をもっているということになる。

女性たちは、単数の意味での権力はもっていないにしても、複数の意味でのいわゆる影響力はもっている。現代の西ヨーロッパにおいて、女性たちは、私的なことがら、家庭に関することがらから、さらには社会的なことがらにいたるまで、つまり市民社会においてその影響力をふるっている。女性たちは、男性の想像力のなかに君臨し、かれらの夜や夢を満たしている。「わたしたちは、あなた方の半身以上のものなのですよ。わたしたちは、あなた方が眠っているあいだに過ごす人生なのです。それなのに、その夢のプランを思いどおりにしたいとおっしゃるの?」。ある小説のヒロインがこういい放ったのは、他のどの世紀にもまして『ミューズとマドンナ』[2]がほめ称えられた、十九世紀のことだった。

女性の権力——多義的で、今日的なテーマ

女性たちの権力を表象するものはなにか？　これは、歴史学と人類学にとって広大な調査の対象である。女性の権力を表象するものは、その数も多く、古くからのものであり、しかも何度もくり返し現われるものでもある。それは、『創世記』の冒頭にある教訓を焼きなおしたものであり、そこには、あの永遠のイヴの誘惑の魅力が登場している。女性は悪と不幸の原点であり、闇の権威、陰の力、夜の女王であって、昼の秩序と明るい理性をもつ男性と対置されている。女性はまた、ロマン主義の小説の一大テーマであり、とりわけ、モーツァルトからヴァグナーまでのオペラのテーマでもある。ヴァグナーのオペラ『パルジファル』でいわれているように、「救済を追い求めるとは、男たちの秩序の勝利のため、女に代表される脅威を祓い清めることなのだ[3]」。

十九世紀のフランス社会には、社会組織の網の目のなかを循環して、さまざまな事物を結びつける権力というイメージがまかり通っていて、これが、得体も知れず、人目にもみえない、秘密の原動力だとされていた。一八三〇年代のイギリスのある旅行家によると、「フランスの女性たちは、法律上は男性よりずいぶん劣った地位を占めているとはいえ、実生活では男性よりも優越した性なのである。女性たちは、玉座の背後に隠れた権力であり、家庭でも、世間的な関係でも、イギリスの女性たちよりはるかに重きをおかれていることは、異論のないところである」という[4]。

あわれな男性たちが、操り人形さながらに公的な舞台で手足を動かしている一方で、女性たちは舞台裏から糸を引いているという考えは、世間で広くいわれていることで、たいして面白がるようなことではない。政治的決定――「枕頭で」なされることがしばしばある――の黒幕とされ、実際にはそれほど罪ぶかくもないのに、女性こそが、事実上犯罪を扇動するものだとされている。「女を捜せ」と、ロンブローゾとジョリが声をそろえて合唱しているとおりである。(5)

だからといって、女性たちがもっぱら悪の力だというわけではない。女性たちはまた、文明を推進する原動力でもある。これはまたこれで、非常に古くからのテーマであるが、(6)十九世紀になって、子どもが以前よりもずっと大事なものとされ、その教育にたずさわる女性の役割が強調されだしたため、ふたたび日の目をみるようになったのだ。母親たちが「人類の運命」を握っていると、ルイ＝エーメ・マルタンが、『家庭の母親の教育について、または、女性による人類の文明化について』という、意味深長なタイトルの著書でのべている。(7)女性につきまとって離れない「母親」というイメージには、ほかのすべてのイメージを呑みつくす傾向がある。

となると、女性たちが実際に事実上の権力を握っていることにはならないのだろうか？　マルセル・ベルノーがその論法をたくみに分析しているが、メルシエという神父が、「弱き性だといわれながら、それでいて、家族に対してであれ、社会に対してであれ、善きにつけ悪しきにつけ一種の絶対的権力をふるっている性がある」と説教でのべているではないか。(8)

従来の見方を逆転したこの問題意識が、きわめて今日的なものであることを指摘しておこう。

この逆転した見方は、市民社会とそこで生活している人びと、ひっくるめていえば生活の私的側面が重要なものとなるにつれて、強く意識されるようになってきた。ヒルシュマンの表現をかりていえば、私的次元が重視されてくる時代には、女性という極が社会のなかで優勢な極となるようである。(9)

これは、ふつう一般にいわれていることであり、右から左までずいぶんとさまざまな政治党派に属する男性たちも、口をそろえて認めるところである。かつてのフランス大統領ジスカール＝デスタン氏も、女性は人類の罪をあがなうものだという古い神話を今ふうにアレンジして、「世界の変革は女性たちによってもたらされるだろう」と、女性をもちあげながらいっていた。(10)だが逆に、ここから、女性の新しい――そら恐ろしくさえある――責任が生まれてもくる。女性が権力を握り、男性は敗北するのではないのかという考えも生じてくる。こうした考え方は、今日、男性の手になる多くのテクストの基底に流れているし、フェリーニの映画『女の都』や作家フィリップ・ソレルスの『女たち』などの作品には、はっきりと提示されている。

他方では、フェミニストの立場にたつ最近の研究が、しばしば、女性たちの権力をこうして再評価することに貢献してきた。こうした研究には、抑圧の悲惨な面ばかりを強調する言説をのりこえ、男性の支配に関する視点をくつがえそうとする意図がある。そのために、女性がまず存在し、活動して多岐にわたる役割を果たし、さらには、内的論理をもった女性の「文化」をつくりだしてきたこと、つまり女性にはさまざまな力があることを明らかにしようとしてきた。これは、母権制の時代と名づけてもいいようなことだった。なぜならこうした研究が、一時期、フェミニストの立場にたつアメリカの人類学において、優勢を占めたことがあったからである。つまり、フランソワーズ・ドーボンヌの『アマゾン』や、ピエール・サミュエルの『アマゾンの女、女戦士、そして元気印の女たち』[11]などが、共感と熱意をこめて、女性の肉体的な力を描きだした時代である。

民族学のいくつかの研究も、完全に基礎的な研究であるとはいえ、この力関係が逆転しつつあるという考えに傾いている。たとえば、マルティーヌ・セガレーヌや、それよりややスケールは小さいが、イヴォンヌ・ヴェルディエらのみごとな著作がある。[12]セガレーヌは、まず当然のことながら、アベル・ユゴーら十九世紀の民族学者たちの先入観からつくり出された、農村の女性は抑圧されているという誤った見方に反対している。そして、農村社会に対立などなく、男女の役割、つとめ、空間などは均衡のとれたかたちで配分されており、その関係は競合というより相互に補完しあうものだ、ということを示そうとしている。しかも、こうした農村社会にみられる男女間の均衡は、何世紀にもわたるバランスのたまものであった。これを揺るがしたのは、近年における経済的発展のほうなのである。すなわち、銀行制度が農村にまで浸透したため、農業経営における男性のインパクトが強大になったのである。これは、もっとずっと体系的にではあるが、イヴァン・イリイチが『ヴァナキュラー・ジェンダー』〔邦訳『ジェンダー』〕で展開している主張でもある。[13]イリイチによれば、過去の伝統的な社会では、性差が認知されてはいたものの、相互に補完しあうように組織されていたのに対して、工業化された諸国の社会では、経済を握る「性」が男性に一極化されているという。つまり、女性にとっては最悪の社会なのだ。

また、スーザン・ロジャーズの二つの研究もある。[14] ロジャーズの最初の論文(「権力の女性的諸形態と男性支配の神話」)には、こうした主張を例証しようとする意図がみられるが、それだけでなく、のちの論文になるとこの主張にも限界があり、したがってそれに柔軟性をもたせなければならない、という意識もみえてくる。ロジャーズは、最初の研究をフランス北東部のある町で実施したのだが、そのなかで、女性たちには非公式なものながらいくつかの権限があり、これによって、事実上、家計のやりくりや家庭内の決定事項の大部分が管理されていたとのべている。そして、このような条件があるかぎり、男性に権力があるという「神話」が永続することは、両「性《ジャンル》」の利益につながっているという。つまり、男性の権力というこの虚構の背後で、女性たちは、暇をみては自分たち自身のための戦略を練ることができたのである。ところが、アヴェロン県のサント゠フォワで行なわれた二番目の調査では、右のような結論に相当な含みをもたさざるをえなくなっている。サント゠フォワでは、もちろんここでも非公式であることに変わりはないが、女性たちははるかに小さな権限しかもっていない。そしてその理由は、なによりも、ひどくバラバラに散在して暮らしているという、その居住形態からきているようである。つまり、散らばって居住しているため、女性たちのあいだでコミュニケーションが密にならないのである。くわえて、遺産相続をつかさどる規則が異なっていたことも、原因として作用していたようだ。このように、すべての農村社会にあてはまる一般的なモデルなど、存在しないのである。だから、ロジャーズは、結論のなかで、さまざまな変種をカバーしうる、もっと精密なモデルをいくつかつくる必要があるとのべている。昔のさまざまな社会を総合的に評価する場合にも、これと同じ慎重な姿勢が必要であろう。

同じように、伝統的な歴史叙述の見取り図をくつがえし、もっとも日常的なものの歴史のなかから、女性たちの実際のすがたを明らかにしようという要求が、近年の女性歴史家たちの努力を下から支えてきた。なかでも、以下の三つの著作が注目される。まずは、好評を博したジャンヌ・ブーランとレジーヌ・ペルヌーの著作であるが[15]、この二著は、中世においては、今よりも重要な地位が女性に与えられていたのではないか、という問題を提起した。ただし、これに関しては、とくにジョルジュ・デュビーが、この視点はあまりにも牧歌的すぎるとして、反論している。デュビーは、『騎士、女性、司祭』〔邦訳『中世の結婚』〕のなかで、前記の女性歴史家たちとは反対に、中世の女性は、男性の権力の対象物であり、結婚というかたちをかりた交換の物件にすぎなかったから、結局はまったくものいわぬ存在にとどまっていた、と強調している。「女性たちについては多くのことが語られている。けれども私たちはいったい何を知っているのだろうか」と、デュビーは結論で疑問を呈している[16]。

つぎに、「十九世紀におけるフランス北部のブルジョワ女性たち」を研究したボニー・スミスは、「有閑階級の夫人たち」[17]の多彩な活動状況を報告している。それによると、これらの夫人たちは、家業の経営から排除され、家庭《いえ》と信仰とをよりどころに、家庭内フェミニズムとでもいうべきものを構築しようとしたのである。

これと同じ精神が、『正史でない歴史』にも流れている。このなかで、わたしとしては、都市という空間における主婦像を明らかにしようとした。十九世紀の主婦の広く流布したすがたは、下積みで、顧みられることもなく、また顧みられるような存在でもなく、なにかというとぶたれ、さげすまれた家政婦というものだった。だがわたしは、これに替えて、行動的で、意志が強く、食料を管理し、家計をやりくりする、「人のいいなりにならない民衆の妻」というすがたを、強調したつもりである。(18)

このように、まったく同じ論法が、これらのテクストの原動力となっている。すなわち、男と女という二つの極を倒置または逆転する論法である。こうすることによって、黒だったものが白(お望みなら、赤でもいいが)にみえてくる。またこの論法は、対立よりも分担をよしとする。この論法は、「女性の世界」というひとつの領域があること、そして、それが、女性の社会的結合関係や表現形式によって、つまり女性の「文化」によって特徴づけられていることを、明らかにしている。これは、おそらく、すがすがしいまでにきっぱりと女性史を評価しなおした段階に相当するとともに、女性たちが集い、談笑しながら会食し、ともに生きる喜びの発見につながるものなのである。

ただし、この論法にも、危険性や弱点がある。つまりそれは、あまりにも杓子定規で、男性と女性という二項対立にたよりすぎている。それは、女性には「社会的な権力」があるという考えを補強し、その結果、女性たちを現状にとどめておこうとする人びとを利することになる。それほどの権力をもっているというのに、女性たちはこれ以上なにを求めるのか、というわけである。

このように、女性の権力を分析することは、また、権力をつかもうとすることでもあるのだ。

十九世紀における女性の権力という問題

十九世紀の実例をとりあげて、わたしは、この問題がどういうふうにして立てられたのかということと、この問題を生みだしたのがどんな型《タイプ》の社会だったのかということとの関連を、とりわけこの問題を構成しているのがどんな型の男女両性間の関係だったのかを、提示したいと思っている。ただしその際、この問題の起源の歴史に関することなど、まったく問題にしていないことは、明らかにしておかねばなるまい。十九世紀は、この起源という領域については、なにももたらしはしない。非常に古くからあって、際限もなく何度も引っぱりだされてきたとすらいえる問題を借用し、むし返したにすぎない。ただおそらく、そこには特殊な力が働いていた。つまり、西ヨーロッパの民主主義社会が形成されるのにともなって、公私の区別と男女の役割分担が、いっそう厳密に定められるようになった。いいかえれば、これら民主主義社会は、この厳密な区別のうえに成りたっているのだ。

ところで、こうした西ヨーロッパのあゆみを他の社会と比較してみるのは、まさしく興味ぶかいことであろう。女性を政治権力から排除するのは当然だ、としている社会がある。あるいは、排除することは正当化されているけれども、その埋め合わせの措置が講じられている社会もある。また、段階をもうけて、女性が政治に参加するのを認めている社会もある。だから、理論とともにその実態も、比較・検討されなければならない。女性と政治。この問題は、わたしたちみなが共同して検討の努力をしなければならない、一大分野なのである。

歴史の流れと十九世紀における女性の権力——ミシュレの場合

「女性たち！　なんたる勢力！」と、ミシュレは書いている。一個人としても歴史家としても、ミシュレにはこの問題がつきまとって離れなかった。テレーズ・モローが最近の著作で示しているように、ミシュレは、歴史に関して、その深層では性別がなんらかの作用をしている、という見方をしていた。(19) ミシュレによると、男性＝文化対女性＝自然という対立の図式が、歴代社会の歴史を支配し、いろいろな事件の起爆剤となってきた。だから、功罪二つの意味にはっきり分かれるにしろ、女性という原理にも注目しなければならない。ところで、女性の本性には二つの極がある。ひとつは母親という極であり、これはめぐみに満ちている。もうひとつは、魔力的で、血のように赤く、悪魔のようにドス黒い、呪われた極である。母親であるとき、女性は慈愛に満ちている。だから、一七八九年の十月五日から六日にかけて、女性たちは、主婦としての伝統的な役割に忠実に、パンを求めてヴェルサイユへと行進したのである。「女性たちはわが大革命の前衛であった。だが、それはなんら驚嘆すべきことではない。女性たちはだれよりも苦しめられていたのである」[20]。あるいはまた、一七九〇年七月十四日の連盟祭〔第一回目の革命記念日〕に際しては、女性たちが市民の団結を確たるものにしたのだが、それは、自分たちが家庭のなかでもっていた熱情を祖国に結集することによって、つまり私的なものを公的なものと結びつけることによってだった。「召集されたものも、召集されなかったものも、女性たちはこぞって、連盟祭でもっとも活気に満ちた役割を果たした。なんという名の村かは知らないが、ある村では、男たちだけが集まって、大きな建物のなかでいっしょになって、国民議会あての文書を作成していた。女たちがやってきて、話に耳を傾け、眼に涙を浮かべながら入ってきて、自分たちもいっしょにいたいといった。そこで、女たちにむかって、もう一度文書が読みあげられた。女たちは心からそれに賛同した。この心の底からの家庭と国家の結合をまのあたりにして、いまだかつて経験したことのない感情が、みなの魂にしみわたった」[21]。だが、女性たちがこの母親の役割を放棄したり、男性の権力を簒奪――たとえば、息子である国王たちの摂政として実権をふるった、悪と不幸の権化カトリーヌ＝ド＝メディシスのように――しようとしたり、自分たちのなかに巣くっている暴力好み、流血好き、暗い夜の情熱を荒れ狂うに任せるようになると、それこそ歴史は、河床からあふれでた荒々しい大河のように、すべてをその流れに呑みこんで運び去ってしまう。

みなの参加する集団的な事件の成りゆきも、家庭の幸福や平和と同じく、この男女両性のあいだの均衡によって左右される。ミシュレは、そのことを、フランス史のさまざまな局面、それもとくに大革命の流れのなかで、明らかにしている。家父長制の法制度と国王の権威に支配されていたにもかかわらず、十四世紀は、ミシュレからみれば、決定的な進歩の時代だった。女性が権力から排除されていたからである。ところが、十五世紀になると、法律が不明瞭になっただけでなく、男性のあいだに女性が混じるようになったため、精神の乱れ――シャルル六世の狂気――と王国の乱れがひき起こされた。やがて、優れて男らしいイメージのフランソワ一世が、こうした状況を立てなおす。けれども、この王が死ぬと、カトリーヌ＝ド＝メディシスの登場とともに、性別による役割分担の転倒と変則の長い時代がはじまる。かくして、女が「百年にわたって歴史をねじ曲げた」。

十八世紀の末になって、フランス王国の中枢に女性の混じることが多くなったのも、衰退のしるしであった。その本性からも、またその教育によっても、女性たちは反革命的だった。整然と書きことばで表現するよりも、デタラメにしゃべるほうが、女性たちは好きなのである。生来「貴族的な」女性たちは、平等という概念に敵対的である。「『新時代』の聖なることば――『友愛』――を、女性たちは一字一字たどって読みはするが、それでもことばの意味は読みとることができない」[22]。女性は、暴力の鎖を解きはなった、主要な責任者である。〔一七九二年秋、パリの民衆が王党派を虐殺した〕九月の殺戮は、血ぬられた魔女の饗宴であり、女たちの快感がみなぎっている。また、恐怖政治をつくりだした男たち——マラー、クートンあるいはロベスピエール——は、みな「おとこ＝おんな」だった。ことにマラーは、「その気質からいっても女だったし、女以上に女だった。非常に神経質で、たいへん血の気が多かった」。かれの一家は、その皮膚病のようにうじうじとして女性的であった。ただひとり、ダントンだけが「まずもって、そしてなんといっても、男らしかった」。だからこそ、女たちや民衆に——民衆もまた女である[23]——畏敬の念をもたれており、そしておそらくは、大革命を救うこともできただろう、というわけである。

おそらく、いまだかつて、性別による役割分担がこれほど厳密に定義されて規範にまでなり、説明されたことはなかったろう。政治的権力は、男たちの——しかも、男らしい男たちの——専有物なのである。おまけに、家父長制の秩序が、どこでも、つまり家庭でも国家でも君臨していなければならない。これが、歴史の均衡の法則だというのである。

母権制——女性の権力の起源という神話

母権制の問題は、十九世紀の人類学の論争の中心をなしていた。フランソワーズ・ピックが示したように、これに関しては一大コンセンサスがあった[24]。バッハオーフェン、モーガン、エンゲルスあるいはブリフォーらにとっては、女性が法律の起源にあるということは、なんの疑いもないことだった。女性たちは、男性の性的放縦から身を守るために、防護柵として法律をつくったというのだ（バッハオーフェン）。だが、大部分のものたちは、これを原始的で野蛮な段階とみている。母権制にもとづく法律は、法制度が確立されるまでの一段階であって、そこでは、父系の家系が確立されたことが、決定的な進歩のしるしとなる。たとえば、バッハオーフェンにとって、古代ローマの父権制にもとづく法律は、文明状態への飛躍を意味している。ただひとりエンゲルスだけが、これを私的所有の確立と結びつけて、「女性が歴史のなかで敗北したこと」を強調し、一夫一婦制とその近代的な形態——つまり、ブルジョワ的婚姻——のなかに、女性の抑圧を解くカギをみている。エンゲルスは、モーガンからずいぶん多くのことを学びはしたが、この師とはちがって、こうした結婚制度の変化を進歩とはみていない。すなわち、ある意味では、黄金時代はわれわれの過ぎ去った背後にあるとみなしているのである。だが同時に、このエンゲルスも、久しい以前から、社会主義者としての理論と行動においては、女性の解放を財産の集団所有の実現に従属させていたのである。

これからのべることはみな、あまりにもよく知られたことであり、あらためてここで強調するほどのことでもないが、女性の権力に関しては、いくつかの興味ぶかい特徴が、十九世紀の支配的な思潮のなかに、完全に組みこまれているのがみられる。まず最初に、文明を推進する力が、母親に与えられる。これに関しては、とくにブリフォーが、定住と農業というテーマに発展させている。つぎが、父親像の君臨であるが、これは、男性の優位を自己目的としてきた道のりの最後の到達点である。これは、十九世紀の末になると、もはや数えるいとまもないほど多くの勝利を納めたが、それは、この像が公私をともにふくんだ一般的な利益に合致していたからである。そして最後に、男女両性の関係が歴史学に組みこまれた。ただしこの関係は、固定した自然の秩序という根から伸びているのではなく、進化の産物なのである。女性が従属させられたのは、ひとつのプロセスの結果であって、このプロセス自体が逆に進むことも考えられるのである。

つけくわえていうと、当然のことながら、フェミニストたちはこれらの理論に熱心な関心を寄せている。たとえば、一九〇一年に、「フランスのフェミニズム研究グループ」は、この問題を研究・討議の課題としてあげ、それに関するパンフレットを発行した。しかし、性的関係、狂気、自由恋愛などとともに母権制が討議されたのは、ドイツのハイデルベルクやミュンヘンの進歩的な知識階級のあいだでだった。こうした人びとをとくに代表するのが、フォン・リヒトーフェン姉妹であるが[25]、かの女たちは、グロス、マックス・ウェーバー、ロレンスらと連動して議論を進めていたのだった。

したがって、これらの著作家たちが、数年前、フェミニストの人類学者のあいだでふたたび関心をもたれるようになったことも、またよく理解できる。これら人類学者たちは、構造主義の性別ぬきの論理と対決しなければならなかったのである。けれども、母権制に依拠する議論が袋小路に入っていることは、明らかになっている。あのトロブリアンド諸島の住民たちすら、その輝きを失ってしまっている。

にもかかわらず、女性の権力や男女両性の関係を表象するものとしてみた場合、これらの著者のテクストは、依然として興味ぶかいものをもち続けている。

十九世紀における女性の公的・私的権力

公的なものと私的なものの境界線は、いつでもつねに存在していたわけではない。それは、時代とともに変化している。両者それぞれの進化、両者のあいだの崩れやすい均衡、「公的なもの」と「私的なもの」が、それぞれ局面ごとに代わるがわる私有化されていく全体的傾向などは、現代を考えるうえでの主要なテーマのひとつになっている。そのことは、とくに、J・ハーバーマス、R・セネット、ヒルシュマンらの例によって明らかである。[26] 自由主義の世紀といわれる十九世紀も、この公私の区別という問題に関しては、これを存続させるべく延長記号を打ったようである。国家と私的個人とのあいだに、「市民社会」という、すくなくともフランスにおいては、いささか輪郭のはっきりしない概念があったにもかかわらずに、である。

ところで、われわれがここで関心をもっているのは、政治的空間がどのようにしてつくられたのかという問題である。この空間は、「公的なもの」と幅ひろく共存しているが、二重の排除によって成り立っている。すなわち、まずプロレタリアを排除し、さらに女性を排除している。だから、「第四身分」といういい方をしたほうが、「第二の性」といういい方をするより、はるかによく女性の諸権利を主張できるだろう。つまり、男性のプロレタリアたちも、一八四八年の二月革命を経たのち、みずからの利益のためにすすんでブルジョワと歩調を合わせ、女性の政治的能力に対する排除措置をとったからである。

女性たちをこのように政治から排除することは、すべての個人の平等を謳った「人権宣言」とほとんどなじまない。女性は、「個人」ではないとでもいうのだろうか？ この問題は厄介なしろものである。多くの——たとえば、コンドルセのような——思想家たちが、このことを予感していた。この排除を正当化する唯一の論拠は、男女の性差だった。これこそ、あの古くさい言説が、十九世紀に、医学や生物学の新しい発見の助けをえて、活気をとり戻した理由なのである。[27] その言説とは、自然的決定論の言説《ディスクール・ナチュラリスト》であり、それによると、男と女という二つの「種」があり、それぞれ固有な資質と能力をもつとされていた。すなわち、男性には脳（男根《ファリュス》よりもはるかに重要だった）、知性、明晰な理性、決断力が、また女性には、心、感じやすさ、もろもろの感情があるとされていた。

これは、反フェミニズムに追随するものたちの、使いふるされた常套手段とはいえまいか？ アンヌ＝リーズ・モーグが最近明らかにしたように、[28] おそらくそのとおりなのだ。しかし、もっとも評価の高い哲学の巨匠もまた、これと同じ政治組織の諸原理を公言している。たとえばフィヒテによれば、「女性的特性によって、女たちは、なににもまして実用的能力をあたえられている」。だが、まちがっても、思索的な能力はあたえられていない。したがって、「女たちは、公的任務につくことはできない」ということになる。またヘーゲルは、男女両性の「自然があたえた使命」について語っている。すなわち、「男性がほんとうに実質的に生きる場は、国家や学問、あるいはこれと似たタイプの他の活動のなかにある。一般的にいうと、そうした場は、外界や自己自身とみずからを対置させる、闘争や労働のなかにある」のだ。女性は、これと反対に信心と家族のためにつくられている。「もし、女性たちを政府の頂点の座につけたら、国家は危機に瀕する。なぜなら、女たちは、全体集団の要求にしたがってではなく、自分たちの気まぐれな好みや考えにしたがって行動するからである」[29]。最後にオーギュスト・コントは、もっと極端ないい方をしている。つまり、「たとえそれがほんの小さな家庭であるにしろ、女性はその管理に関して根本的に無能力だ」。なぜなら、女の特徴は、「幼児性を残したままの状態にある」からだ、とまでいいきっているからである。たしかに、なんの監督もせずに、家庭の仕事を女性に任すことはできなかったかもしれない。だが、〔当時ですら〕妻たちに家族や家のことを、つまり私的領域のかなめの役を任せる――一定の範囲内でではあるが――のは、社会通念となっていたのである。

十九世紀には、この男女の性別による役割分担が調和のとれた合理的なものであると、強調されていた。男性と女性は、おのおのの職能、役割、課せられた任務、占める空間、そしてその地位にいたるまで、こと細かにほとんどあらかじめ決められていた。そして、これと平行して、職業に関する言説というものがあって、労働を表わす言語をもっとも性別を反映した言語にしていたのである。その証拠に、一八六七年の万国博覧会へ派遣された労働者代表のひとりは、「男には、材木、金属類とかを、女には、家族の世話とか、織物とかを」と演説している。

経済学もまた、生産、再生産、および消費をはっきり区別することによって、こうした見方を確たるものにしていた。それによると、男は生産を、女は消費を、みずからの仕事としてひき受ける。再生産については、男女はおたがいに協力しあう。家計は女のやることだという考え方は、十八世紀末から十九世紀はじめの、家政を論じた概説書のなかにはっきりと描きだされている。たとえば、ガコン＝デュフール夫人は、有名な家事経営論を、家の管理者たる主婦だけを対象に書いている。ところが、十七世紀や十八世紀では、同種の著作は、農村経営の真の経営主である「世帯主」にむかって語られていたのである(30)。だから、家事という事業だとか、家事の、はたまた真の「女主人」としての主婦の「技量《シアンス》」だとかいうことばは、イギリスでもフランスでも、十九世紀になって広がったものなのである(31)。つまり、家政学という、この経済学の新しい分野は、家計の管理をその軸としていたのだ。そして、もっとあとの二十世紀になると、電化製品や「家事百科」の出現によって、一家の主婦は、機械化された台所の器具を操り、エンジニアよろしく振舞うようになる(32)。

また、このような女性の権力は、街なかでも行使されている。政治とは直接関連のない、自立した商品流通の世界では、ブルジョワ女性だけでなく、労働者階級の女性でさえ、主人公になっているようだ。すなわち、女性は、商品の購入、時代の趣味の普及、流行の成否を左右し、主要産業である繊維工業の原動力となって、消費を支配している。女性たちは、こうした力のシンボルなのだ。宣伝の文句はまず女性に向けられ、「デパート」は、なによりもすぐれて、女性の空間であり、その王国ではないのか。[33]

妻にして母であり、かつてショーメットがいったように、「家庭という聖域の神」[34]である以上、女性は、よきにつけあしきにつけ、ひとしく、大きな社会的権力をもたされるべきであろう。[35]

以上、いくつかの原理をのべた。これらが基準になってくれたらと思う。しかし、女性の権力をめぐる言説はあまりにも数多く、しかも男女それぞれの思いこみによって増幅されている。そのため、把握するのがむづかしい（あるいは、不可能かもしれない？）。実態のほうは、なかなか説明できないようである。十九世紀における女性の権力、あるいはさまざまな力は、いったいどんな性質をもち、どのような広がりをもっていたのだろうか？　男女両性のあいだで、ものごとを決定するそれぞれの役割はどのように分割されていたのだろうか？　それに関して、どんな対立が、陰に陽につくりだされたのか？　家族、地方自治体、国家についての、細部にわたる行きとどいた研究だけが、おそらく、こうした疑問をより明らかにしてくれるであろう。

十九世紀においては、概略して三つの動向がみられる。女性たちが公的空間から相対的に後退させられていったこと。女性を主人公とする家庭という私的空間が構築されていったこと。女性を表象するもののなかに、男性の想像力と象徴体系とが過度に投入されたこと。以上の三つである。そうはいっても、あらかじめいくつかの留保を銘記しておかねばならない。まず、公的なものがすべて、「政治的」だというわけではないし、すべて男性のものだというわけでもない。十八世紀の街頭で、あれほど多くみられた女性のすがたは、十九世紀の都市にも依然としてみられる。[36] 女性たちは、往年のようにものの売り買いをし、男女のいり混じる空間に集まり、また、女性だけの空間をつくりあげていたのである。[37] 他方、私的なものが、すべて女性のものだともかぎらない。家族のなかでさえ、主たる権力は、法的にも、実態においても、父親に属したままである。最近の政治的諸研究からも明らかなように、村々への共和制が浸透していくにつれて、父親の権力は強まっていった。父親は、唯一のまっとうな市民であり、妻や子供に対して権力をふるっていた。勝利しつつある共和国は、家父長制社会だった古代ローマばりの様相を呈していたのである。[38] 家のなかには、つきあいのための場（ブルジョワのサロン）と、男性の仕事の空間（妻や子供は、足音を忍ばせてでなければ入れない執務室）が共存していた。公私の領域の境界線は、つねに変化しやすく、曲りくねっており、家庭という小空間をさえ分断していた。

にもかかわらず、さきに概略的にあげた三つの動向は、権力が行使される主要な範囲を示している。女性たちの行動は、十九世紀には、なによりも、私的な、家庭内の、母親としての権力を確立することで成りたっていた。それが、女性たちの運命とされていたのである。ボニー・スミスは、フランス北部地方のブルジョワ女性たちが、一八六〇年以後、それまで参加していた家業の運営から排除されていった様子を描いている。それによると、このころから、女性たちは、工場のある地域から遠く離れた、いわゆるお屋敷に閉じこめられ、家のなかの仕事や、数多い家族と使用人の面倒をみるようになる。そして、首尾一貫した家庭内道徳律《モラル》とでもいうべきものを築きあげ、自分たちのどんな些細な行動にも、それなりの意味をもたせるようになる。理性に対する信仰、資本主義に対する慈善、そして、子どもを産み育てるという女性にとっての基本的な存在意義、この三つが、道徳律の主軸をなしていた。しかも、この北部フランスの女性たちは、高度な自己意識をもっていた。かの女たちは、単に諦めきっていたのでも、受身だったのでもなく、ものごとの判断において、自分たちなりの世界観を築こうとしていた。ボニー・スミスは、これに「キリスト教的フェミニズム」という名称をあたえているが、それは、マティルド・ブールドン、ジュリア・ベクール、ジョゼフィーヌ・ド＝ゴールらの、女流小説家の声によって語られている。これら女流小説家たちは、善と悪、つまり男と女の対立し合っている家庭内のありさまを、一種の叙事詩に仕立てあげている。そこでは、男たちが、権力欲と金銭欲とによって混乱《カオス》と死とを生みだす。それに対して、家庭の主婦《ヒロイン》たちは、苦悩に耐え、自己犠牲と美徳によって、家庭の調和と家族の平和をとり戻す。かの女たちは、うまくとり仕切る権力——それは、義務でもあるわけだが——をもっているのである。

都市の民衆のあいだでは、父親が仕事の都合でだんだん家庭から離れ、不在がちになっていくにつれて、母親のすがたというものが強まった。それは、たくさんの自伝によって、また、ル＝プレの手になる家族に関する個別研究によっても、証明されている。そのため、夫の給料の管理が、やがて、大幅に主婦の手にゆだねられるようになり、またそれによって、おそらく、女性は、家庭内での権力を獲得していったはずである。だが、それはまた、責任の拡大をも意味しており、貧窮の時には、主婦は、自分の食べものや衣類をけずって、家族にあたえることもあった。とはいうものの、この「家計の母権制」は今日でも根づよく続いており、主婦たちの生活と切っても切れない現実と認められている。(39) 民衆の女性たちは、また別の知識や権力ももっている。それは、とくに、医薬に関すること、宗教に関すること、および、文化に関することにまで広がっている。子どもたちの初期教育における女性たちの役割は、字が読めるように手ほどきすることも含めて、無視できない重要性をもっている。十九世紀の都市では、女性たちの読み書きの能力が急速に向上した結果、小説や新聞を読むことによって、世の中のことを思考する力を身につけるようになる。(40) ところで、このころから、いろいろな施設や制度——病院や学校——が整備されてくる。ところが、それらは、おおむね、女性たちが経験的知識でこなしてきた分野においてであったから、かの女たちは、自分たちのなすべきことが奪われていくという感情をもつまでになる。

また女性たちは、家庭の枠をこえて街なかでも活躍する。かの女たちが参加した活動を公式、非公式を問わず、一時的にか、恒常的にかも問わずに一覧表にすると、その表はかなり長大なものになるはずである。ブルジョワ女性たち——つまり、社交界の女性のことだが——には、家から出かけて、慈善や博愛活動に参加するようにと、お誘いのかかることがだんだんと多くなる。北フランスの奥様連中はそのように行動していた、とボニー・スミスは描きだしている。しかし、ここでもまた、かの女たちの影響力には限界が出現する。たしかに、奥様たちは、社会的な事業の運営にともに参加するよう奨励されるていた。けれども、その「業績」は、北フランスの企業家から批判されたり、ときにはまっこうから反対されたりしたのである。というのも、かれら企業家は、激しい労働運動に直面して、もっと状況にマッチした、世俗的で、共和主義的な行政の片棒をかつぎ、自分たちの母親や妻たちの行動を、時代に逆行していると非難するようになっていたからである。

もっとも、女性たちが反動的性格をもっているという批判は、この時代の一大テーマであった。この批判は、娘たちへの新しい教育という要求に根拠をあたえた。この要求は、第二帝政の末期以来、共和主義者、それもとくにプロテスタント系の共和主義者たちによって唱えられていた。一八六七年ころ、教会と共和国はたがいに反対の立場にあり、一方のデュパンルー司教と、他方の、フェリー、ファーヴル、ルグヴェら、女子中等教育の創始者たちが対立し合っていた。[41] この論争の規模の大きさと、その激しさとが、両陣営の掲げていたものの重要性を物語っている。つまり、女性たちの社会的権力が拡大された一方で、その自立性の不足もまた事実だったのである。

政治のレヴェルでは存在しないも同然で、家庭のなかに閉じこめられていたけれども、十九世紀における女性の地位は、公的および私的なイメージの世界のいたるところでとり上げられ、なかば熱狂の対象となっていた。そしてそれは、政治的なレヴェルであれ、宗教や、あるいは詩のレヴェルであれ同様のことだった。たとえば、教会は、「聖母信仰」の祝祭をとり行ない、その影響は、いくつもの大規模な巡礼となって現われてきた。他方、サン＝シモン主義者たちも、東方《オリエント》からくる「聖母」による救済を夢みていた。また、共和国もみずからを、ひとりの女性「マリアンヌ」に擬人化していた。詩人や画家たちも、日常生活では女性を軽蔑しながら、女性を歌いあげ、描きあげた。たとえば、ボードレールなどが、その典型的な例であり、かれは、自分の母、つまり、恐ろしくもあわれなオーピック夫人を極度に恐れ、同時代の女性のおろかさを軽蔑しながら、『ミューズとマドンナ』をほめたたえている。[42]

母親とは、さまざまな信仰を結びつける軌跡であったが、これらの信仰は、ついには、いやになるほど過剰な母親崇拝を生みだし、男たちが、女たちに、それもとくに母性的な力に対して抱いていた古色蒼然たる恐怖感を養うことになった。ダリアン、モーリヤック、アンドレ・ブルトンなどの作家や詩人は、この父祖伝来の恐怖の近代的な解釈者でもあった。「母親たち！ ファウストの恐怖を人びとは再発見した。母親という音節のたったひとつの音ででも、人びとは電気ショックを受けたように感ずる。この音節のなかには、時空をこえた、強い力をもつ女神たちがひそんでいるのである」、とブルトンは書いている。[43]

しかしながら、二十世紀初めの新しい反フェミニズムは、はじめこの恐怖感という源泉から育ったわけではない。それは、女性たちがさまざまな権利を獲得してきたことを、源泉としている。「解放された女性」が、男女の役割分担をくつがえそうと、おずおずとではあるが下準備を進めてきたことを、源泉としている。かの女たちは、市民的・政治的権利の平等や知的職業につく機会を要求し、母親としての「天職」にとじこめられることを拒否していたのである。この「新しいイヴ」（一八九六年に、ジュール・デュボワが用いた表現）は、知的で自由な女性を伴侶として夢みる男たち——あまり数は多くなかった——の、情熱をかき立てた。だが、もっとずっと多数の男たちは、新しいイヴたちに既得権を奪われることを恐れ[44]、女性の権力を脅威と感じ、そこに、民族の退化と、風俗の頽廃の危機をみていたのである。

『オットー・ヴァイニンガーの場合』が、最近ジャック・ル＝リデによって分析されているが、このオーストリアの反女性主義者は、一九〇〇年前後の、反フェミニズム的反動の広がりと、そうした論議の本質を明らかにしている[45]。ル＝リデによると、この反動から、父親像や男らしさという価値の復活を求めるアピールが、あらゆる地平から響きわたったという。「われわれは、戦争——世界を浄化する唯一のもの——、軍国主義、愛国主義、アナーキストたちの破壊活動、人殺しを正当化するあっぱれな思想、女性蔑視の栄光を称えたい。われわれは、博物館、図書館を解体したい。道徳主義、フェミニズムなど、日和見的で、功利主義的な、いっさいの臆病と闘おう」と、マリネッティの未来主義宣言が一九〇九年に触れている[46]。戦争は、男女それぞれの性を、悲劇的なまでに「もともとの地位」に戻そうとするものであり、したがって、戦争が男女両性の関係におよぼす影響は、たいていの場合、保守的であり、時代に逆行するものでさえある。

終わりにあたって、女性たち自身の態度、とりわけ、政治的権力に対する態度はどうであったかと、問うてみる余地がある。これこそが、真に問われているものだからである。フランスでは、この態度は、ある種の自己抑制の徴候を、つまり、家父長制社会を事実上受入れてしまっているという徴候を、示してはいないだろうか？　アングロ＝サクソン系の注釈者たちは、異口同音にこの事実を強調している[47]。そして、この事実ゆえに、これら注釈者たちは、フランスをラテン系社会のひとつと考えているようである。フェミニズムは、フランスでは、「社会的」で、非政治的行為にとどまるだろう。政治は女の関わることではない、政治は女たちにふさわしい場ではないという考えは、ごく最近まで、男女に共通の意見として根づいていた。それに、女性たちにも、政治をことさら低くみなし、社会的なことや非公式のことをわざと高く評価する傾向があり、それによって伝統的規範が、みずからの内なるものとして、とり込まれてしまっているのである。ここでもう一度くり返しておくが、いま問われているのは、まさに、権力という課題に関して、すべての女性が一致できるのかという問題なのである。

歴史においても、また現在においても、権力の問題は、男性と女性の関係の核心にあるのだ。

日本語版へのあとがき
フランスにおける「女性史」の二十年

ミシェル・ペロー

本書は、一九八三年六月、ヴァール県サン＝マキシマンで開催されたシンポジウムの結果まとめられたもので、フランスで「女性史」を書くについての問題を概略示したものです。すでに、アメリカやイギリスで行なわれている先駆的な例に比べると、地味ですが、最近めきめき活動ぶりを発揮してきた研究分野の一つとして、その発展のすがたを明瞭に物語っています。

今後、本書は、一九七〇年代に始まった当初の試みと、現在出版されつつある『西欧女性史』(*Histoire des Femmes en Occident*, sous la direction de George Duby・Michelle Perrot, Plon. イタリアで一九九〇―九二年、フランスで一九九一―九二年、さらに今後他の六カ国語に翻訳される予定) が生まれるまでの途中経過に位置するものになることは間違いありません。『西欧女性史』はサン＝マキシマンに集《つど》った私たちのグループが苦心して計画したものなのです。

これまでの経過を簡単に思いおこしてみましょう。一九七三年に、パリ第七大学＝ジュスィウで三人の教員の発案による最初の講義が行なわれました。その三人とはファビエンヌ・ボック Fabienne Bock、ポーリーヌ・シュミット＝パンテルと私自身です。私たちはこのようにして、自分たち自身の願望と多くの女子学生たちの願いを表現したのです。私たちも女子学生たちも、当時フランスでとても積極的であった「女性たちの運動」に、何らかの資格で参加していたのです。この新しい授業で、私たちはほんの僅かのことしか出来ませんでした。それは必要な資料も問題設定も不十分で、私たちのやろうとしていることが本当に有効なのかどうか、ほとんど確信を持つことすらもできないでいました。私たちは「女性には歴史があるのだろうか?」という題目を掲げ、講義形式で授業を行ないました。最初の学期《セメストル》は、現在の問題について論じ、男女両性の関係についての省察では私たちよりずっと進んでいた社会学者たちと共にそれをやったのです。社会学者アンドレ・ミシェルは、シモーヌ・ド・ボーヴォワールの友人で、国立科学研究センター《CNRS》(Centre National de la Recherche Scientifique)の創設者です。この研究センターは女性に関する研究を始めた最初の機関の一つで、彼女は熱気に溢れた雰囲気のなかで戦端を開きました。彼女が論じたのは「家族のいろいろなモデル」でした。この講義はたくさんの人びとを魅きつけました。とくに、左翼学生たち(トロツキストや毛沢東主義者たち)を。この学生たちは、ややお粗末なマルクス主義に心酔していて、女性の問題は二の次で、現時点での真の問題は、革命

——社会的あるいは第三世界の近代化に連帯するもの——でなければならない、女性の問題はそれをはぐらかすものだ、とみなしていたのです。彼らは断固たる態度で異議申し立てをするぞと、ずっと身構えていたものですが、連中はそれを実行したのです。アンドレ・ミシェルは「家族のいろいろなモデル」を語ったので非難されたのです。彼らは言ったものです。家族とはブルジョワ的なものであるから、もはや必要とされないものであると。講義していたアンドレ・ミシェルは次のように答えました。社会学者として私は、家族についてどんなモデルがよいと述べているつもりは全くないのであって、いろいろのモデルについて検討を加えているだけなのであると。もうひとり別の学生が割り込んで、家族の起源についてどう考えているかと質問しました。つまり、これこそが男女両性の関係を理解する唯一のやり方とされているのではないか？　と。

もうすっかり過去となってしまった当時のことを想い起こすと笑いがこみあげてきます（本当にそのことで、その当時すでに！　私たちは楽しんだものでした）。けれども、たしかにその頃の状況はそのようなものでした。それは、もっともっとはるか昔の雰囲気をどうしても思い出さざるを得ないものでした。女性歴史家である私たちが、十九世紀に事実としてあったのを見つけていたものなのです。つまり、女性たちのための女性たちの会合すべてにつきまとっていた雰囲気そのものでした。実のところ、私たちに質問を浴びせた学生たちは、自分たちが不満を抱いているいることをとくに印象づけようとしてやっていたのでした。学生たちの教師に対する抗議行動はその後次第に鎮まっていきました。最初の学期に社会学的な事柄をとりあげたあと、私たちは同じ歴史学者仲間で名声の高い歴史家たちに助力を求めました。それは、「アナール」学派とより密接で、私たちのこの問題に理解のある態度をとっていた人びと――ピエール・ヴィダル＝ナケ Pierre Vidal-Naquet、ジャック・ル＝ゴフ Jacques Le Goff、エマニュエル・ル＝ロワ＝ラデュリ Emmanuel Le Roy Ladurie、ジャン＝ルイ・フランドラン Jean-Louis Flandrin、モナ・オズーフ Mona Ozouf……でした。私たちは、先史時代に一期間《セアンス》を当て、そして、博物誌《イストワール・ナチュレル》にすらもそうしました。それは、動物の狒狒《ひひ》の雄と雌の行動の違いについて疑問を持っていたし、それには要するに、両性の不平等の始まりという、有名な問題がつきまとっていたからです。これらの質疑・討論を含んだ講義はとても首尾よくいきました。これらの授業によって、女性史というこの土壌にはじめて鍬が入れられ、あれこれの情報や知識を蓄積し、問題提起ともなる大筋の事柄をつかむことができるようになったのです。それに続く数年のあいだに、私たちは、「女性と家族」、「女性と労働」についての講義を持ち、私たちのやりたいことを思うようにやれるようになりました。それと同時に、「修士資格《メートリーズ》」のための論文（第四年目の論文集）の形でいくつもの研究が始められ、その多くは学位論文になりました。すなわち、家庭労働あるいは家内労働、戦争の役割、妊娠中絶と嬰児殺し、母性に関する論争、非行婦女と女囚、娘たちの教育など……が初期のテーマのなかで初めて手がけられたものでした。女性の問題に密着した「スペシャリスト」たちの核ができてきて、それが最初の頃のシンポジウムを指導していきました。

　これらの研究を支えていた闘志満々で若さいっぱいの情熱は、理論的なことは二の次でほとんど顧慮されないままでした。そうはいうものの、これらのことをどうしたらよいのか？　反省のなさを積み重ねる危険がありはしないだろうか？　そのような思いから、これらの研究に責任を持つ者たちが数名、自分たちの見解をぶつけ合って検討したいと思うようになったのです。アルレット・ファルジュとクリスティアーヌ・クラピシュ＝ズュベールが口火を切って、参加したいものが高等研究学院《エコール・デ・ゾート・ゼチュード》に定期的に集まって、いろいろなテクスト（人類学に類するもの、フェミニスト的なもの）やいろいろな問題（たとえば、女性の独身生活というようなテーマ、このテーマから共同研究による著作が一つできた(1)）をめぐって、一種非公式な研究会《セミナー》を開きました。その後間もなく、この研究グループは、専門職業の歴史家たちのあいだで討論会を持ちたいと思うようになり、『アナール』誌に呼びかけました。同誌は、検討を加えたあとで、その内容を「文化と女性の権力。〝歴史を書く〟試み」と題して掲載したのです。十名の執筆者の名前も記されていました。これは同誌にマニフェストのような印象を与え、まったく驚きものでした(2)。

　そうこうするうちに、アラン・ペール、すなわち「サン＝マキシマン会議」の発案者たる彼が、私たちにヴァール県のこの立派な大修道院でシンポジウムを開かないかと提案したのです。「女性史は可能か？」のテーマで、というのです。これは一九八三年春のことでした。最初の講義から十年……、私たちは女性たちに歴史があったことをしかと確信してはいました。が、それは書かれていたと言えるでしょうか？　どのように書かれていたのでしょうか？　本書は、シンポジウムの報告ではあるのですが、その時の、心からの楽しい雰囲気、そして、内容豊富であった討論の中身を十分には伝えてくれないのが残念です。とにかく、この本は一九八三年における問題の掘りおこし状況を説明してくれてはいます。いわば、中間報告のようなものであって、これが現代的意義《アクチュアリテ》をあまりひどく失ってしまわないでほしいと願っています。

八年が過ぎ去っていきました……。そして現在《いま》、『西欧女性史』が出版されつつあります。その責任編集者の大部分はサン゠マキシマンで顔を合わせた人たちであり、この『西欧女性史』は、女性史を探る私たちのコースをいわば全《まっと》うしてできた作品なのです。そこで、この書物について一言のべておきたいと思います。

大事なことは、この『西欧女性史』の出版はイタリアの出版社ラテルツァ Laterza の発案によるものだということです。この出版社は、反ファシズムの抵抗運動《レジスタンス》で名を知られた一家が経営しており、またベネデット・クローチェの著作集の出版、および、社会科学、とくに歴史学の分野で積極的な出版を経営方針としていることでも評判です。『私生活の歴史』（スイユ社、フィリップ・アリエスとジョルジュ・デュビー監修）の翻訳の際、イタリアで二回目の打ち合わせ会をすませたあと、ヴィトーとジュゼッペ・ラテルツァがジョルジュ・デュビーに「女性史」出版のアイディアを提案したのです。デュビーは、一九八三年に『騎士・女・司祭』（パリ、アシェット社、〔邦訳『中世の結婚』〕）をすでに公刊していましたし、コレージュ・ド・フランスで中世の女性たちについて数回の講義をしていて、この提案をいいアイディアだと判断はしたものの、著作やネットワークから自分は適任ではないと言って、私にそれをやってほしいと申し出られました。

私は手にあまるほど課業をかかえておりましたのでずい分迷いましたが、年来の経過のなかでできていた私たちのグループに相談したのです。その結果、現在、この『西欧女性史』をグループのメンバーが監修することになりました。ポーリーヌ・シュミット＝パンテル（第一巻、古代）、クリスティアーヌ・クラピシュ＝ズュベール（第二巻、中世）、アルレット・ファルジュ（彼女と共に、ナタリー・デーヴィスが協力を引き受けてくれた。第三巻、近代）、ジュヌヴィエーヴ・フレス（第四巻、十九世紀）、フランソワーズ・テボー（第五巻、二十世紀）が、熟慮のうえ、この企画を受諾してくれたのです。このことで私たちは共同の仕事を延長することになりました。私たちこのグループは、女性史の対象とする時間的・空間的範囲の限定（西欧、古代から現代まで）、基軸にすること、文体、問題の立て方（女性の歴史というよりは、むしろ、男女両性の関係史）などを決め、執筆への協力者を集めました（全体で七二名、フランスを強力な核としてそのまわりに、すべての国から）。このグループが最初から最後まで、この企画の達成に従事しました。この仕事は一九八七年から始められ、現在、完成途上にあります。イタリアとフランス（プロン社）で、全五巻の出版が一九九二年春に終わることになっています。私たちは、この両国で、シンポジウムを開いて批判・検討をいただきたいと思っています。

言うまでもなく、『西欧女性史』の出版が成功したかどうかを、私たちは言える立場ではありませんし、まして、祝辞を述べているのではないのでして、『西欧女性史』誕生の系譜《いきさつ》を説明させていただいたわけです。当然、まだ不完全なものであり、『西欧女性史』を書くというこの総括の仕方は、とにかく、当面の問題としてとられた方針にすぎず、他の新しい国ぐに、それは西欧だけでなく、世界の他の地域の国ぐにも含めて、女性史研究が力強く発展することによって、速やかにのり越えられていくものと思われます。これまでの二十年間の経験で得たものや発見したものに続いて、これからの十年は、男女両性の関係にとって、これまで以上に不透明になるのではないかと思われます。そうではありますが、アフリカ、オリエント、ラテン・アメリカの女性たちもまた、彼女たち自身の歴史を、彼女たち自身のものにするようになるだろうと期待できるのです。それは二重の意味でそう言っているのです。つまり、彼女たちが創造し、叙述する歴史という意味なのであって、それらは、非常にしばしば連帯を意味するものなのです。

女性史の可能性は、まず、女性たち自身が意識を持つことにあるのです。この歴史は、最も広い意味でのフェミニズムに依拠するものであって、だから、したがって、それは、デモクラシーが重要な関わりをもつものなのです。デモクラシーは女性史にとって無くてはならないコンパニオンであり、そして、簡単には満足させることのできない、多くを要求するコンパニオンなのです。

（一九九一年四月）

原　註

日本語版への序文

（1）Christine de Pisan, *La Cité des Dammes,* Paris, Stock, 1986.

（2）*Journal intime de Caroline B.*（*Une jeune fille sous le Second Empire*）, présenté par Michelle Perrot et Georges Ribeill, Paris, Montalba, 1985.

Journal de Geneviève Brêton, Paris, Ramsay, 1986.

Marthe, Paris, Seuil, 1982.

Emilie, Paris, Seuil, 1985.

B. Craverie, *Madame du Deffand et son monde,* Paris, Seuil, 1987, etc.

（3）Paul Constant, *Un monde à l'usage des Demoiselles,* Paris, Gallimard, 1987.

（4）Béatrice Koeppel, *Marguerite B. Une jeune fille en maison de correction,* Paris, Hachette, 1987.（一九五〇年に起こった更生施設での自殺の研究）

（5）M. Cabaud et R. Hubscher, *1900. La Française au quotidien,* Paris, A. Colin, 204pp, série de cartes postales.

（6）Geneviève Fraisse, *Clémence Royer, Philosophe et femme de sciences,* Paris, La Découverte, 1984.

Jean-Paul Goujon, *Vie de Renée Vivien*（*1877-1909*）, Paris, Régine Deforges, 1987.

（7） Françoise Thébaud, *La femme au temps de la Guerre de 1914,* Paris, Stock, 1986.
Marie-Claire Hook-Demarle, *La femme au temps de Goethe,* Paris, Stock, 1987.

（8） *Histoire de la Vie Privée,* Paris, Seuil, 現在三冊が既刊。残りの二冊（十九世紀と二十世紀の巻）は、一九八七年一〇月刊行予定。
Histoire de la famille, sous la direction de André Burguière, Christiane Klapisch-Zuber, Martine Segalen et Françoise Zonabend, Paris, A. Colin, 1986.

（9） マーガレット・マルアーニの編集による、一九八六年冬期号（12=13合併号）は、「女性、その雇用形態」と題され、女性の就業権について触れている。

（10） *Annales,*（*Economies, Societés, Civilisations*）, mars-avril 1986, 《Culture et Pouvoir des femmes. Essai d'historiographe》, pp. 271-295.

（11） マルク・ギョームの監修による。Paris, La Découverte, 1986.

（12） Sylvie Chaperon, 《Femme : un objet non identifié. Analyse épistémologique du féminisme》, *Les Temps Modernes,* février 1987.

（13） *Atelier Production/Reproduction*（A.P.R.E.）, n° 3（septembre,1985）, 《Production/Reproduction et Rapports sociaux de sexe》.

（14） Elisabeth Badinter, *L'Un et l'Autre Sexe,* Paris, Odile Jacob/Seuil, 1986.

（15） Joan Scott, 《Gender : A useful Category of Historical Analysis》, *The American Historical Review,* vol. 91/5, décembre 1986（1053-1075）.

（16） 《Métiers de Femmes（XIX-XXe siècles）》, *Le Mouvement Social,* juillet-septembre 1987, présenté par Michelle Perrot.

序　文

（1） Thérès Moreau, *Le sang de l'histoire. Michelet, l'histoire et l'idée de la femme au XIX*^{e} *siècle*, Paris, Flammarion, 1982.

（2） *Madame ou Mademoiselle ? Itinéraire de la solitude féminine, XVIII*^{e}*-XX*^{e} *siècles*, études rassemblées par A. Farge et C. Klapisch-Zuber, Paris, Montalba, 1984.

（3） *Annales de démographie historique*,《Démographie historique et condition féminine》, Paris, Editions de l'Ecole des Hautes Etudes, 1981.

（4） *Revue de Synthèse*, numéro spécial sur《Sciences et Mentalités》, juillet-décembre 1983 (11-112) ,Paris, Albin Michel.（とくに、R・シャルティエ、J・ルヴェル、J・ロジェの報告、および、論争のまととなった「心性《マンタリテ》」という概念に関する、いくつもの興味深い説明に注目のこと）。

（5） Liliane Kandel,《L'explosion de la presse féministe》, *Le Débat*, 1 (mai 1980).

（6）『ペネロップ、女性史のためのノート』誌 *Pénélope, Cahiers pour l'Histoire des Femmes* が、一九七九年の秋から刊行されはじめたこと、また、その一一号（一九八四年・秋）が『女性と結社』特集号 *Les Femmes et les Associations* だったことを想起すること。

（7） 現在、国立科学研究所内に、「女性および女性学研究の特別行動プログラム」があり、いくつかの歴史的研究、とりわけ、現代のフェミニズムに関する研究と、二十世紀のイゼール県におけるキリスト教的サンディカリズムに関する研究などが、行なわれてきた。また、女性の権利省は、大学に、「女性学研究」と呼ばれる部門を開設するよう働きかけたり、一九八四年の五月にディジョンで行なわれた、「フロラ・トリスタン・シンポジウム」（主催は、ステファヌ・ミショー）に参加したり、『ペネロップ』誌を援助したりしてきた。

（8）例として、『ルヴュ・イストリック』*Revue Historique*（一九八四年一-五月号）、『二十世紀』誌 *Vintième Siècle* の第三号（一九八四年七-九月）、『アメリカン・ヒストリカル・レヴュー』誌 *The American Historical Review* の八九号・第三分冊（一九八四年六月）など、各誌の最近号での女性に関する研究を、あげておく。とくに、最後にあげたものは、全編「今日の女性」というテーマにあてられている。

（9）Claude Dulong, *La vie quotidienne des femmes au Grand Siècle*, Paris, Hachette, 1984.

（10）ロランス・ペルヌーの監修のもとに、最近ストック社から出版された、『……の時代の女性たち』*Les Femmes au temps de*……というシリーズをあげておく。
Régine Pernoud, Dominique Desanti, *La Femme au temps des années folles.*
Elisabeth Ravoux-Rallo, *La Femme au temps de Casanova.*

（11）とくに以下の論文を参照のこと。
Michelle Perrot, 《Sur l'histoire des femmes en France》, *Revue du Nord*, LXIII (1981).
Arlette Farge, 《Dix ans d'histoire des femmes de France》, *Le Débat*, 23 (janvier 1983).
Joan Scott, 《Survey articles. Women in History》, *Past and Present*, 101 (XI-1983).

（12）Paris, Hachette, 1981〔邦訳、篠田勝英訳『中世の結婚』新評論、一九八四年〕

（13）このテーマに関しては、母親と娘の基本的関係に関する、以下の書の歴史的分析を参照のこと。
Marie-Françoise Lévy, *De mères en filles. L'éducation des françaises (1850-1880)*, Paris,

Calman-Lévy, 1984.

（14） このテーマに関しては、C・R・I・F（女性研究情報センター）の紀要・第4号（一九八三-八四年冬）と第五号（一九八四年、春）を参照のこと。この二つの号には、主要な参考文献、それもとくに、ロッサナ・ロッサンダの業績がリストアップされている。

（15） この点に関しては、ジーン・ピーターソンのつぎの論文がよい参考となる。
Jeanne Peterson, 《No Angels in the house : the victorian myth and the Paget women》, *The American Historical Revew*, 89（3）(juin, 1984).

その中で、ピーターソンは、三代にわたる女性たちの私的な文書のたすけをかりて、女性たちが、みずからにおしつけられたステレオタイプと、いかに異なっているのかを示すとともに、男性対女性という二分法から抜けだすための分析の道すじを提示している。またピーターソンは、社会の各階層をすべて考慮の対象とすることが必要だ、と強調しているが、そこには、中産階級をいくつかの階層に分けることも含まれている。中産階級が、かならずしも、ひとつの等質な全体をなしてはいないからである。たとえば、その例として、「家庭の中の天使」というモデルをあげることができる。このモデルは、一部の女性たちにとっては、ひとつの貴族的な夢だったかもしれないが、別の女性たちにとっては、抑圧的な悪夢だったはずだ、という。

女性史のとり組みとその成果

（1） *Cahiers Jussieu*, n° 5, Les mariginaux et les exclus dans l'histoire, col.10/18, 1979.

（2） *Le mouvement social*, n° 105, oct.-déc. 1978, 《Travaux de femmes dans la France du XIXe siècle》 présentation de Michelle Perrot.

（3） 各論文のタイトルは、以下のとおりである。

-L. Roubin, 《Espace masculin, espace féminin en communauté provinçale》, *Annales E.S.C.*, n° 2, 1970.

-S. Pembroke, 《Femmes et enfants dans les fondations de Locre et de Tarente》, *Annales E.S.C.*, n° 5, 1970.

-R. Trexler, 《Le célibat, les religieuses de Florence au XVe siècle》, *Annales E.S.C.*, n° 6, 1972.

-J. Rossiaud, 《Prostitution, jeunesse et société au XVe siècle》, *Annales E.S.C.*, n° 2, 1976.

-Y. Knibielher, 《La nature féminine au temps du Code Civil》, *Annales E.S.C.*, n° 4, 1976.

-J. Léonard, 《Religieuses et médecins au XIXe siècle》, *Annales E.S.C.*, n° 5, 1977.

-J. Gélis, 《Sages-femmes et accoucheurs dans la France moderne》, *Annales E.S.C.*, n° 5, 1977.

-M. Laget, 《La naissance aux siècles classiques》, *Annales E.S.C.*, n° 3, 1977.

-A. Rousselle, 《Le corps de la femme d'après les médecins grecs》, *Annales E.S.C.*, n° 5, 1980.

-E. Shorter, 《Les règles en1750》, *Annales E.S.C.*, n° 3, 1981.

-R. Trexler, 《La prostitution à Florence au XVe siècle》, *Annales E.S.C.*, n° 6, 1981.

-L. Accata-Levi, 《Masculin, féminin, aspects sociaux d'un conflit affectif》, *Annales E.S.C.*, n° 2, 1982.

-A. Weiner, 《Echanges entre hommes et femmes dans les sociétés d'Océanie》, *Annales E.S.C.*, n° 2, 1982.

（4） 修道女と売春婦に関する論文が四篇、身体、出産、医学に関するものが、五篇ある。ただし、そこでは、はるかむかしの、対になった女性像（処女―淫売）の方が、母性や女性の身体に関する伝統的な女性像よりも、はるかによく描かれている。

（5） L. Roubin,《Espace masculin, espace feminin en communauté provinçale》, *Annales E.S.C.*, nº 2, 1970.

（6） A. Weiner,《Echanges entre hommes et femmes dans les sociétés d'Océanie》, *Annales E.S.C.*, nº 2, 1982.

L. Accata-Levi,《Masculin, féminin, aspects sociaux d'un conflit affectif》, *Annales E.S.C.*, nº 2, 1982.

（7） R. Trexler,《Le célibat, les religieuses de Florence au XVe siècle》, *Annales E.S.C.*, nº 6, 1972.

（8） J. Rossiaud,《Prostitution, jeunesse et société au XVe siècle》, *Annales E.S.C.*, nº 2, 1976.

（9） J. Gélis,《Sages-femmes et accoucheurs dans la France moderne》, *Annales E.S.C.*, nº 5, 1977.

（10） ここで、ミシェル・ペローとポーリーヌ・シュミット＝パンテルに、感謝の意を表したい。ふたりは、雑誌『歴史《イストワール》』でおこなった研究の成果を、わたしが利用するのを許可してくれた。なお、この研究は、一九八三年に、「歴史研究センター」で行なわれたセミナーにおいて、口頭で発表された。

（11） 最近のセミナーでの、G・フレスの発言。

（12） 雑誌『ペネロップ』は、女性史研究のために、「歴史研究センター」（Centre de recherches

historiques, 54, bd. Raspail, 75006 Paris）を、設けている。

（13） G. Duby, *Le Chevalier, la Femme, le Prêtre,* éd. Hachette, 1981.

（14） M. Godelier, *La production des grands hommes,* éd. Fayard, 1982.

中世学者、女性、時系列研究

（1） Régine Pernoud, *La femme au temps des cathédrales*（Paris, Stock, 1980), p. 19.

そのほか、膨大の量のこの種の業績の中から、いくつかの論文をあげておこう。

F. L. Ganshof, 《Le statut de la femme dans la monarchie franque》.

René Metz, 《Le statut de la femme en droit canonique médiéval》.

ともに、*Recueils de la Société Jean Bodin*（《*La femme*》). 12（1962）の、それぞれ、p. 5–58 と p. 59–113.

また、結婚に関する数多くの研究も、おもい起こさなければならないが、そのうちから以下のものだけをあげておく。

A. Esmein, *Le mariage en droit canonique,* 2e éd. par R. Genestal et J. Dauvillier（Paris, 1929–1935).

女性の視点からの法律の問題に関しては、

Jo Ann Mc Namara et Suzanne F. Wemple, 《Marriage and divorce in Frankish kingdom》, in *Women in Medieval Society,* éd. par S. M. Stuard（The University of Pennsylvania Press, 1976), p. 95–124.

さらに同じ著者たちによる、つぎの論文を参照のこと。なお、これには貴重な文献一覧がある。

《Sanctity and Power : the dual pursuit of medieval women》, in *Becoming visible. Women in European history*, éd. par R. Brindenthal et C. Koonz (London & Boston, 1977), p. 90-118.

（2） Jacob Burckhardt, *La civilisation de la Renaissance en Italie*, trad. et éd. par R. Klein (Paris, Plon, 1958).

E. Rodocanacchi, *La femme italienne avant, pendant et après la Renaissance* (tr. fr., Paris, Hachette, 1922).

ほかに、つぎの衝撃的な論文を参照のこと。

Joan Kelly Gadol, 《Did women have a Renaissance ?》 dans *Becoming visible*, *op. cit.*, p. 137-164.

（3） R. Pernoud, *op. cit.*

また、つぎの基本的な文献の結論によると、ルネッサンスの時期には、男女間の平等は認められていなかったとのことである。

Ruth Kelso, *Doctrine for the lady of the Renaissance* (Urbana, 1956).

（4） 修道女に関しては、以下の古典的な著作を参照のこと。

Lina Eckenstein, *Woman under monasticisme* (Cambridge, 1896).

Eileen Power, *Medieval English nunneries* (Cambridge, 1922).

および、同じくアイリーン・パウアーの、一九二〇—一九三〇年間のエッセイや講演を再録した論集、

Medieval Women (Cambridge, 1975, trad. fr. Paris, 1979).

および、つぎの論集、

Medieval women, éd. par Derek Baker（Oxford, 1978）.

なお、この論集では、とりわけ、S・トンプスン、ブレンダ・ボルトン、ジョアン・ニコルスンらの論文に注目のこと。

さらに、

Brenda M. Bolton,《Mulieres sanctae》in *Women in medieval society*, *op. cit.*, p. 141-158

などを参照のこと。

また、クリスティーヌ・ド・ピザンは多数の研究の対象となっているが、その中でもっとも最近のものをあげておく。

R. Pernoud, *Christine de Pisan*（Paris, Calmann Lévy, 1982）.

なお、同書は、伝統的な見方に立ち、あわせて、ド・ピザンに関する古い文献一覧を紹介したものである。また、フェミニストの立場から光をあてた研究としては、つぎのものがある。

Susan G. Bell,《C. de P.: Humanism and the problem of a studious woman》, *Feminist studies*, 3（printemps, 1976）p. 173-184.

（5） E. Faral, *La Vie quotidienne au temps de saint Louis*,（Paris, Hachette, 1938）.

なお、同書の第二部・六章は、「女性たちの状況」、同じく七章は、「結婚」と題されている。

これに反して、最新の著作、

Vita privata a Firenze nei secoli XIV e XV,（Florence, Olschki, 1966）.

には、女性に関する章がないかわりに、婚礼と服装に関して、女性の関わりがのべられている。

（6） Robert Fossier,《La femme dans les sociétés occidentales》, introd. au Colloque *La femme dans les civilisations des* Xe-XIIIe *siècles*, Poitiers, 1976（Poitiers, 1977）, p. 3-14（93-104）.

なお、中世における女性の権力の問題は、つぎの論文に提起されている。

Jo Ann Mc Namara et S. Wemple, 《The power of women through the family in medieval Europe, 500–1100》, in *Clio's consciousness raised : New perspectives on the history of women*, éd. par M. S. Hartmann et L. W. Banner（New York, 1974), p. 103–118.

（7）刺激的で、多くの論議をまき起こし、一時代を画したつぎの論文を参照のこと。

David Herlihy, 《Land, family and women in continental Europe, 701–1200》, *Traditio*, XVIII, (1962), p. 89–120.

なお、同論文は、他の業績とともに、つぎの書に再録されている。

D. Herlihy, *The social history of Italy and Western Europe, 700–1500*（Londres, Variorum Reprints, 1987).

同じ著者の、

Cities and society in medieval Italy（*ibid*, 1980).

および、

M.-Th. Lorcin, *Vivre et mourir en Lyonnais à la fin du Moyen Age*（Paris, 1980),

Stanley Chojnacki, 《Dowries and kinsmen in early Renaissance Venice》, réimpr. dans, *Women in medieval society, op. cit.*, p. 173–198.

も参照のこと。なお、あとの二つは、遺言の検討を通じて、女性側の戦略を、男性の戦略から個別化しようとするこころみであり、しかも両者ともに成功している。

（8）このジャンルに光をあてたのは、つぎの書である。

Eileen Power, *Medieval people*（London, 1982).

なお、註（4）にあげた、同じ著者の業績も参照のこと。

（9）風貌描写《プロソポグラフィ》については、最近行なわれた、つぎのシンポジウム、および同シンポジウムで話題になった文献の一覧（刊行予定）を参照のこと。

《Prosopographie médiévale et informatique》, Bielefed, déc. 1982.

（10）つぎの論文における、セガレーヌの指摘も参照のこと。

Martine Ségalen,《Quelques réflexions pour l'étude de la condition féminine》, *Annales de démographie historique*, 1981, p. 9–21.

とくにセガレーヌは、こう指摘している。「歴史＝人口学者の用いる数字や用語は、暗黙のうちにイデオロギー的命題を伝達している。たとえば、未亡人の再婚の『チャンス』について語られるとき、そこに、二重の意味、すなわち、統計学的意味と、一般的意味とが混じりあっているのは、明らかである。つまり、再婚することが自分にとってチャンスであるか否かは、未亡人自身が、判断していたにもかかわらず、学者たちは、当然チャンスとみなしていた、との速断に立っている」（19頁）。

また、性別に番号を付ける時にみられる、暗黙の上下関係についても、疑問を呈することができる。

（11）Noëlle Moreau-Bisseret,《Surmortels et sous-mortels. La surmortalité masculine : objet des sciences ou outil idéologico-politique ?》, *Pénérope. Pour l'histoire des femmes*, 4 (printemps 1981) p. 61–67.

また、社会学者、マルチーヌ・ショドゥロンの、以下のふたつの論文における、衝撃的な考察も参照のこと。

Martine Chaudron, 《Les approches statistiques, biographiques et généalogiques sont-elles exclusives (l'une de l'autre) ou complémentaires ?》, Communication au Xᵉ Congres mondial de sociologie, Mexico, août 1982,

《Les transformations des problématiques de recherche sur le travail des femmes en France (1960-1980)》, Communication au Colloque annuel de la Société française de sociologie, Nantes, juin 1980.

(12) これは、ショドゥロンの提唱していることである（註(11)参照)。そのためには、母から娘へという、連続する世代の女性たちの、社会的な軌跡を復元するとともに、それらを、この女性たちと同じ親をもつ男の兄弟たちの軌跡と、比較しなければならない。すなわち、直接女性から出発するのであって、「既存のカテゴリーを批判的に、また性別ごとに読むこと」からのみ、出発するのではない。

(13) それぞれに関しては、以下の著書・論文を参照のこと。

〈子供殺し〉

Emily Coleman, 《Infanticide in the early Middle Ages》, dans *Women in medieval society, op. cit.,* p. 47-70.

R. C. Trexler, 《Infanticide in Florence : new sources and first results》, *History of childhood quarterly,* 1, (1973) p. 98-116.

Barbara Kellum, 《Infanticide in England in the later Middle Ages》, *ibidem,* 1 (1974) p. 367-388.

〈女性の犯罪〉

Barbara Hanawalt, 《The female felon in fourteenth century England》, *Viator*, 5 (1974) p. 253-268.

〈魔術〉

Carlo Ginzburg, *Les batailles nocturnes* (Lagrasse, Ed. Verdier, 1980).

(14) こうした構造の類型学は、一九六九年にケンブリッジで開かれた、シンポジウムで提起され、その報告文書によって、ひろく知られるようになった。

cf. *Household and family in past time*, éd. par P. Laslett et R. Wall (Cambridge, 1972).

年代設定《クロノロジー》と女性史

(1) これがむつかしい作業であることを、いま一度確認しておこう。第一に、女性についてのべた古文書が、きわめて少ない。男性が保存するに値すると判断したものしか、残っていないからである。また、たとえ、稀に残っていたとしても、目録には記載されていないことが多い。公的な古文書の管理において、女性に関するものが、全体として、もっと大事にされなければならない。それまでは、性別ごとの文書の保管・収集、ないし文庫の設立に、賛成するしかない。こうしたものは、最近数年間に、とくにアメリカ合衆国で出現している。ただし、これが一時的な分離であることを、要望しておかなければならない。

女性史のための聴きとり資料

(1) これらの問題に関しては、P・ジュタール (Joutard) の以下の著作を参照のこと。

Ces voix qui nous viennent du passé, Paris, Hachette, 1983.

Questions de méthode en histoire orale, CNRS-IHTP, 1981.

（2） たとえば、つぎの論文を参照のこと。

A. Farge, 《L'histoire ébruitée》, *L'Histoire sans qualités,* Paris, Galilée, 1979.

（3） Sylvie Van de Casteele et Danièle Voldman, 《Historiens et témoins》, *Actes du IV*ᵉ *Colloque international d'histoire orale,* Aix, 1982.

（4） C. Auzias, 《Les femmes anarchistes》, *Histoire orale et Histoire des femmes,* CNRS-IHTP, 1982.

（5） M・ポラック（Pollak）の以下の論文を参照のこと。

《Survivre dans un camp de concentration》, *Actes de la Recherche en Science Sociale,* nº 41, 1982.

《Paroles des déportées》（ゼミナールでの報告）

（6） D・ヴェイヨン（Veillon）の以下の論文を参照のこと。

《Mémoire de résistantes et de déportées》（ゼミナールでの報告）

《L' ADIR, Association nationale des déportées et internées de la Résistance》, *Mémoire de la seconde guerre mondiale,* Metz, 1984.

（7） たとえば、以下の著作を参照のこと。

M. Mead, *L'Un et l'Autre sexe,* Denoël-Gauthier, 1979.

A. Rousselle, *Porneia,* Paris, PUF, 1983.

（8） 以下の、ゼミナールでの報告を参照のこと。

D. Tucat, 《Sages-femmes et accouchées, 1876-1970》.

M. Dubesset, F. Thébaud, M. Zancarini, 《Mères entre deux guerres》.

（9） J. Mossuz-Lavau et M. Sineau, 《Une enquête sur les femmes et la politique》（ゼミナールでの報告）

（10） N. Mayer, 《Les choix politiques des petites commerçantes》（ゼミナールでの報告）

身体史は女性史にとって必要なまわり道か？

（1） In *Faire de l'histoire,* tome 3 : 《Le corps, l'homme malade et son histoire》, éd. Gallimard.

（2） In *La nouvelle histoire,* article 《Corps》, signé par Jacques Revel, éd. Retz.

（3） *La femme et les médecins,* analyse historique. Yvonne Knibiehler et Catherine Fouquet, Hachette, 1983.

（4） In *Le système des objets,* Gallimard, 1986.

（5） *Démographie historique et condition féminine* ; Annales de Démographie Historique, 1981.

（6） *La Beauté, pour quoi faire ?,* Essai sur l'histoire de la beauté féminine. Catherine Fouquet, Yvonne Knibiehler, Temps Actuels, 1982.

（7） 《Une gynécologie passionnée》 par Jean Borie in *Misérable et Glorieuse, la femme au XIXᵉ siècle,* Fayard, 1980.

（8） *La Beauté,* op. cit.

（9） 「男性中心主義」の定義については、つぎの著書を参照のこと。
La femme et les médecins, op.cit.

（10） Henri-Jacques Striker, *Corps infirmes et sociétés,* Aubier, 1982.

(11) Ibidem.
(12) Henri Irénée Marrou, *Décadence romaine ou antiquité tardive ?*, Le Seuil, 1977.
(13) *Les ministres de la République.* Presse de la Fondation des Sciences politiques, 1982.
(14) Ibidem p. 139.
この点に関しては、以下のふたつの傾向が符合していることを、指摘することができる。すなわち、一方で、軍服から、ごてごてした飾りや、金ピカの装飾がなくなり、見ても、それほど楽しみなものでなくなった。他方、民間の人びとは、次第に、服装や、体の「かっこう」の方を、重要視するようになった。男性にとって、「見せびらかし」の意味が、変わったのである。
(15) P. U. F., 1983.
(16) Ibidem, p. 250.
(17) ジャン＝フランソワ・ボレ（Jean-François Bauret）の写真と、ガブリエル・ボレ（Gabriel Bauret）の序文による。
(18) この詩句は、つぎの文献に引用されている。
Maurice Agulhon,《Propos sur l'allégorie politique》, *Actes de la recherche en sciences sociales* (en reponse à Eric Hobsbawm), juin, 1979.
(19) Pierre Bourdieu, *La distinction,* critique sociale du jugement, Ed. de Minuit, 1979.
(20) A. Farge,《Dix ans d'histoire des femmes》. *Le Débat,* n° 23, Gallimard, janvier, 1983.
(21) これに関しては、つぎの雑誌の補遺の文献一覧を参照のこと。
Pénélope,《*Questions sur la folie*》, n° 8. printemps, 1983.
(22) Erika Apfelbaum,《Kilos, ou Q. I. : un enjeu pervertissant pour l'anorexique》. *Pénélope,*

op. cit.

Véronique Nahoum-Grappe, 《Beauté et pouvoir : une réflexion sur la pathologie de certains comportements sociaux》, *Pénélope*, op. cit.

肉体、死体、テクスト

（1） 傍点は引用者。

（2） Antoinette Gordowski in *Chaussée d'Antin*, 1 et 2, 10/18, 1987, p. 139, tome 2.

（3） とくに大学発行の紀要などに、女性によって書かれた、数多くの理論的著作が認められる。だがそこでは、話している主体の性別が隠されたり、あるいは中性化されたりしている。こうした状況は変わりつつあるが、今度は逆に、まったく反対の状況におちいる危険もある（つまり、著者が生身の人間としての女性でなければならない……、という状況に）。

（4） エレーヌ・シクスー（Hèlêne Cixous）の『プロメテアの書』*Le Livre de Promethea* やシャンタル・シャヴァフ（Chantal Chawaf）の『衝立の絵／夢想』*Retable/Rêverie* に関する、アニー・ルクレール（Annie Leclerc）の著作 *Au feu du jour, Parole de femmes*, または、クリスティアーヌ・ヴェシャンブル（Christiane Veschambre）, カトリーヌ・ヴァインツェプフレン（Catherine Weinzaepflen）およびジャンヌ・イヴラール（Jeanne Hyvrard）らの、共同執筆による著書 *Manger*（Yellow Now, Chalon-sur-Saône, 1980）の成果を参照のこと。これらのテクストはすべて、単なるテーマ《テマティック》研究の域をこえて、書く《エクリチュール》という行為の活性化に到達している。なお、この点に関しては後述する。

（5） とくに、クリステヴァの『詩的言語の革命』*Révolution du langage poétique*, Seuil, 1974, p.

614を参照のこと。

（6）Cf. *Revue des Sciences Humaines*, nº 168, 1977-4.

（7）G. Deleuze, *Dialogues avec Claire Parnet.*

（8）Irma Garcia, *La promenade femmilière*（Editions des Femmes, 1981）.

性差、歴史、人類学、そして古代ギリシアのポリス

この論文は、一九八二年から一九八三年にかけて、パリにおいて女性史についての批判的総括を試みた女性歴史家たちのグループに、多くを負っている。

（1）A. B. Weiner, 《Plus précieux que l'or : relations et échanges entre hommes et femmes dans les sociétés d'Océanie》, *Annales E. S. C.,* mars-avril 1982, p. 222.

（2）A. Farge, 《L'histoire ébruitée》 dans *L'Histoire sans Qualités, Essais,* Paris, 1979, p. 18 sq.

（3）以下のいく人かの著者の論文によって、ここ十年のあいだに人類学がつみ重ねてきた方法論的蓄積が、明らかにされている。

E. Bourguignon, 《Introduction and Theoretical Considerations》, in E. Bourguignon ed., *A World of Women,* anthropological Studies of Women in the Societies of the World, New York, 1980, pp. 1-13.

C. P. Mac Cormack and M. Strathern, *Nature, Culture and Gender,* Cambridge, 1980.

N. Quinn, 《Anthropological Studies on Women's Status》, *Ann. Rev. Anthropol.,* 1977, 6, pp. 181-225.

R. Rapp Reiter, 《Anthropology-Review Essay》, *Signs* 4, 1979, pp. 197-513.
M. Z. Rosaldo, 《The Use and Abuse of Anthropology : Reflections on Feminism and Cross-cultural Understanding》, *Signs* 5, 1980, pp. 389-417.
S. W. Tiffany, 《Theoritical Issues in the Anthropological Study of Women》, in *Women and Society an anthropological Reader*, Montreal, 1979, pp. 1-35.
A. B. Weiner, *Women of Value, Men of Renown* (New Perspectives in Trobriand Exchange), Austin and London, 1976（Traduction française : *La Richesse des femmes ou comment l'esprit vient aux hommes, Iles Trobriand*, Paris, 1983).
L'Homme XIX, juillet-décembre 1979（社会人類学における性別カテゴリー特集号）

（4） 前註の A. B. Weiner, 1982 参照。なお、「聖地のひとつ」という表現も、ウェイナーによる（註（1）の A. B. Weiner, 1982, p. 222 参照）。

（5） 同じく註（3）の A. B. Weiner, 1982 参照。

（6） 以下の論文および著作を参照のこと。
C. Dauphin, 《Femmes》 dans *La Nouvelle Histoire*, éd. J. Le Goff, R. Chartier et J. Revel, Paris, 1978.
L'Histoire sans qualités, *Essais*, Paris, 1979.
C. Fauré, 《L'absente》, in *Les Temps Modernes*, sept. 1980.
M. Perrot, 《Sur l'histoire des femmes en France》, *Revue du Nord* LXIII, 1981.

（7） 前註の C. Fauré, 1980. 参照。

（8） 註（6）であげた著作を参照のこと。なお、もっとも最近の問題については、以下の論集を参照のこと。

Réflexions sur l'état des recherches féministes en France, éditées par le Centre de recherches et d'information féministes, avril 1982.

Bulletin nº 1 du C. R. I. F., automne 1982.

A. Farge, 《Dix ans d'Histoire des femmes en France》, *Le Débat,* janv. 1983. pp. 161-170.

（9） A. Farge, 《L'histoire ébruitée》 dans *L'Histoire sans Qualités, Esais,* Paris, 1979.

（10） A. Farge, 《L'homme et la femme, un conflit qui traverse la bibliothèque bleue》, présentation de textes : *Le Miroir des Femmes,* Paris, 1982, p. 25.

（11） この論争については、以下の資料を参照のこと。

N. C. Mathieu, 《Homme-culture et Femme-nature ?》, *L'Homme* 13, 1973, pp. 101-113.

E. Ardener, 《Belief and the Problem of Women》 in J. S. Lafontaine, ed., *The Interpretation of Ritual, essais in Honour of I. A. Richards,* London, 1972, pp. 135-158.

S. B. Ortner, 《Is Female to Male as Nature is to Culture ?》 in M. Z. Rosaldo and L. Lampherer ed., *Woman, Culture, and Society,* Stanford, 1974. pp. 67-87.

その他、註（3）にあげたマコーミックとストラザーン編集の論集にいたるまで、多数の参考論文もある。

（12） 註（3）の E. Bourguignon, 1980, pp. 7-9.

同じテーマに関しては、同様に註（3）にあげた以下の論文も参照のこと。

N. Quinn, 1977.

R. Rapp, 1979.

S. W. Tiffany, 1979.

(13) M. Z. Rosaldo,《Woman, Culture and Society : A Theoretical Overview》in M. Z. Rosaldo and L. Lampherer, ed. *Woman, Culture and Society*, Stanford, 1974. pp. 17-42.

(14) 「性別を、多かれ少なかれ暗黙のうちに、物《もの》化され、閉ざされたカテゴリーとみなし、それぞれの社会的関係のシステムのなかでその都度定義されるべきものであることを認めない。こういうことになると、まずは、こうしたカテゴリーに、それがいつでもどこでも通用するという属性を付与することになり、そして、それぞれのカテゴリーに固有のモデル、表象、象徴体系といった内容の次元で、話がはじまることになる。すると、これら属性と内容が、それぞれ対応するもの同士まったく異なったもの、あるいはもっといえば、たがいに対立するものとして固定される。これが生物学的差異にもとづく物《もの》化である。こうなれば、男性と女性がおのずと異なる世界観、論理をもち、異なる行動をするのは『自然な』ことになろう。」(N・C・マティュー、前掲書、106ページ)

(15) この表現もN・C・マティューによる(同じく前掲書、106ページ)。

(16) 註(3)のM. Z. Rosaldo, 1980, p. 400 参照。この若きアメリカの女性人類学者の論文は、まれにみる知的誠実さを示している。かの女の研究が、一九八二年の初頭に不慮の死を遂げるまで、たえずその成果をふくらませ続けたにもかかわらず、ここでかの女は、自分の初期の研究の成果そのものをみずから問いなおしているからである。

(17) これはR・ラップの指摘である。ラップによれば、家庭的なもの対公的なものの対立というイデオロギー的モデルは、社会的関係から生まれる諸矛盾——それは、社会によってさまざまでありうる——のひとつであるという。ラップは、地中海沿岸のいくつかの社会を事例としてあげているが、それによると、こうした矛盾は、ともに暮らす家族全体と、より大きな経済的・政治的な総体との関係が対立的になったとき現われるものである（R・ラップ、前掲書、pp. 508-510)。

かの女は、以後の論文でも同様の分析を展開している。

R. Rapp Reiter,《Men and Women in the South of France : Public and Private Domains》in R. Rapp Reiter ed.: *Toward an Anthropology of Women*, New York and London, 1975, pp. 252-282.

(18) 古代ギリシア史の研究でいうと、たとえばJ＝P・グールドのケースである。グールドは、ロザルドの一九七四年の論文（註（13）参照）をひいて、「古代ギリシアでは、近代ギリシアでと同様に、女性に対する教育は家庭内にむけられている。すなわち、路上のことにあい対するものとしての家のことのほうへ」という説の根拠としている（この段階では、グールドはロザルドの一九八〇年の論文――註（3）参照――を知らなかった)。

Cf. J. P. Gould,《Law, Custom and Myth : Aspects of the Social Position of Women in Classical Athens》, *J. H. S.*, 1980, pp. 38-59.

(19) 伝統的な農村社会に関する人類学に関しては、以下の書を参照のこと。

Y. Verdier, *Façon de dire, Façon de faire. La laveuse, la couturière, la cuisinière*, Paris, 1979.

M. Segalen, *Mari et Femme dans la société paysanne*, Paris, 1980.

また歴史については、M・ペロー（一九八一年、註（6））とA・ファルジュ（一九八三年、註（8））の総括的論文を参照のこと。ここにあげた、これらの研究者の他の論文も参照のこと。

(20) G. Fraisse,《Les bavardes》dans *L'Histoire sans Qualités*, *Essais*, Paris, 1979.

（21）註（1）A. B. Weiner, 1982 参照のこと。

（22）G. Fraisse, 《Sur l'utilisation du concept de "rupture épistémologique" dans le champ des recherches féministes》, *Contribution au Colloque de Toulouse : Femmes et Recherches*, déc. 1982.

（23）この論争のまとめに関しては、以下の書を参照のこと。

S. B. Pomeroy, *Goddesses, Whores, Wives and Slaves, Women in Classical Antiquity*, New York, 1975.

なお、この論争にくわわった多くの著名な研究者のなかで、ロストフチェフは、女性が家に閉じこめられていたことを、古代アテネの民主制が強化されたことと結びつけている。またゴームは、有名な試論のなかで、古代アテネの女性たちを自分と同時代のレディと同じくらい自由な女だったとした。この二人に対して、エーレンバーグにみられるように、中間のみちをとったものたちは、女性が閉じこもりがちがちだったこと（護身の一形態だという）と、しかし家庭内の世界に完全な支配権を行使していたこととを、同時に主張した。

Cf. M. Rostovtzeff, *A History of the Ancient World I : The Orient and Greece*, London, 1930.

A. W. Gomme, *Essays in greek History and Litterature*, Oxford, 1987, pp. 89-115.

V. Ehrenberg, *Aspects of the Ancient World*, New York, 1946, pp. 65-66.

（24）これに関しては、以下のすぐれた著作が多くの点を明らかにしてるので、前註の書とともに参照のこと。

B. Wagner, *Zwischen Mythos und Realität. Die Frauen in der frühgeriechischen Gesellschaft,*

Frankfurt am Main, 1982, 421 p.

また以下の書も参照のこと。

Images de femmes, CEFUP, 1982.

(25) J＝P・グールドの一九八〇年の論文（註（18）参照）が、このテーマに関するもっとも最近のまとめであろう。この論文は、「われわれ男性が単純に女性の社会的位置と呼んでいるものが、実際には複雑なものであることを示すための試論」（58ページ）として書かれているが、また同時に、法律、慣習、神話などが、この複雑さをグローバルかつトータルにとらえるための、補助的な手段であることをも示している。グールドはそこで、さまざまな分野で探究と調査を行なうべきだと主張している。またとくに、女性の条件、それも法的条件と慣習上の条件を一覧表にしている。ただ、この表は前四世紀のテクストをもとに作成されているが、その際に方法論のうえからはなんの注意もされていないようである。というのも、なによりも、これらテクストのイデオロギー的性質がみすごされているからである。それでも、この表は今日広く信用されている。

(26) S・ポムロイは、一九七五年の著書（註（23）参照）で社会的カテゴリーによって異なった地位があると主張している。

(27) M・アーサーは一九七六年の論文でこうした研究を総括している。

Cf. M. B. Arthur, 《Review Essay-Classics》, *Signs* 2, pp. 383-403.

また、かの女自身、古代ギリシアにおける女性の地位の変化に関して、いくつもの論文を書いている。アーサーの仮説のいくつかについては、「補遺1」でのべたとおりである。

かの女の他の論文は以下のとおりである。

《Early Greece : The Origins of the Western Attitude Towards Women》, *Arethusa* 6, 1973, pp. 7–58.

《Liberated Women : the Classial Era》 in R. Bridenthal & C. Koonz ed. *Becoming Visible, Women in European History,* 1977, pp. 60–89.

《Cultural Strategies in Hesiod's Theogony : Law, Family, Society》, *Arethusa* 15, 1982, pp. 63–82.

《Male and Female in Hesiod' Theogony》 in M. Vegetti & S. C. Humphreys ed. *La Donna antica,* Milan.（刊行予定）

(28) こうした探究の大部分が現在進行中である。まず、こうした観点からの死の研究については以下の論文を参照されたい。

N. Loraux, 《Le lit, la guerre》, *L'Homme* XXI, 1981, pp. 37–67 et 《Le corps étranglé》, *Actes du colloque sur le châtiment,* Rome, nov. 1982.

つぎに、贈与に関しては以下の書参照のこと。

E. Schied, *Le don et L'Echange dans les poèmes homériques,* thèse de 3ᵉ cycle.

また、女性の経済的地位に関しては、以下の書および論文参照のこと。ただし、以下のリストの筆頭の書は、ここでのべている観点にもとづいて書かれたものではない。

D. M. Shaps, *Economic Rights of Women,* Edinburgh, 1978.

I. Savalli, *La Donna nella Societa della Grecia antica,* Bologna, 1983.

H. C. Van Bremen, 《Women and Wealth》, in A. Cameron ed. *Images of Women in Antiquity,* London, 1983.

最後に、苦しみについては、以下の書および論文参照のこと。
H. Monsacré,《Les larmes des guerriers dans l'Illade》*History and Anthropology I*, et, *Les larmes d'Achille. Le héros, la femme et la souffrance dans la poésie d'Homère*, Paris, 1984.

(29) 理論上女性のいるべき場でないとされた空間にいる女性は、だいたい「女とみなされないもの」とされた。奴隷の女、異邦人の女、年端のいかない娘、貧しい市民の妻などなどだったといわれている。だが、このリストをこのまま延長していくと、おそらくアテネの女性の大部分を数えあげることになりはしないだろうか。

(30) F・リサラッグ（F. Lissarrague）が以下の書でこの問題のいくつかの点をとり扱っている。
Archers, peltastes, cavaliers : Aspects de l'iconographie attique du guerrier, thèse de 3e cycle, Paris, 1983.
また、以下の書にも文献リストや解説がみられる。
Hommes, Dieux et Héros de la Grèce, Catalogue de l'exposition du Musée départemental des Antiquités de Rouen, 23 oct. 1982-31 janv. 1983, Rouen.
なお、以下の論文も参照のこと。
P. Schmitt-Pantel et F. Thelamon,《Image et Histoire : illustration ou document ?》, in F. Lissarrague et F. Thelamon éd., *Image et Céramique grecque*, Rouen, 1983.

(31) 以下の書の方法論に関する指摘、とくに序文（pp. 11-20）を参照のこと。
P. Vidal-Naquet, *Le Chasseur noir*, Paris, 1981.

(32) M. Detienne, *Les Jardins d'Adonis*, Paris, 1972 et *Dionysos mis à mort*, Paris, 1977.
J.-P. Vernant, *Mythe et Pensée chez les Grecs*, Paris, 1965（nle éd. 1971）et *Mythe et Société*,

Paris, 1974.

J.-P. Vernant et P. Vidal-Naquet, *Mythe et Tragédie en Grèce ancienne,* Paris, 1972.

P. Vidal-Naquet, 前掲書。

（33） 最近のかず多い研究書のなかから、以下の書と論文集をあげておく。

雑誌 *Arethusa* の以下の号。 6（1973), 11（1978), 15（1982)

Cahiers de Fontenay, n° 17, 《Aristophane, les femmes et la cité》, déc. 1979.

H. P. Foley（ed.） *Reflections of Women in Antiquity,* New York, 1981.

N. Loraux, *Les enfants dAthéna,* Paris, 1981.

C. Segal, *Tragedy and Civilisation,* Cambridge, 1981.

A. Cameron（ed), *Images of Women in Antiquity,* London. 1983.

M. Vegetti & S. Humphreys（ed), *La Donna antica.*

E. Lévy（ed), *La Femme dans les sociétés antiques, Actes des colloques de Strasbourg* (mai 1980 et mars 1981） Strasbourg, 1983.

C. Mossé, *La Femme dans la Grèce antique,* Paris, 1983.

S. Campese, P. Manuli et G. Sissa, *Madre Materia, Sociologia e Biologia della Donna Greca,* Torino, 1983.

（34） この問題に関しては以下の論文にくわしくのべられている。

H. Foley, 《Reverse Simile's and Sex Roles in Odyssey》, *Arethusa* 11, 1978.

C. Segal, 《The Menace of Dionysus : Sex Roles and Reversals in Euripide, Bacchae》, *Arethusa* 11, 1978.

D. Gerin, 《Alceste ou l' inversions des rôles sexuelles》, M. Vegeti & S.Humphreys（ed）. 前掲書。

なお、つぎの論集にもいくつかの関連する論文が掲載されるはずである。

《Masculin, féminin dans la cité》

（35） Ph. Slater, *The Glory of Hera : Greek Mythology and the Greek Family*, Boston, 1968.

これに対しては、フォーリーの批判がある。

H. Foley, 《Sex and State in Ancient Greece》, *Diacritics* 5.4, 1975, pp. 31-36 et 《The Conception of Women in Athenian Drama》, H. Foley（ed）. 前掲書。

（36） H. Foley, 前註最後の論文。

（37） N. Loraux, 《Héraclès : le surmâle et le féminin》, *Rev. Fran. Psychanal.* 4,982, pp. 697-728.

また、女性蔑視の概念に対する批判は以下の書と論文にくわしい。

N. Loraux, *Les enfants d'Athéna*, Paris, 1981 et 《Le lit, la guerre》, *L'Homme* XXI, 1981, p. 67.

（38） この表現はN・ロローの *Les enfants d'Athéna*, p. 66 にみられる。また同じロローの論文《Le lit, la guerre》も参照のこと（前註参照）。

（39） グールドが一九八〇年の論文で、この考えがどれほど一致して認められていたかをはっきりと指摘している。

J.-P. Gould, 《Law, Custom and Myth : Aspects of the Social Position of Women in Classical Athens》, *J. H. S.* 38-59.

（40）古代史におけるこうしたテクストの問題については、以下の論文参照のこと。
N. Loraux,《Thucydide n' est pas un collègue》, *Quaderni di Storia* 12, 1980, pp. 57-81.
（41）Hésiode, *Théogonie et Les Travaux et les Jours*.
（42）Semonide d'Amorgos 7, éd. M. L. West, *Iambi et elegi graeci*, II, Oxford, 1972.
（43）Hésiode, *Théogonie* 594 sq.
ヴェルナンの分析も参照のこと。
J.-P. Vernant,《A la table des hommes》in M. Detienne et J.-P. Vernant（éd）, *La Cuisine du sacrifice en pays grec*, Paris, 1979, p. 110 sq.
（44）N・ロローの *Les enfants d'Athéna*, p. 66「女性という種族……」以下参照。
（45）J.-P. Vernant, *Mythe et Pensée chez les Grecs*, Paris, 1965.
とくにその中の論文《Hestia-Hermès》（pp. 124-170）を参照のこと。この論文でヴェルナンは、炉すなわち家庭の女神ヘスティアと旅と商売の神ヘルメスという組みあわせを中心に、この二人の神にまつわる宗教的表現を研究するとともに、「こうした宗教的表現と一体となった社会的慣行」の多くにも言及している。それによると、こうした社会的慣行にも、すでに、男性的なものと女性的なものという分割が認められるという。また、これら社会的慣行において、それぞれの性を定義する際に、対立する二つの意味空間（たとえば、「内部」対「外部」、「動的なもの」対「不動のもの」など）が、それぞれ同時に、男性・女性という二つの極に引きつけられていく、という傾向がみられる。だからこそ、結婚にまつわる慣行にもっともよく示されているように、女性が、永続性や固定性と同時に変化をも表わし、男性も、開放性や外部空間ともに不動性を表わすことができるのである。こういった意味で、女性的なもの、男性的なものという概念の内部に、両義性と極性があるということができよう。

（46） H. Foley,《The Conception of Women in athenian Drama》in H. Foley（ed）, *Reflections of Women in Antiquity*, New York, 1981.

F. Zeitlin,《Travesties of Gender and Genre in Aristophanes' Thesmophoriazousae》, 同上。

N. Loraux,《Le lit, la guerre》, *L'Homme* XXI, 1981.

（47） J.-P. Vernant et P. Vidal-Naquet, *Mythe et Tragédie en Grèce ancienne*, Paris, 1972.

（48） 悲劇や喜劇の言説《ディスクール》とポリスにおける社会的慣行とは、たがいに重なりあっている。くり返しておくが、それは、テクストが期待どおりの効果をもたらしたこと、舞台と観客の密接な関係があったこと、観客が芝居の意味をたやすく読みとっていたという事実などに認められる。

（49） たとえば、クセノフォン『家政論』・VII・22の例をみてみよう。そこではイスコマコスがこういっている。「ところで、内でするものと外でするものという二つの仕事には、力と気くばりが求められます。そこでわたしにいわせれば、神は、女の本性を内なる仕事と気くばりに、男の本性を外なる仕事とそのための気くばりに、それぞれ結びつけられたのです。」

（50） 実際、古代アテネの女性の「現実の地位」（すべての点で男性に劣る地位だった）と、芝居の舞台で傑出した女性たちの演じた地位とのあいだには、ギャップがあったとを強調されている。また、フォーリーのように（註（46）参照）、この「ひずみ」のようにみえるものを説明しようとする試みもある。この点に関しては、わたし自身が『アナール』誌に載せた本書の解説を参照されたい。

Cf. *Annales E. S. C.*, 1982（5-6）, pp. 1014-1019.

（51） この問題についてはすでにのべた。なお「補遺2」も参照のこと。

(52) こうした問題のたて方については以下の論文参照。

M. Augé, 《Présentation-Dieux et rituels ou rituels sans dieux》 in J. Middleton, *Anthropologie religieuse, textes fondamentaux,* 1974, pp. 15–16.

(53) ほとんど唯一の例外がサッフォーである。こうした古代ギリシアの言説《ディスクール》の特徴——男性の言説《ディスクール》という特徴——はしばしば指摘されている。最後に以下の論文を参照されたい。

S. Humphreys, 《Women in Antiquity》 in *The Family, Women and Death, Comparative Studies,* London, 1983, pp. 32–57.

(54) この問題はたとえば以下の論文で研究されている。

S. Rogers, 《Espace masculin et espace féminin : essai sur la defférence》, *Etudes rurales* 74, 1979, pp. 87–110.

ここでも、サッフォーの研究が、古代ギリシアに関してこうしたタイプの問題をたてうる唯一のものとされている。これに関しては、以下の論文を思いだしたのでつけ加えておく。

E. Stehle Stigers, 《Sappho's private world》.

J. Winkler, 《Gardens of Nymphs : Public and Private in Sappho's Lyrics》.

いずれも、

in H. Foley (ed), *Reflections of Women in Antiquity,* New York, 1981.

(55) アーサーの著作については本文の註参照のこと。

(56) M. I. Finley, 《Mariage, Sale and Gift in the homeric World》, *Revue intern. des droits de l'Antiquité* 3, 1955, pp. 167–194.

L. Gernet, 《Mariage de tyrans》, *Anthropologie de la Grèce ancienne,* Paris, 1968.

J.-P. Vernant, 《Le mariage》, *Mythe et Société en Grèce ancienne*, Paris, 1974, pp. 57-81.

E. Schied, 《Il matrimonio omerico》, *Dialoghi di Archeologia I*, 1979, pp. 60-73.

(57) J・ル＝ゴフが以下の書の復刻版に寄せた解説を参照のこと。

C. V. Langlois, *La Vie en France au Moyen Age*, 1981, p. VIII.

(58) C・モッセが、前四世紀に書かれた政治家・ソロンの人物像に関してこうした批判を展開している。

C. Mossé, 《Comment s'élabore un mythe politique : Solon 《père fondateur》 de la démocratie athénienne》, *Annales E. S. C.*, mai-juin 1979, pp. 425-437.

(59) N. Loraux, 《Thucydide n' est pas un collègue》, *Quaderni de Storia* 12, 1980, pp. 57-81.

「喪に服す性」と十九世紀の女性史

(1) この点に関しては、以下の論文と著書を参照のこと。

Michelle Perrot, 《Les images de la femme》, *Le Débat* n° 3, 1980.

Claude Quiguer, *Femmes et Machines de 1900. Lecture d'une obsession modern style*, Paris, Klincksieck, 1979.

(2) Martine Segalen, *Mari et femme dans la société paysanne*, Paris, Flammarion, 1980.

(3) ここでは、イヴォンヌ・クニビレールのこのテーマに関する業績を指している。とくに以下の著作を参照のこと。

Yvonne Knibiehler, *La femme et les Médecins*, Paris, Hachette, 1982.

(4) Jean-Pierre Peter, 《Entre femmes et médecins. Violence et singularités dans les discours

du corps et sur le corps d'après les manuscrits médicaux de la fin du XVIIIe siècle》, *Ethnologie française,* 1976.

（5） 例としては、ロマン派の詩人ヴィニーとミシュレ、フローベール、ユゴーらの姿勢を参照のこと。

（6） スタンダールにはっきりと見てとれる。

（7） Y. Knibiehler, 《Les médecins et l'amour conjugal au XIXe siècle》 in *Aimer en France-1760-1860.* Presse Universitaire de Clermont-Ferrand, 1980.

A. Corbin, 《La petite bible des jeunes époux》, *L'Histoire* n° 63, 1984.

（8） *Un choix sans équivoque,* Paris, Denoël-Gonthier, 1981, publication d'une thèse du 3e cycle soutenue à l'Université de Paris VII, sous la direction de Michelle Perrot, 1979.

（9） *Les Malheurs de Sapho,* Paris, Grasset, 1981.

（10） Michelle Perrot, 《De la vieille fille à la garçonne : la femme célibataire au XIXe siècle》, *Autrement,* mai, 1981, pp. 222-231.

（11） *La Bourgeoise parisienne de 1815 à 1848,* Paris, Sevpen, 1963.

（12） Maurice Agulhon, 《L'histoire et le célibataire》, *Romantisme,* n° 16, 1977.

Jean Borie, *Le célibataire français,* Paris, Le Sagittaire, 1976.

（13） このことばは、以下の論文のタイトルによる。

Judith Belladona, 《Folles femmes de leurs corps》, *Recherches,* n° 26, 1977.

（14） Cf. *La prostitution à Paris au XIXe siècle,* Paris, Le Seuil, 1981.

（15） この問題に関して示唆にとむのは以下の著書である。

Frances Finnegan, *Poverty and prostitution. A study of victorian prostitutes in York,* Cambridge University Press, 1979.

(16) これは、ここ二十年間にわたる国家博士号のタイトルを調査した結果である。

(17) これと同じように「快楽」ということばを故意に避ける傾向は、なんとサドの専門家まで含む、文学史家にもみられる。これとは反対に、勇気ある証言が以下の論文にみられる。
Jean-Marie Goulemot, in《Beau marquis parlez-nous d'amour》, Colloque de Cerisy : 《Sade, écrire la crise》

(18) この指摘は、一九八三年にトゥール大学で行われた、売春に関する講演会の際、とくに筆者に対してなされたものである。

(19) Anne Martin-Fugier, *La Bourgeoise,* Paris, Grasset, 1983.

(20) ゴーティエは、現在ジャン＝ミシェル・ヴァカロの指導で、この問題に関する博士論文を執筆中。

(21) とくに以下の著書参照。
Gérard Wajeman, *Le Maître et l'Hystérique,* Paris, 1982.
Georges Didi-Huberman, *Invention de l'hystérie. Charot et l'Iconographie photographique de la Salpêtrière,* Paris, Macula, 1982.
Gladys Swain, 《L'Ame, la Femme, le Sexe, et le Corps》, *Le Débat,* mars 1982.
Le numéro 8 de revue *Pénélope,* 《Qustions sur la folie》, printemps, 1983.

(22) この作業仮説を用いて、ジャン・マトロック Jann Matlock は十九世紀のヒステリーの研究を進めている。

(23) Cf. le mémoire de D. E. A. d'Anne Vincent, *Les transformations des manifestations de l'émotion, Projet d'une histoire des larmes - XVIII*ᵉ-*XIX*ᵉ *siècle*, Université de Paris VII, 1981.

(24) Gisèle Freud, *Photographie et Société*, Paris, Le Seuil, Collection《Points》, 1979, p. 65.

(24)-2 Philippe Perrot,《Quand le tabac conquit la France》, *L'Histoire*, n° 46, 1982.

(25) この点に関しては、以下の著書参照のこと。

Walter Benjamin, *Charles Bauderaire, un poète lyrique à l'apogée du capitalisme*, Paris, Payot, 1983,《Le flâneur》, pp. 55-98.

(26) この点に関して示唆にとむのは、ヴィリエ＝ド＝リラダンの『残酷物語』中の一編「感傷主義」にみられる、W……伯爵の自殺の話である。

(27) 女性の動物に対する憐れみは、また、本来男性にむけられるべき愛の教訓だともみなされている。

Cf. Valentin Pelosse,《Imaginaire social et protection de l'animal. Des amis des bêtes de l'an X au législateur de 1850》, *L'Homme*, oct.-déc. 1981 et janv.-mars 1982.

(28) これについては、M・ペローが以下の論文で示しているとおりである。

《Sur la ségrégation de l'enfance au XIXᵉ siècle》, *Psychiatrie de l'enfance*, 1982, n° 1.

(29) M・アギュロンの以下の書への序文参照のこと。

Martin Nadaud, *Les Mémoires de Léonard, ancien garçon maçon*, Paris, Hachette, 1976.

(30) Françoise Mayeur, *Histoire générale de l'Enseignement et de l'Education en France*, t. 3,《De la Révolution à l'école républicaine》, Paris, Nouvelle librairie de France, 1981.

（31）エマニュエル・ル＝ロワ＝ラデュリがこのテクストに示している関心には、示唆にとむものがある。

Cf. *Parmi les historiens*, Paris, NRF, 1983.

（32）これは、フランソワーズ・キャロンが強調しているところである。

Cf. *Histoire économique de la France - XIX*^{e}*-XX*^{e} *siècle*, Paris, Colin, 1981.

（33）アラン・ジラールがこの考えをさらに展開している。

Le Journal intime, Paris, PUF, 1963.

（34）この相関関係と、それに関するタルコット・パーソンズの論文に関しては以下の書参照のこと。

Richard Sonnett, *La Famille contre la Ville*, Paris, Recherches, 1980.

なお、同書に寄せたフィリップ・アリエスの序文にも注目のこと。

（35）*Histoire des Passions françaises–1848–1945*, Paris, Le Seuil, Collection《Points》, 1981, t. V.

（36）ルイ・シュヴァリエは以下の書で「満たされぬ性」、「性的ゲットー」といった概念を批判している。

Montmartre du Plaisir et de Crime, Paris, Robert Laffont, 1982, p. 29.

（37）この表現は、ジャン＝ルイ・フランドランが農村の若い娘に関して使っている。

Cf. *Les amours paysans*（*XVIe–XIXe siècles*）, Paris, Julliard, 1975.

（38）Cf. Jean-Paul Aron, *Le Pénis et la Démoralisation de l'Occident*, Paris, Grasset, 1978.

（39）この事件については、エリザベット・クラヴリとピエール・ラメゾンが以下の著書でのべている。

（40）とくに、以下の研究者の業績を参照のこと。

L'Impossible Mariage, Paris, Hachette, 1983.

W. Serman, B. Schnapper, Jean Vidalenc, Roland Andréani, Jules Maurin.

（41）つい最近、カルナヴァレ美術館とフォーラム＝デ＝ザールによって、ギュスターヴ・ドレの作品展が開かれた。それを観ると、一八七〇年の普仏戦争、そしてとくにその際のパリ包囲戦のひき起こした恐怖がよくわかる。

（42）雑誌『探求』*Recherches* の三二―三三号にこのタイトルがつけられている（一九七八年九月）。

（43）このいいまわしはボードレールによる。なお過日ラジオのあるプロデューサーが一〇人ほどの歴史家に、「いかなる意味において、男性は十九世紀に喪に服していたのか」と質問していた。興味ぶかいアンケートであった。

嫁入り道具は、女性固有の文化か？

（1）ここで、たとえ簡単なものでも、文献一覧を提示するのは不可能である。フランスでも外国でも、女性に関する人類学の研究書が、おびただしい数で出版されているからである。ましてや、問題点のリストアップなど、さらに不可能である。ただ、フランスでは、一九八一年の十一月のフランス人類学協会の第一回大会の際、「女性に関する人類学と女性人類学者たち」というワーク・ショップが開催された。このワーク・ショップの報告が、一九八二年の六月に出版されているので、これを参考にすることはできる。

Cf. *Le Bulletin de l' Association française des anthropologues,* nº 8.

（2） Y. Verdier, *Façon de dire, façon de faire, La laveuse, la couturière, la cuisinière.* NRF Gallimard, 1979.

S. C. Rogers, avec Hugues Lamarche et Claude Karnooth, *Paysans, Femmes et Citoyens,* Ed. Actes Sud, 1980.

M. Segalen, *Mari et Femme dans la société paysanne,* Flammarion, 1980.

（3） これは、十九・二十世紀の南西フランスにおける結婚に関する、それもとくに、結婚に際しての給付金、婚資、嫁入り道具に関する、これよりはるかに大部な研究の要約にすぎない。このわたしの研究は、その一部を、いくつかのインタヴューを含む聴きとり調査の記録によっている。これらのインタヴューのうちの一部は、わたし自身がここなん年かのあいだに、ピレネー山麓のソー地方で集めたものである。また残りの部分は、トゥールーズ大学の、ジャック・トマとわたし自身の指導する教室の学生たちによって、集められた。であるから、まず、わたしの問いに答えて、自分の体験を語ってくれた人たちに、感謝の意を表したい。また、ここにそのインタヴュー記録を引用させてもらった、学生諸君にも感謝したい。

（4） G. Sicard, *Comportements juridiques et Société.* Les contrats de mariage avant et après la Révolution. (Toulouse et pays toulousain). Annales de l'Université des Sciences Sociales de Toulouse, 1979.

（5） Danilo Dolci, *Récits siciliens.* Einaudi, Turin, 2e Edit. 1963.

（6） J. Amades, *Folklore de Catalunya, Costumes i creences.* Editorial selecta biblioteca perenne, 1980, p. 316.

（7） R. Bonnain, *Trousseaux et contrats de mariage dans les Pyrénées autour de la Révolution,* in Lavedan et Pays toy n° 15, spécial, 1983.

（8） Contrats notariés de Briatexte. Relevés et établis par M. R. Sabathier.

（9） Archives départementales de Carcassonne. 3E, 6577-6582, 6595, 6611, 6656, 6658, 6671.

（10） A. Van Gennep, *Manuel de Folklore français contemporain,* tome I, l^er Vol., Paris, Picard, 1977.

なかでも、嫁入り道具の搬入に関しては、pp. 352-359 を、祝宴のときの慣習に関しては、pp. 560-572 を参照のこと。

（11） Y. Verdier, *Façon de dire, façon de faire,* Chap. IV. La couturière, pp. 187 sq.

（12） D. Fabre, Thèse de Doctorat d'Etat en préparation et séminaires de l'E. H. E. S. S. Toulouse 1982-83-84. : *La jeunesse masculine dans les sociétés méditerranéennes du XVIIIe siècle à nos jours.*

（13） レヴィ＝ストロースの説明によれば、労働の分担とは、男女両性の相互依存によってつくり出された制度である。

Cf. *Le regard éloigné.* Chap. III. p. 81.

（14） C. Fabre-Vassas, Thèse de Doctorat d'Etat à paraître : *La bête singulière : porc dans les sociétés pyrénéennes.*

また、かの女は、このテーマをさらに発展させ、一九八三年六月に、G. R. I. E. F. によって開かれた講演会で、「小ブタの死、女性の血」という講演をしている。

フェミニズムの特異性

（1） Cf. Geneviève Fraisse : 《Les bavardes. Féminisme et moralisme》 in *L'Histoire sans qualités,* Paris, Galilée, 1979.

（2） 以下に、一九七〇年以降にフランスで出版された、フランス・フェミニズムに関する出版物のリストをかかげておく。

〈(短期および長期にわたる) 歴史関係〉

Laure Adler : *Les Premières Journalistes,* Paris, Payot, 1979.

Maïté Albistur, Daniel Armogathe : *Histoire du féminisme français,* Paris, Des Femmes, 1977.

Huguette Bouchardeau : *Pas d'Histoire, les femmes,* Paris, Syros, 1977.

Madeleine Colin : *Ce n'est pas d'aujourd'hui,* Paris, Editions sociales, 1975.

Paule-Marie Duhet : *Les Femmes et la révolution 1789-1794,* Paris, Julliard, 1971.

Benoîte Groult : *Le Féminisme au masculin,* Paris, Denoël, 1977.

Jean Rabaut : *Histoire des féminismes,* Paris, Stock, 1978.

Charles Sowerwine : *Les Femmes et le Socialisme,* Paris, Fondation nationale des sciences politiques, 1978.

Marie-Hélène Zylberberg-Hocquard : *Féminisme et Syndicalisme en France,* Paris, Anthropos, 1978.

Femmes et Féminisme dans le mouvement ouvrier français, Paris, Editions ouvrières, 1981.

〈伝記関係〉

Oliver Blanc : *Olympe de Gouges*, Paris, Syros, 1981.

Evelyne le Garrec : *Séverine, une rebelle, 1855-1929*, Paris, le Seuil, 1982.

〈選集および再刊書〉

Le Grief des femmes, anthologie de textes féministes du Moyen Age à nos jours (Maïté Albistur & Daniel Armogathe), Paris, Editions Hier et Demain, 1978.

Cahiers de doléances des femmes en 1789 et autres textes (Préface de Paule-Marie Duhet), Paris, Des Femmes, 1981.

Hubertine Auclert : *La Citoyenne, 1848-1914* (présenté par Edith Taïeb), Paris, Syros, 1982.

Jeanne Bouvier : *Une syndicaliste féministe, 1876-1935* (présentation Daniel Armogatho avec la collaboration de Maïté Albistur), Paris, Maspéro, 1983.

Hélène Brion : *La Voie féministe* (présenté par Huguette Bouchardeau), Paris, Syros, 1978.

Claire Demar : *L'Affranchissement des femmes* (présenté par Valentin Pelosse), Paris, Payot, 1976.

Maria Deraismes : *Ce que veulent les femmes, articles et conférences de 1869 à 1894* (présenté par Olide Krakovitch), Paris, Syros, 1980.

Paule Minck : *Communarde et féministe, 1839-1901* (présenté par Alain Dalotel), Paris, Syros, 1981.

Madeleine Pelletier : *L'Education féministe des filles* (présenté par Claude Maignien),

Paris, Syros, 1978.

Nelly Roussel : *L'Eternelle Sacrifiée* (présenté par Daniel Armogathe et Maïté Albistur), Paris, Syros. 1979.

Séverine : *Choix de papiers* (annotés par Evelyne le Garrec), Paris, Editions Tierce, 1982.

Suzanne Voilquin : *Mémoires d'une saint-simonienne en Russie* (présenté et annoté par Maïté Albistur & Daniel Armogathe), Paris, Des Femmes, 1979.

Souvenirs d'une fille du peuple ou la saint-simonienne en Egypte (introduction de Lydia Elhadad), Paris, Maspéro, 1978.

(3) フェミニズムの歴史に関する記事を掲載してくれた雑誌には、まず、政治雑誌および歴史学雑誌(*Les Révoltes logiques, Critique communiste, Dialectiques, Le Peuple français*)、つぎに、もっと「大学の研究誌的な」というか公式な雑誌、たとえば、*Romantisme, Les Temps modernes,* そして、いくつかのフェミニズムの雑誌、たとえば、*Les Cahiers du Grif, La Revue d'en face, Pénélope, Questions féministes, le Bief* などがある(ただし、最後のものについては、フェミニズムの歴史に関する記事が掲載される機会は、たいへんすくない)。

(4) Marguerite Thibert : *Le Féminisme dans le socialisme français de 1830 à 1850,* Paris, 1926.

Edith Thomas : *Pauline Roland, socialsme et féminisme au XIX*[e] *siécle,* Paris, 1956 : *Les Femmes en 1848,* Paris, 1948.

(5) Cf. Geneviève Fraisse : 《Droit naturel et question de l'origine dans la pensée féministe au XIXe siècle》 in *Stratégies des femmes,* Paris, Tierce, 1984.

（6） Geneviève Fraisse : 《Des héroïnes symboliques ? Celle qui écrit et celle qui parle : George Sand et Louise Michel》, *Les Révoltes logiques*, nº 6, 1977.

なお、フローラ・トリスタンについては、その女性に関する著作を考慮にいれて、フェミニストとしてもっと重要な位置づけをする必要がある。

（7） この区分は、ローズマリー・ラグラーヴによっている。

Cf. 《Les paradoxes du féminisme : l'expérience de *Pénélope*》, communication pour le colloque 《Femmes, Féminisme, Recherches》, Toulouse, décembre 1982.

（8） Geneviève Fraisse : 《Des femmes présentes》, *Les Révoltes logiques*, nº 8/9, hiver 1979.

女性・権力・歴史

（1） わたしは、この点でマルセル・ベルノーの意見に賛成である。ベルノーには、ここでのテーマをまさにとり上げた論文がある。

Cf. Marcel Bernos, 《De l'influence salutaire ou pernicieuse de la femme dans la famille et la société》, *Revue d'Histoire moderne et contemporaine*, juillet-septembre 1982.

とくに、註（1）に注意のこと。

（2） 引用の出典は、以下の書。

Lassailly, *Les roueries de Trialph*, 1833.

本書では、同書よりステファヌ・ミショーが引用したものを用いた。

Cf. Stéphane Michaud, *La Muse et la Madone. Visages de la Femme Rédemptirce en France et en Allemagne de Novalis à Baudelaire*, thèse de doctorat d'Etat, Paris III, 1983, tome II, p.

559.
なお、ミショーの同著はスイユ社より刊行の予定。

（3）同じくミショーによる引用から。*op. cit.*, II, p. 737.

（4）テオドール・ゼルダンによる引用。
Cf. Théodore Zeldin, *Les Français*, Paris, Laffont, 1983, p. 403.

（5）いずれも、十九世紀の高名な犯罪学者。

（6）この論は、とくにジャン＝ルイ・フランドランによって展開されている。

（7）Paris, Gosselin, 1834, 2 volumes.

（8）註（2）のミショーの書。

（9）Albert Hirschman, *Bonheur privé, Action publique*, Paris, Fayard, 1983.
ヒルシュマンの指摘するところでは、歴史的にみて、とくに十六世紀以降、一定のサイクルで関心のあり様が転換し、ときには私的な関心が、またときには公的な関心が強まるという。

（10）ここもゼルダンによる引用。*op. cit.*, p. 410

（11）Pierre Samuel, *Amazones, Guerrières et Gaillardes*, Bruxelles, éditions Complexe, 1975.

（12）Martine Segalen, *Mari et Femme dans la société paysanne*, Paris, Flammarion, 1980.
Yvonne Verdier, *Façon de dire et Façon de faire, la laveuse, la couturière, la cuisinière*, Paris, Gallimard, 1979.

（13）Ivan Illich, *Le Gendre varnaculaire*, Paris, Seuil, 1983.

（14）Suzan Rogers, 《Female Forms of Power and the Myth of Male Dominace : a Model of female/male interaction in peasant society》, *American Ethnologist*, vol. 2, nº 4, november

1975.

《Rules of order : the generation of female/male power relationships in two rural french communities》, communication at the 76e meeting of the *American Anthropological Assocation,* november, 1977.

(15) Jeanne Bourin, *La Chambre des dames,* Paris, Stock, 1980.
Régine Pernoud, *La Femme du Moyen Age,* Paris, Stock, 1984.

(16) Paris, Hachette, 1981
なお、同書のサブタイトルは以下のとおり。
Le Mariage dans la France féodale.

(17) Bonnie Smith, *The Ladies of the leisure class, The bourgeoises of Northern France in the XIXth century,* Princeton, 1981.

(18) *L ' Histoire sans qualités,* Paris, Galilée, 1979, ouvrage collectif.

(19) Thérèse Moreau, *Le Sang de l'histoire. Michele, l'histoire et l'idée de la femme au XIXe siècle,* Paris, Flammarion, 1982.

(20) Michelet, *Histoire de la Révolution française,* éd. La Pléade, I, p. 254.

(21) *idem.* I, pp. 408-409.

(22) キローによる引用。 *op. cit.,* p. 170.

(23) Thérèse Moreau, *op. cit.,* pp. 201-239.

(24) Françoise Picq, *Sur la théorie du droit maternel. Discours anthropologique et discours socialiste,* thèse, Paris-Dauphine, 1979.

(25) Martin Green, *Les Sœurs Von Richtofen. Deux ancêtres du féminisme dans l'Allemagne de Bismark face à Otto Gross, Max Weber, et D. H. Lawrence*, Paris, Seuil, 1974.

(26) J. Habermas, *L'Espace public. Archéologie de la publicité comme dimension constitutive de la société bourgeoise*, 1962 ; trad. française, Paris, Payot, 1978.

Richard Sennett, *Les Tyrannies de l'intimité*, trad. française, Paris, Seuil, 1978.

A. Hirschman, 前掲書。

(27) Stephen Jay Gould, *La Mal-mesure de l'homme, L'intelligence sous la toise des savants*, Paris, Ramsay, 1983（chap. 3, 《La mesure des têtes... Le cerveau des femmes》).

(28) Anne-Lise Maugue, *La Littérature antiféministe en France de 1871 à 1914*, thèse de 3e cycle, Paris III（sous la direction de Madame Fraisse), 1983.

(29) ミショーによる引用。*op. cit.*, II, p. 815.

(30) 社会科学高等研究学院における、エリザベート・フォックス＝ジュノヴェーズの発表による（一九八二年、春期）。

(31) Katherine Blunden, *Le travail et la vertu. Femmes au foyer : une mystification de la Révolution industrielle*, Paris, Payot, 1982.

なお、同書のたいへん的をえた論証によると、ヴィクトリア朝時代のイギリスでは、生産の舞台から女性が撤退させられ、かわって、妻、母親、消費者としての役割が考えだされたという。

また、以下の著書もあわせて参照されたい。

Anne Martin-Figier, *La bourgeoise. Femme au temps de Paul Bourget*, Paris, Grasset, 1983.

(32) Martine Martin, *Le travail ménager des femmes entre les deux guerres*, thèse 3e cycle,

Paris VII, 1984.

(33) Rosalind H. Williams, *Dream Worlds, Mass Consumption in late XIXth century,* University of California Press, Berkeley and Los Angeles, 1982.

(34) 革命暦二年霜月（ほぼ十一月にあたる）二十七日の演説を、ミショーが引用したもの。*op. cit.*

(35) オーギュスト・コントの弟子の著書のタイトルによる。なお、コントは、これこそ自分たちの領域だと考えていた。

Cf. Georges Deherme, *Le Pouvoir social des femmes,* Paris, 1912.

(36) Alrette Farge, *Vivre dans la rue à Paris au XVII*e *siècle,* Paris, Gallimard, 1979.

(37) Michelle Perrot, 《La ménagère dans l'espace parisien au XIXe siècle》, *Annales de la recherche urbaine,* automne 1980, nº 9.

(38) Christian Thibon, 《L'ordre public villageois au XIXe siècle : le cas du pays de Sault (Aude)》, communication au colloque sur 《le maintien de l'ordre public en Europe au XIXe siècle》, décembre, 1983.

なお、もっと一般的には、以下の著書を参照のこと。

Claude Nicolet, *L'Idée rêpublicaine en France,* 1784-1924, Paris, Gallimard, 1982.

(39) Andrée Michel, *Activité professionnelle de la femme et Vie conjugale,* Paris, CNRS, 1974.

なお、本書は、とくに、「夫婦間の決定権」について、女性の社会的・職業的地位との関連でのべている。

(40) Lise Vanderweilen, *Lise du Plat Pays,* Presses Universitaires de Lille, 1983.

新聞に連載された、自伝的小説。作者のおもな読書歴がのべられていて、十九世紀の「空想もの」の読書がもたらす影響の、格好の例となっている。

（41）この点に関しては、フランソワーズ・マイユールの業績、および以下の論文を参照のこと。

La thèse de 3e cycle de Marie-Françoise Lévy, *Education familiale et Education religieuse des filles sous le Second Empire, L'enjeu du savoir*, Paris VII, 1983.

なお、この論文は、とくに、女子教育制度における「一八六七年の危機」についてくわしい。以下のタイトルで刊行予定。

De mères en filles, L'Education des Françaises（*1850-1880*）, Paris, Calmann-Lévy, 1984.

（42）このボードレールの言いまわしそのものが、ステファヌ・ミショーの前掲書のタイトルになっているのである。なお、以下の著書にも、女性というものが、どんなふうに想像され、また、なにを象徴していたかが、政治、広告、小説などの分野について語られている。

Maurice Agulhon, *Marianne au combat*（*1789-1880*）. *L'Imagerie et la Symbolique républicaine*, Flammarion, 1979.

Claude Quiguer, *Femmes et Machines de 1900, Lectures d'une obsession Modern Style*, Paris, Klincksieck, 1979.

（43）ミショーが以下の書から引用している。

André Breton, *Le Surréalisme et la Peintre*, Michaud, op. cit., p. 373.

（44）アンヌ＝リーズ・モーグは、こうした文学のいろいろなテーマについて、すぐれた研究をしている。

（45）Jacques Le Rider, *Le cas Otto Weininger. Racines de l'antiféminisme et de l'antisémitis-*

me, Paris, Presses Universitaires de France, 1982（collection《Perspectives critiques》).
なお、ヴァイニンガーの『性と性格』*Geschlecht und Charakter* は、一九〇三年にウィーンで出版されが、反フェミニズムの総決算とでもいえる書であり、ほぼ一世代にわたって、反フェミニズムの聖典となった。

（46） ファネット・ロッシュ＝ペザールが、以下の書で引用している。
Fanette Roche-Pézard, *L'Aventure Futuriste, 1990–1916*, Ecole française de Rome, Paris, José Corti diffusion, 1983.

（47） 以下の最近の著作参照のこと。
Th. Zeldin, *Les Français, op. cit.*, chapître 25,《Pourquoi la libération de femmes progresse lentement》.
Mc Millan, *Housewife or Harlot, The place of Women en French society, 1870–1940*, The Harvester Press, 1981.

日本語版へのあとがき

（1） *Madame ou mademoiselle? Itinéraires de la solitude féminine en France au XIxè siècle*, Montalba, 1983.

（2） *Annales*, ESC, 1986, Mars-Avril（3）pp. 271–295

訳註

身体史は女性史にとって必要なまわり道か？

〔1〕 ジャンヌ・アシェット。十五世紀中葉、ブルゴーニュのシャルル豪胆公が、時の国王ルイ十一世に対して反乱を起こした。この反乱で、シャルル豪胆公がボーヴェを包囲した際、一女性ジャンヌ・アシェットが斧を手に街を守ったという。

〔2〕 サビーニの略奪。創成期のローマで、女性の不足になやんだローマ人たちが、山岳民族・サビーニ人の町を襲い、女たちを略奪したとされる伝説。

〔3〕 アリエノール・ダキテーヌ（一一二二―一二〇四）。アキテーヌ公ギョーム九世の娘、アリエノールが、あいついでフランス、イギリス双方の国王と結婚したため、両国の領土争いの種となったことを指すか。

肉体・死体・テクスト

〔1〕 アベ＝プレヴォー（一六九七―一七六四）、スタンダール（一七八三―一八四二）。ともに、フランスの作家。ここでとりあげられている作品は、プレヴォーの『マノン・レスコー』と、スタンダールの『リュシアン・ルーヴェン』。

『マノン・レスコー』は、贅沢好みで多情なヒロイン・マノンに恋した若者デ＝グリューが、その恋のため、女の贅沢好みに応えようと犯罪にまではしり、ついには、女の流刑地アメリカでともに破滅へのみちをたどるという物語。

また、『リュシアン・ルーヴェン』は、スタンダールの未完の小説。財界巨頭の御曹司リュシアンが、軍隊や政界などで多忙な公的生活をおくるかたわら、若く、裕福な未亡人、バチルド・シャストレールに恋する物語。ヒロインのシャストレール夫人は、スタンダールが創造した女性たちの中で、もっともその理想に近い人物といわれている。

〔2〕アントワーヌ・コンパニョン。パリ理工科学校卒。社会科学高等学院で教鞭をとるかたわら、『クリティック』、『テル・ケル』などの文芸評論誌に寄稿。小説『あらかじめ行なわれた葬式』(*Le Deuil antérieur*, 1979, Seuil) がある。

〔3〕ローマ建国伝説の双生児の王のひとり。伝説によれば、オオカミに育てられた二人のうち、兄ロムルスが弟のレムスを殺してローマの王となったという。なお、原文ではロムルスが殺されたことになっているが、おそらく、筆者のおもい違いであろう。

ティトゥス=リウィウス(BC五九-AD一七)はローマの歴史家。大著『ローマ史』(一部のみ残存)がある。

〔4〕ギリシア神話の詩人オルフェウスは、トラキアの女たちに、テーベの王ペンテウスは、ディオニュソス神(ローマ神話では、バッカス神)の巫女たちによって、それぞれ八つ裂きにされた。だが、エジプト神話の幽界の王オシリスは、弟セットの手で殺されて、遺体をバラバラにされているし、アキレウスは、トロヤ戦争でトロヤに加担した女神ペンテシレイアを戦場でうち倒し、のちにパリスの矢にあたって死ぬ。したがって、この記述は筆者のおもい違いによるものと思われる。

なお、フロイトは、『トーテムとタブー』で、トーテミズムとエディプス・コンプレックスを結びつけて、つぎのように論じている。すなわち、未開社会において、ある部族を象徴する生物ないしは物品（トーテム）を、食べたり、破壊したりするのを禁じているのは、たとえば、その生物を食べることによってこれと一体化したのち、そのことを罪と感じてタブーを設定するからである。同様に、エディプス・コンプレックスにおいて、父親への恐怖と愛情とが混在しているのは、男児が父親を象徴的に殺害して、その影響力から脱したのち、この象徴的な殺害の罪の意識から、恐怖が愛情に転化するためである。

〔5〕 ピエール・ドリュ＝ラ＝ロシェル（一八九三―一九四五）。フランスの作家。主として、両次大戦間の知識階級の不安や虚無感を描いたが、やがてファシズムに傾き、ナチス・ドイツによるフランス占領期には、代表的な協力者となった。ナチの敗北とともに自殺。代表作は『ジル』。

ポール・ニザン（一九〇五―四〇）。フランスの作家でサルトルの親友。はじめ、フランス共産党員だったが、独ソ不可侵条約の成立とともに党に失望して離党し、第二次大戦にて戦死。その後、党の圧力によって、その作品はほぼ黙殺されたが、サルトルの力もあって、戦後その評価が高まった。代表作は、ルポルタージュ『アデン・アラビア』。

ミシェル・レリス（一九〇一― ）。フランスの作家。シュールレアリスムの運動に参加したが、「言語による世界変革」の理念に失望して脱退し、精神的な危機を経験する。以後、民族学の徒となり、人類博物館に勤務しつつ執筆を続ける。代表作は、『成熟の年齢』、『ゲームの規則』などの自伝的エッセーであるが、そこでは、性的強迫観念を含む精神のすべての暗部が、コラージュ風に語られている。

〔6〕 ジュリア・クリステヴァ（一九四一― ）。ブルガリア生まれのフランスの記号学者。知を抑

圧するすべてのものに対抗して、既存の知を解体・再構築することをめざし、記号論から精神分析まで、多彩な活動を続けている。代表作は、『セメイオチケ』、『詩的言語の革命』など。

〔7〕エレーヌ・シクスー（一九三七－　）。フランスの女性作家。女性固有のエクリチュールによって、資本主義、家父長制、男性支配に毒されたエクリチュール一般を、するどく批判している。代表作は、『内部』。

〔8〕ヘルダーリン（一七七〇－一八四三）。ドイツの詩人。なお、ヘルダーリンが追放されたという記録はない。おそらく、この詩人が、家庭教師の職を求めて各地を転々としたことをさすのであろう。

パウル・ツェラン（一九二〇－七〇）。ルーマニア生まれのユダヤ系詩人。第二次大戦中のドイツによるルーマニア占領で両親を失い、故国を棄てざるをえなくなって、戦後はフランスに定住した。

エドモン・ジャベス（一九一二－　）。カイロ生まれのユダヤ系フランス詩人。エジプトを追放され、詩の中で砂漠の記憶をうたった。

〔9〕カテブ・ヤシン（一九二九－　）、ナビル・ファレス（一九四一－　）。ともに、もとフランスの植民地だったアルジェリアの作家。

〔10〕ヴァージニア・ウルフ（一八八二－一九四一）。イギリスの女性作家。人間の意識を、その深部の、いまだかたちをなさない段階から描こうとし、さまざまな手法の実験をこころみた。

〔11〕『オーランドー』（一九二八）。ウルフの小説。いくつもの時代にわたる、縦横無比の転身の物語。ここで例にひかれているのは、いくつもの時代にわたるという点での歴史との関連性と、転身が性別をもこえている点においてであろう。

〔12〕モニック・ウィティッグ（一九三五―　）。フランスの女性作家。合理主義、道徳、性差別などに屈服しない言語の確立をめざしている。
〔13〕シャンタル・シャヴァフ（一九四三―　）。フランスの女性作家。
〔14〕ゴーレム。ユダヤ教典からつくりだされた伝説の泥人形。額にカバラの呪文を刻むと動きだすという。
〔15〕コレット（一八七三―一九五四）。フランスの女性作家。女性特有の官能的な感性と鋭い自然描写、および古典的にして簡潔な文体によって、肉体のうちにひそむ深い人間性を描きだした。
〔16〕『ジル』（一九三九）。ドリュ＝ラ＝ロシェルの自伝的長編小説。第一次大戦、戦後の混乱、コミュニズムとファシズムの対立、そしてファシズムへの傾倒という、作者の知的遍歴を、主人公ジル・ガンビエにたくして描いた。なお、本文中に指摘されているコレットとの類似性とは、おそらく、ジルが戦後の混乱の中ですごす放蕩無頼の日々の描写をさすものと、思われる。
〔17〕ルネ・ヴィヴィアン（一八七七―一九〇九）。フランスの女性詩人。ボードレールの影響を受けながら、女性の同性愛をうたった。サッフォーをはじめとする、ギリシアの女性詩人たちの翻訳でも知られる。
〔18〕「根茎《リゾーム》」。ドゥルーズ＝ガタリが復権させようとしている、知の形態をさす用語。従来の分析的思考や弁証法が、ちょうど樹木のように、単一・絶対の中心（幹）から、二分法によって枝分かれしていく形態をとる（たとえば、生物進化の系統樹を想起せよ）のに対して、植物の地下茎のように、多様な関係が、中心をもたずに網目状に組織された状態をいう。なお、これに対する旧来の思考形態は、「樹木《ツリー》」と呼ばれる。
〔19〕文化主義。ルース・ベネディクトやマーガレット・ミードに代表される、アメリカ人類学の

一派の思想を総称した用語。この一派は、通常は「文化とパーソナリティ」学派と呼ばれ、精神分析の手法をかりて、ひとつの文化はさまざまな規範によって構成され、この規範が、個々の構成員の知的形成に影響すると主張した。

「喪に服す性」と十九世紀の女性史

〔1〕 この「ナナ」は、間違いなくゾラの同名の小説のヒロインだと思われるが、この人物はまた第二帝政の腐敗と堕落の象徴でもあり、したがって、小説ではこの帝政の崩壊とともに一八七〇年に死んでいる。一八七九年という記述は、おそらく筆者の思い違いであろう。

訳者あとがき

本書は、*Une Histoire des Femmes, est-elle possible?* sous la direction de Michelle Perrot, Rivages, 1984. の全訳である。

監修されたミシェル・ペローさんから、翻訳計画が決まった一九八七年に「最近三年間の女性史（一九八四―一九八七年）」をいただき、さらに「フランスにおける『女性史』の二十年」という本書を軸にした回顧と展望を一九九一年四月にいただいた。これらに予め目を通していただくと、本書をよりよく理解していただけると思う。訳者および監訳者の一人として私は、何よりもまず訳書の完成が予定より非常に遅くなってしまったことをお詫びしなければならない。ペローさんにも、藤原書店社長藤原良雄さんをはじめ関係のみなさんにも。ペローさんが「二十年」の回顧のなかで、原書の現代的意義《アクチュアリテ》があまりひどく失われてしまわないでほしいと述べておられるのは、フランスでも日本でも、すでに年々、女性の歴史に関する研究や著作が――そのテーマはミクロなものから、ペローさん監修の『西欧女性史』のような総合的なものまで――多数出版され、実証的な研究が着々と進められている現状から、私への苦言のように聞えて耳が痛い。また、彼女は、本書がサン＝マキシマンのシンポジウムの報告論集でありながら、その時の楽しい雰囲気や内容豊富な討論の中身を十分伝えられないでいることを残念がっておられるが、私たちには別の意味からそのことに同感である。所収の論文の中には、時間的な制約からか、十分意のつくされていない、説明不足の感の拭えないものもあり、正直いって、訳出中に頭をかかえることもしばしばあった。

ペローさんたちの研究グループは、一九七〇年代の〝われら、歴史をもたぬ女たち〟とMLFの歌をリフレインした女性たちの運動のなかをくぐりぬけ、女性たちの歴史を求めはじめた。身近な問題からも、また、過去のあらゆる分野の知の世界からも。女性の「独身」問題をとりあげ、その歴史を摑《つか》む。それが一著作『マダム？ それともマドモワゼル？』（一九八四年）に結実する。同時進行で、生物学や文学、その他諸もろの学問の分野をかけめぐり、女性の痕跡を求め、女性たちの歴史をいかに書くか、精力的に挑戦した。ペローさんはこれを広義のフェミニズムに関わることだといわれる。では、フェミニズムの歴史とは？これに挑戦したジュヌヴィエーヴ・フレスさんの論文は難解な部分がある。十九世紀末からの、社会主義運動、労働組合運動《サンディカリスム》、フェミニズムの複雑な軌跡、未来への展望は、「階級」の問題が優先か、「女性」解放が先決か、既存の社会主義国家のイメージが現時点ほどまでのダメージを蒙っていなかった一九七〇年代の歴史的状況のなかで、過去の運動状況をひきずりながら叙述されたフェミニズムとその歴史、分析対象に取り上げられた資料が各著作の序文だけという制約もあり、悪戦苦闘の姿がしのばれる。つまり、訳者および監訳者の一人として、私が言いたいのは、本書は、女性史を求める途上での生なましい記録、女性史研究への貴重な史料として読めば、書かれている内容をのり超えた収穫を手にするだろう、ということである。

さて、シンポジウムの楽しい雰囲気のほうは、一九八九年フランス革命二百年記念の年、トゥルーズ大学＝ル・ミライユで開催された「女性とフランス革命」のシンポジウムの雰囲気が、それに通ずるものではないだろうかと私はその時を思い出している。十九世紀の一分科会で、『ミューズとマドンナ』の著者ステファンヌ・ミショーさんが女性研究者たちからの矢継ぎばやの質問や反論に、口角沫《あわ》を飛ばす勢いで答弁している姿、早口で飛び交うフランス語の正確な内容は把握できない私にも、大筋は雰囲気で伝わってきた。ペローさんもこの時に加わっておられたし、彼女は全体会の司会者の一人としても活躍されていた。

　私がペローさんとはじめてお会いしたのはその一年余り前、一九八七年十二月、暮れも押しつまった頃であった。京都の街の灯を見下ろしながら、本書の訳者のうち、国領さん、藤本さんと私、ペローさんを加えて四人で夕食を共にした。その折、本書との出会いなどを話し合ったのだが、私は、いわゆる〝戦後歴史学〟の流れのなかで、「階級意識」の問題にこだわり、一八四八年の二月革命前後のパリの職人労働者の新聞をとり上げたことや、彼らと接点を持ったフロラ・トリスタンのこと、彼女との関連から一八三〇年代のサン＝シモン主義の女性たちの新聞や運動にも目を向けたことなどを話したのだが、ペローさんも「階級」の問題、とくに「労働者階級」に関心を持ち、十九世紀後半の労働者のストライキを研究したといわれた。その時の彼女は悪天候の故もあり、防寒コートにパンツルック、登山靴姿で逞しい女性に見えた。その後、研究会では、濃紺のプレーンなワンピースに洒落たネッカチーフをあしらい、むしろ瀟洒《しょうしゃ》なパリジェンヌの感じで、私よりずい分若い方だと思った。しかし、その後、略歴をいただいてみると私と同年の一九二八年生まれだとわかって、驚くと同時に、なるほど歴史への関心の類似、とくに「階級」の問題にとらわれたのは同じ時代の空気を呼吸していたからでもあるなと、戦争と戦後の荒波をくぐりぬけた同世代の仲間として、改めて親しみを覚えたのである。

さて、原書の発行は一九八四年であるが、この年、私が勤務する京都橘女子大学では共同研究の制度ができ、計画を申請すればそのための研究費がいただけることになった。その制度の最初の適用を受けてフランス語の志賀亮一さんの提案で「橘女子大学フランス女性史研究会」を発足させ、学外の研究者（すなわち本書の共訳者、国領苑子・藤本佳子・次田健作・伊藤はるひ）にも加わってもらい、研究費で購入した文献をもとに、いく度か研究会をもつことができた。三年の期限を終えて、研究成果の一つとして適当な文献を翻訳する計画を立てることになった。丁度その当時、私は国領さんと、彼女を頼って来日していた若いフランス女性イザベル・ブスケさんと三人で私的に本原著の読書会をやっており、それを候補に挙げることにした。ブスケさんはパリ第七大学でペローさんの指導をうけ、「日本の現代社会における女性の空間——公的生活、私的生活」Isabelle Bousquet, L'espace feminin dans la société japonaise contemporaine, vie publique, vie privée,（mémoire de Maîtrise d' Histoire sous la direction de Madame Michelle Perrot,）1985. という修士論文を仕上げ、さらに日本女性史研究の資料を求めて来日されたのであった。三人で何を読むかと相談した時、私が持参した本と国領さんが差し出された本が同じこの原著であったとは！　ブスケさんがペロー先生の本だからと推薦されたからであった。

藤原書店への出版交渉は、国領さんがして下さった。なお、彼女にはペローさんとの連絡でもお世話になった。ついでにいうと、国領さんはトゥルーズのシンポジウムで報告者《レポーター》の一人としても活躍された。日本でも女性史研究の、小さいが一つの輪ができたわけである。

日本の女性史研究では、すでに一九八〇年代初めに、かつて私どもの大学に在職された現大阪外国語大学の脇田晴子さん、および私どもの大学の日本史を担当しておられる田端泰子さんたちによる、女性史総合研究会編『日本女性史』全五巻が出版されているが、これは出版年からいうとペローさんたちの『西欧女性史』よりも十年早い先達といえる。それへの取り組みの歴史はどうであったのか？　フランスの場合とはかなり違うようにきいているが、一度詳しく教えていただきたいと思う。脇田晴子さんが、一九九〇年マドリッド大学で開催された国際歴史学会で初めて女性史部会が設けられたこと、クニビレールさんのことなどを新聞紙上で述べておられたことも記憶に新しい。日本女性史研究の輪も大きく拡がっている。京都橘女子大学では共同研究の制度から発展して、今秋「女性歴史文化研究所」の開設が決まっている。このことはペローさんにも報告して喜んでいただきたいと思っている。

なお、訳出の分担は以下の通りである。「日本語版への序文」「中世学者、女性、時系列研究」「男性／女性」（志賀）、「序文」「フェミニズムの特異性」「女性、権力、歴史」「日本語版へのあとがき」（杉村）、「女性史のとり組みとその成果」「身体史は女性史にとって必要なまわり道か？」（藤本）、「年代設定と女性史」「女性史のための聴きとり資料」（伊藤）、「肉体・死体・テクスト」「嫁入り道具は、女性固有の文化か？」（国領）、「性差、歴史、人類学、そして古代ギリシアのポリス」「『喪に服す性』と十九世紀の女性史」（次田）。各論文の内容が多岐にわたり、言及がさまざまな研究分野に及んでいるので、不備、誤りがあるのではないかと思う。それについては監訳者の責任として御教示いただきたいと思う。

本訳書の出版を快く引き受けて下さった藤原良雄さんに感謝すると共に、編集担当の山田剛彦さんにも一言お礼を申し上げたい。いろいろ無理をお願いした。

共同の監訳者志賀亮一さんは言語に限らず、豊かな知識とすぐれた感覚《センス》を駆使して、この作業に当られ、訳文が読み易くなっているとすれば志賀さんのおかげである。

最後に、本書出版の感想をきかれたら「大変遅くなって申し訳なかった」の一言しかないように思う。

一九九二年四月

訳者を代表して
杉村和子

付記 本書の出版に際し、京都橘女子大学から出版助成をうけた。特記して謝意を表したい。

新版への監訳者あとがき

本書*Une histoire des femmes est-elle possible ?*, sous la direction de Michelle Perrot, Rivages, 1984の翻訳が刊行されて、もうすぐ九年になろうとしている。監修者のペローが「序文」で指摘しているように、本書が編まれたのは、フランスにおける女性史研究が、「これまでの歩みを反省してみる時」だった。この認識は、本書の筆者たちにも共有されており、そのひとりアルレット・ファルジュも、「問題意識を凝縮したうえで、これまでの足あとをたどり、これからの道すじを探らなければならない」と書いている。新版の刊行にあたって、久しぶりに読みかえして、この認識が正しく、本書という試みがおおむね成功していたとの感を深くしている。すなわち、やや戦闘的すぎる著作や、女性たちの失われた歴史を発掘する著作という段階から、男女両性の関係の歴史、文化的＝社会的＝歴史的に構築されてきたこの関係の歴史への転回点と、本書はなりえているのである。

初版刊行後、同じ監訳者コンビで、『女の歴史』全五巻一〇分冊の翻訳という膨大な作業にとり組んできた。同書は、本書初版の「日本語版へのあとがき」でペローが述べているように、いわば、この『女性史は可能か』の産んだ娘のような存在であり、「古代」、「中世」、「十六―十八世紀」、「十九世紀」各巻の編者は、いずれも本書に執筆している研究者である。

そしてそこでは、おもに男性たちの手になる言説が分析され、男性たちがどのような女性像を描き、それに女性たちがどのように反応してきたのかが、ライトモティーフとなっている。これはまさに、両性の関係史の一形態ではないだろうか？　さらには、この「つくられた性差」という概念を、歴史叙述に導入することによって、歴史学そのものを革新するところにまで到達しようとしている。「これからの道すじ」が探りあてられたのである。そういう意味では、『女の歴史』の訳業完結とともに本書の新版が刊行されることに、二つの監訳に携わったものとして、一種の感慨を覚えずにはいられない。一九八〇年代のフランスの女性史研究の進展を、およそ一〇年遅れでたどったことを確認できるからである。

新版刊行にあたって、明らかに誤訳・誤植と思われる箇所のみ訂正している。一〇年近くをへて、また『女の歴史』の訳業をくぐり抜けて、初版翻訳当時のわたしたちの認識不足を感じさせる箇所もいくつかあった。だが、それも、日本におけるフランス女性史研究の足どりの一端を示すものと考え、あえて訂正はしていない。新版が新たな読者を獲得することを願って、あとがきとしたい。

二〇〇一年三月

監訳者のひとり

志賀亮一

ヤ 行

ラ 行

マ　行

タ　行

ナ　行

ハ　行

カ　行

サ　行

人名索引

この索引には、本文中にその名のみえる現代の学者・研究者、その著作や作品が例としてひかれている学者、作家、芸術家、および記述の内容と関係の深い伝説上の人物、名作の主人公などが網羅されているが、聴きとり調査などに登場する無名の人びとの名は省略した。なお、表記は、判明したかぎり現地読みにしたがったが、不明のものは原則としてフランス語読みとした。

ア 行

執筆者紹介（執筆順）

ミシェル・ペロー（Michelle Perrot） 1928年生まれ。歴史学教授資格、国家博士号取得者。パリ第七大学（ジュスィウ校）名誉教授。現代史、女性史。

アルレット・ファルジュ（Arlette Farge） 1941年生まれ。国立科学研究所主任研究員。18世紀民衆史。

クリスティアーヌ・クラピシュ＝ズュベール（Christiane Klapisch-Zuber） 1936年生まれ。社会科学高等研究学院歴史学教授・主任研究員。中世イタリア史。

イヴォンヌ・クニビレール（Yvonne Knibiehler） 1922年フランス生まれ。歴史学教授資格、国家博士号取得者。プロヴァンス大学名誉教授。思想史、女性史。

シルヴィー・ヴァン＝ド＝カステル＝シュヴァイツァー（Sylvie Van de Casteele-Schweitzer）国立科学研究所研究員、リヨン第二大学ピエール・レオン・センター所員。企業活動・労働史。

ダニエル・ヴォルドマン（Danièle Voldman） 1946年生まれ。国立科学研究所研究員、パリ現代史研究所所員。都市現代史。

カトリーヌ・フーケ（Catherine Fouquet） 歴史学教授資格取得者。女性史。

エリザベット・ラヴー＝ラロ（Elisabeth Ravoux-Rallo） パリ第十大学（ナンテール校）助教授。文学。

アンヌ・ロッシュ（Anne Roche） パリ第十大学（ナンテール校）助教授。文学。

ポーリーヌ・シュミット＝パンテル（Pauline Schmitt-Pantel） 1947年生まれ。歴史学教授資格、国家博士号取得者。アミアン大学教授。古代ギリシア史。

ジャック・ルヴェル（Jacques Revel） 歴史学教授資格取得者、社会科学高等研究学院主任研究員。フランス近代史。

アラン・コルバン（Alain Corbin） 1936年生まれ。パリ第一大学（ソルボンヌ校）教授。19世紀史。

アニェス・フィーヌ（Agnès Fine） トゥールーズ大学助教授。民族学。

ジュヌヴィエーヴ・フレス（Geneviève Fraisse） 1948年生まれ。哲学教授資格取得者。国立科学研究所研究員。女性史。

監訳者紹介

杉村和子（すぎむら・かずこ） 1928年生まれ。1994年まで京都橘女子大学教授。19世紀フランス史。主要訳書：デュビィ，ペロー監修『女の歴史』（全5巻，監訳，藤原書店）。

志賀亮一（しが・りょういち） 1947年生まれ。京都橘女子大学教授。フランス現代文学・女性史。主要訳書：デュビィ，ペロー監修『女の歴史』（全5巻，監訳，藤原書店）。

訳者紹介

藤本佳子（ふじもと・よしこ） 1945年生まれ。立命館大学ほか非常勤講師。フランス近現代史。

次田健作（つぎた・けんさく） 1946年生まれ。大谷女子大学教授。19世紀フランス社会経済史。

国領苑子（こくりょう・そのこ） 1947年生まれ。元・阪南大学教授。現代フランス文学・思想。1994年歿。

伊藤はるひ（いとう・はるひ） 1955年生まれ。フランス近代史。

女性史は可能か［新版］

1992年5月30日　初版第1刷発行
2001年4月25日　新版第1刷発行

監訳者　杉村和子
　　　　志賀亮一
発行者　藤原良雄
発行所　株式会社 藤原書店
〒162　東京都新宿区早稲田鶴巻町523番地
電話　03(5272)0301
FAX　03(5272)0450
振替　00160-4-17013
印刷・製本　中央精版

落丁本・乱丁本はお取替えいたします　Printed in Japan
定価はカバーに表示してあります　ISBN4-89434-227-8

一九九五年二月二七日第三種郵便物認可　二〇〇一年四月一五日発行（毎月一回一五日発行）

月刊
機
2001
4
No. 114

発行所　株式会社 **藤原書店** ©
〒一六二―〇〇四一　東京都新宿区早稲田鶴巻町五二三
電話　〇三・五二七二・〇三〇一（代）
FAX　〇三・五二七二・〇四五〇
◎本冊子表示の価格は消費税別の価格です。
編集兼発行人
藤原良雄
頒価 100 円

女性史からジェンダーの歴史へ。『女の歴史』（全五巻10分冊別巻二）邦訳完結！

女性史の画期をなした書

アラン・コルバン

▲A・コルバン（1936- ）

G・デュビィとM・ペローが中心となって編まれた『女の歴史』（全五巻10分冊別巻二）の邦訳がこの春ついに完結した。

西欧において「女性史」というジャンルは、一九六八年の「五月革命」直後に生まれたが、今号においては、「感性の歴史家」A・コルバン氏に、本シリーズならびに女性史というジャンルの歴史的変遷のもつ意義についてご寄稿いただいた。

編集部

● 四月号目次 ●

女性史の出現と大学体制の沈黙

西ヨーロッパの女性史は、すでに確たる伝統となっている。この女性史は、一九六八年の事件〔いわゆる「五月革命」のこと〕の直後に出現したが、このときには、さまざまな社会的敵対関係に関する意識が、大きく変化していた。そして、社会のなかにおける女性たちの地位に関して、認識が高まる一方で、フェミニズムの権利要求が台頭していた。また、新たな分析のかずかずが、この領域における、さまざまな表象の重みを明らかにしていた。このときまで、いくつもの言説が、女性を従属的な地位に置きつづけてきていたが、そうした言説は、徹底的に解体された。この社会的劣位を支える論理のかずかずも、暴きだされた。そのうえ、さまざまなことが明らかになっていくにつれて、政治的行動も起こってきた。このとき、アメリカやヨーロッパで、女性史と名づけられたものが誕生したが、それを開拓したのは、女性たちであり、しかもその大部分は、闘う女性たちだった。フランスでは、アメリカ合衆国で確認されているのとはちがって、大学という体制が、この革新に対して、長いあいだ意図的に沈黙を守っていた。だから、トゥールーズや、ヴァンセンヌや、アヴィニョンで、大学に女性史の講座が創設されたのは、ごく最近のことにすぎない。

M・ペローと女性史の広がり

この意図的な沈黙に、女性研究者たちは奮いたった。そこで、かの女たちは、いく人かの稀少な男性歴史家に支援されて、いくつも務めをみずからに課した。

じっさい、女性史は、当初から、複数の学問分野にまたがるものとして登場した。哲学者たちは、カトリック教会の教父たちから、十九世紀の思想家たちまで、理論家の著作を吟味した。このときまで、いくつかの職業が、長期にわたって女性固有のものとみなされ、しかもその数を増大させていたが、社会的事象の専門家たちは、ミシェル・ペローの庇護のもと、こうした職業の出現と増加の様子を検討した。ペローは、こうした調査の大部分で、その震源となっていたのである。身体文化の歴史家たちは、女性の身体に関するテクストと、女性の本性と称せられてきたステレオタイプについて、研究した。他のものたちは、女性たちの政治的闘争の跡をたどった。これらの闘争は、始まるとすぐに、実現性のないユートピア的運動だと決めつけられていたのであ

る。すなわち、選挙権要求や、反売春闘争や、避妊の認知を目指す闘いのことである。

一九七〇年代をつうじて、さまざまなグループの内部で、歴史学を革新しようとする試みがなされてきた。右のように女性史が広がりをみせたのは、その専門家たちが、こうしたグループのすべてから輩出していたからである。

だが一九八〇年代になると、女性史は、これとはすこし違った展開をみせる。

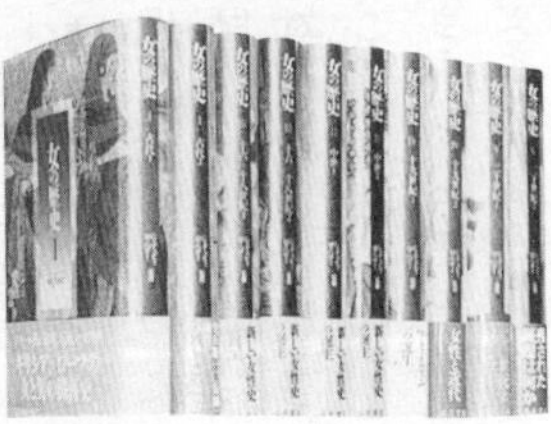
▲『女の歴史』全巻

フェミニズムの権利要求のうち、そのいくつかには、部分的に世論が味方についた。たとえばフランスでは、政治権力がそれらを採択した（女性問題担当省の創設、避妊を認める法律、自発的妊娠中絶を認める立法、国際婦人デーの挙行）。この間に、アメリカ合衆国で、ジェンダー・ヒストリーが登場する。もはや、女性たちに課せられた条件を分析することではなく、性別をめぐる社会的・文化的構造のメカニズムと、両性間を結ぶ関係を理解することが問題となったのである。そしてここから、男らしさの歴史を構築することが可能になり、言語の問題が、なににもまして関わるようになった。

「女性史」から「性別《ジェンダー》の歴史」へ

『女の歴史』全五巻は、ジョルジュ・デュビィとミシェル・ペローの監修になるが、その重要性はまさに、このすばらしい業績の総体が、女性史の右の二つの段階の結節点に位置していることにある。ミシェル・ペローは、フランスという領域において、女性史研究を創始したが、そのペローは、久しい以前から、戦闘的すぎる歴史の危険性に気づいていた。女性を劣位に置く考え方を告発することにばかりとらわれて、男性という特性に、それ相当の地位を与えていなかったからである。ペローは、いくつかの著作を編纂してきたが、この全五巻が公刊されるすこしまえにも、そうした一冊を世に問うている『女性史は可能か』、藤原書店、新版今月刊）。同書には、将来性別《ジェンダー》の歴史となるべきものをフランスに導入したいという、ペローの関心が現れていた。

それは、女性史の領域を拡大したいという意図でもあるが、この意図は、『女

の歴史』にみごとに結実している。そして『女の歴史』は、まさにそのことによって、世界的成功を収めている。女性史という歴史の領域が、これほど野心的な試みの対象となったことは、かつてなかった。この試みは、古代をその根としつつ、西ヨーロッパ史の全世紀を包含して、さまざまな共同体における女性たちの状況を、幅広く再検討するにいたっている。女性史という歴史探究の領域は、日本でもすでに実り多いものとなっている。ジョルジュ・デュビィとミシェル・ペロー監修の大著の出版により、比較研究という観点をえて、日本の女性史研究がさらに豊かなものになることを願わずにはいられない。

（志賀亮一訳）

（Alain CORBIN／パリ第一大学）
（しが・りょういち／京都橘女子大学教授）

善悪あわせもつ国家を真摯に問う、『環』5号（特集・国家とは何か）刊行！

国家とは何か

川田順造（文化人類学）
山内昌之（歴史学）
佐伯啓思（社会経済学）

グローバル化の中、国家の捉え直しが大きな問題となってきている。国家をめぐって先鋭な議論を提起する三人の方々に、世界の多様な国家のありようを論じるとともに、日本人にとっての国家とは何かなど、様々な切り口から「国家」を論じていただいた鼎談の一部を掲載する（全文は『環』第5号に掲載）。（編集部）

国家に対する忠誠心の衰退

川田　「タマゴとニワトリ」的になるんだけれど、もちろん国家の経済行為とか、軍事的側面とか、そういうのは大事だと思う。しかし、ウォーラーステインも書いてるように忠誠心の根拠のようなものがなくなってしまった。ある時代におけるクラウン（王冠）に対する忠誠心とか、民族に対する熱狂とか、それがなくなると、世界全体でその傾向があるそうですが、選挙で投票率はどんどん下がってくる。日本もそうですね。無党派になるし、外国に対して戦うかということにしても、湾岸戦争でもアメリカ人が死なない限りはそういう戦争を支持するけれども、アメリカ人が大勢死ぬんだったら嫌だっていう、そういう人が多いわけです。そうすると先ほどの patrie（祖国）に対する熱狂というのも、今なくなってきたわけです。

あおられる国家意識

やはり一方では物理的な強制力、つまり軍事的、経済的な強制力が国家の成立に重要だし、もう一方ではそれを支えるシンボリックなもの、すなわち精神的なもの――あるいは権威――があって国家が成り立つわけですが、そっちの方はいまやどうしていいか、みんなわからなくなっている。だからアメリカの場合は、ことさら国家意識をあおってるわけでしょう。いたるところに星条旗があって、学校でも国歌を歌わせて。その点、僕はフランスなんかある意味で健全だと思うんですが、国歌を一緒に歌うという機会はきわめて少ない。サッカーのワールドカップなどが、ナショナリズム昂揚の一つの場ですが、そこで活躍する

▲川田順造氏（1934- ）

▲佐伯啓思氏（1949- ）

フランス・チームの選手は、旧フランス植民地出身のアルジェリアやアフリカの人たちだ。そこでシラク大統領はフランスの「ナシオン」という理念を強調するわけですが、ある理念の下にことなる出自の者が集まって国家をつくるという、それがどのくらいみんなに普及するかですね。日本の教育だって変な形の国粋主義にいくのはとても問題だし、だけど指摘されたようにいきなりお雇い首相でうまくいくか。ある自動車製造会社の経済的再建や、サッカーで勝つといった非常に限定された目的だけのためにやるのとは違うから、それは難しい。けれども、それではナショナリティとは何かっていうのは根本から問い直されるべきだと思う。

事後的に確認されるナショナリティ

佐伯　私の考えではナショナリティってのは事後的にしかわからないもので、こういうものだって提示するようなものでもないし、教育で作れるようなものでもない。例えば外国人から見れば日本とはそういう国で、そういう国民性なのかっていう、そういう事後的にしかわからないものだという気がするんです。今サッカーのお話をされましたが、考えてみれば日本の文化はいろんなものがごちゃ混ぜに入ってるわけです。日本の純粋文化などというものはないわけで、ある意味で雑種文化、混合文化と言ってもいいし、輸入文化と言ってもいい。世界じゅうどこでも、ある意味でそうです。

問題は混合の仕方で、日本は日本なりの独特のやり方で受け入れたということだと思うんです。中国のものも、西洋のものも受け入れたけれども、西洋とも中国とも違う形で独特のものをつくり上げていった。その独特なものをつくり上げるところに何か日本人の感性や歴史の働きみたいなものがあると考えなきゃしょうがない。そういうものの全体を日本のナショナリティの基礎だと考えて、その中に先ほどの仏教的なものも入ってるし、儒教的なものも入ってるし、日本的な風習もあるし、西洋の知識もあるし、中国のものもはいっている。そういうものを文化多元主義のように区別しないで、その間に調和をとって統合してゆく。何か全体としてうまく加工していくようなテクニックが必要とされていると思います。

規範や価値を担う意識＝国家の意識

いずれにせよ、国家の観念をあまりに狭くとらえすぎるのはまずいでしょう。国家をほとんど同質的な民族的集合体とみなすのも適切ではないし、また逆に権力的装置で危険なものとみなすのもまた適切ではない。グローバリズムの進行する時代の国家

▲山内昌之氏（1947- ）

は、一方で、個人の自由や市民的な多様性を保証してゆかなければならない。しかし、同時にまた、この国の文化的なものや歴史性をしっかりと認識し、それを担ってゆく人々がなければならない。さもなければ、その国の市民的な生活の基礎である道徳的な規範の意識や、それに公共心なども見失われていってしまうのではないかと思います。その意味で言えば、いまの日本の国家についての問題は、一方で、市民権や防衛といった「普通の国」つまりグローバル・スタンダードにあわせるという問題もありますが、規範や価値を担うものとしての国家の意識が急速に薄れていることの方が問題だと思うのです。

日本はそれほど排他的ではない

山内　私は日本が、そんなに排他的にいくとはあまり思わないのです。例えば九〇年代以降、外国人労働者の問題、いわゆる不法難民などいろいろ入ってきている。そのときに日本人の側からすごく排他的に暴動が起きて、彼らを排除していくとか、地域社会から駆逐していくとかといった現象は起きていない。あちこちにモスクが建ったりしてイスラームの存在感の認知が現実として進んでいる。地域社会にも、最初は戸惑いがあったと思います。だけど少なくとも知ってる限りでは、フランスで起きているような強い排外主義や差別主義はないでしょう。またルペンの国民戦線に相当するような排外主義的な目的の政党は今のところ力をもっていないわけです。幸いにして国会において一議席ももっていない。

私は日本人のそういった適応能力と弾力性が結びついて、むしろ試行錯誤の経験を通して、外国人問題に対応しているのではと考えています。そういう力に我々がもっと自信を持つようになれば、ひょっとしたら首相が日本人以外からきても平気になるのかもしれない。ただし、単に異質な分子を輸入するのではなくて、日本の社会の中で生まれ育ったり、あるいは日本社会のどこかにつながりができるような、「非日本人的日本人」あるいは「日本人的非日本人」なのであって、日本という個性やナショナリティとかかわりのある人なんです。抽象的に「外国人」を問題にしても始まらないでしょう。いわゆる日本人と同じ表情や肌の色をした人ではないかもしれないけれども、活力ある人びとの動きもこれから二十一世紀には出てくるのかも知れませんね。

（かわだ・じゅんぞう／広島市立大学教授）
（やまうち・まさゆき／東京大学大学院教授）
（さえき・けいし／京都大学大学院教授）

われわれにとって国家とは何か？　国家を超えられるか？

学芸総合誌
季　　刊

環【歴史・環境・文明】

第5号

鶴見和子の歌　「凛凛」　石牟礼道子の句「水村紀行――花」

〈巻頭特別対談〉社会学とは何か　P・ブルデューvs富永健一／三浦信孝訳

特集◆「国家とは何か」

〈鼎談〉国家とは何か　川田順造＋山内昌之＋佐伯啓思
〈特別定期寄稿〉ヘゲモニーの不可能性をめぐって
――超大国はどれくらい強いのか／戦争、戦争、戦争／国家の正統性の衰滅
I・ウォーラーステイン／山下範久訳・解説
〈特別定期寄稿〉国家精神の担い手たち――官僚界の成立と構造
P・ブルデュー／三浦信孝訳・解説
国家の存在理由　坂本多加雄
日本における「ポストモダン」と国家――脱近代とは脱植民地主義である　尹健次
国家と国境について　立岩真也
主権論序説――国境、国家、人民　E・バリバール／福井和美訳・解説
『市民論』(抄訳)　T・ホッブズ／桜井直文訳・解説
自然状態・自然状態・国家　稲葉振一郎
日本人における国・国家という観念　西宮紘
女性と国家――フェミニズムからみた国家　古田睦美
ヘーゲルの国家論と地球環境問題　笹澤豊
環境と国家――南北問題と市民運動　勝俣誠
〈エッセイ〉越境する魂　杉原達
〈エッセイ〉スティーヴンスンと吉田松陰　よしだ・みどり

小特集◆「横井小楠の国家論」

〈特別論文〉小楠の道義国家像　渡辺京二
横井小楠『国是三論』(万延元年)　花立三郎＝校注・解題・年譜
小楠の国家観　源了圓
小楠の“大義”について　石津達也
経済学的視点から見た小楠の国家観　山﨑益吉
〈エッセイ〉安場保和が小楠のよい弟子といわれる理由　井上智重

〈リレー連載〉
世界の中の日本経済　3　日本は金融危機から立ち直れるか
B・コリア（聞き手・編集部）／花田昌宣訳
バルザックとわたし　5　バルザック論が書けない理由　西川長夫
河上肇とその論争者たち　3
木下尚江と河上肇――『社会主義評論』における論争(下)　鈴木篤
〈連載〉
東洋について　2　昭和日本と「東亜」の概念　子安宣邦
ブローデルの「精神的息子」たち　5
イブ・ラコスト――ブローデルと地理学者たち　（聞き手）I・フランドロワ　尾河直哉訳
徳富蘇峰宛書簡　5
釈宗演と鈴木大拙①――眼光鋭きＺＥＮの布教者　高野静子

横井小楠の「公」の観念と国家観

源了圓

普遍的原理に立脚する国家

横井小楠（一八〇九―六九）は幕末の志士・先覚者の中で最も現代的意義をもつ国家観のもち主であったが、彼とても最初から明確な国家観をもっていたわけではなかった。彼の直面した問題を一つ一つ真剣に解決していく過程の中で、その国家観は次第々々に明確になっていったのである。（中略）

小楠は、どのような国家のあり方を構想したか。彼は国政の基本方針を「国是」――この語はもと後漢書に由来する――と言った幕末最初の人のように思われる。彼は当時「御公儀」と呼ばれ、政治権力の頂点に立つ幕府を、「徳川御一家の便利私営」のための政府と呼んだ。人民のためをはかり、公共の政の理念に生きる国民国家が彼にとって「公」と呼ぶのに価する国家であった。彼は日本国がそのような国になることを願い、一国の独立を何よりも望んだ。しかしもし日本がひとたび「割拠見」と呼ばれる国家エゴイズムにおちいるならば、これを「一国の私」と批判する。外国に対してはどうか。

晩年の小楠は、西洋諸国がひたすらナショナル・インタレストを追求する国家であることを知り、一方ではそれに対する対応の仕方を考慮しつつも、「彼等の私を説破」（「海外の形勢を説き併せて国防を論ず」）し、彼らとは異なる原理に立つ国、すなわち「道」「天下の大道」と呼ばれる普遍的原理に立脚する国になること（村田氏寿『関西巡回記解説』、山崎正董『横井小楠伝』）、それが日本の国のあるべきありようとしたのである。この巡回記では「仁義の大道」を起し、「世界第一等の仁義の国」にならねばならないとされている。

ところでまたこの「道」は、他の箇所では「公共の道」ともしるされている。そしてこの「公共の道」については、「天下国家を分かつべきにあらねど」（『国是三論』）とされていて、普遍的性格のものという意があるわけであるから、「公共の道」ということばは「道」をよりくわしく解説したものということがわかる。そ

してまた「公共の天理」という用例もあるので、「公共」の普遍性は「天」の思想によって裏づけられているといえよう。

国際関係をも律する「公共の道」

われわれはまた「夷虜応接大意」（嘉永六年・一八五三）において、国際間にあらねばならない倫理を「天地公共の実理」と言っていることを想起しよう。「公共」は国際間の倫理の基本性格である。そしてこの「公共」の国際性は交易の問題にも適用されていて、公共は「交易の理」でもある。また開国する際に「鎖国の見」を以て開国するならばいろいろの弊害があるが、「公共の道を以て天下を経綸せば万方無礙」（同上）とされていて、「公共の道」は「開国」の原理でもある。さらにまたわれわれは「国是七条」という文久二（一八六二）年の建白書に、「大開言路、与天下為公共之政」（大いに言路を開きて天下に公共の政をなせ）ということばがあって、この語がのちの「五箇条の御誓文」の「広ク会議ヲ興シ万機公論ニ決スヘシ」という考えを誘発したことを知っている。これは「公議・公論」に基づく「公共の政」という小楠の政治理念を示すことばであって、日本の内政の基本理念でもある。

こうしてみると、小楠の「公共」の観念は彼の理想とする国家の中核になる理念と考えて差支えないと思う。そしてそれは、「公共・公平という意の公観念」と「他者と共なる精神」とが結合してできたことばであり、公正・公平の観念を社会化し、社会、国家、国際社会をその中に公正・公平の精神が浸透したそれらのあるべき姿にしている原理を言う。

この概念を小楠が何から得たかはよくわからない。『海国図志』に「公共和平」の語があるが、小楠における初出はそれより二年前の「夷虜応接大意」であって、『海国図志』に接する前にこの語は彼の心の中にしっかと定着していた。諸橋の大漢和辞典を見ると、この語はすでに『史記』にも出ているから、長い歴史をもったことばであるが、中国の代表的哲学辞典を見ると（上海辞書出版『哲学大辞典』、一九五二）、「公共」の項目はなく、関係項目として「公共関係」public relation、「公共意志 public will」があるだけだから、公共の語が中国で思想用語となったのは、恐らく近代にはいってからであろう。してみると、小楠は中国においても一般用語であったのを思想用語に高めたものと言えよう。

（本稿の全文は『環』第5号に掲載）

（みなもと・りょうえん／東北大学名誉教授）

地球環境問題をトータルに捉えるエントロピー論の恰好の入門書!

エントロピー概念で「循環」を問う

井野博満

「循環型社会」を築くための基本認識

今年四月からいわゆる「家電リサイクル法」が施行されるのをはじめ、「循環型社会形成促進」のための法律が出そろってきた。藤原書店の新季刊誌名と符合するのかどうか、「環の国」なる造語も生まれた。「循環型社会」が今、政・官・財をあげてのスローガンになっている。しかし日本列島がごみで埋まり、ダイオキシン問題で焚き火もできない状態のなかで、これで本当に環境がよくなるの?と、政・官・財への庶民の不信は強い。

大量廃棄に直結する今までの物づくりの考え方や、成長を前提とした経済システムをそのままに、環境破壊が止ることはあり得ない。今、やっとそういう認識が世の中の常識になりつつあるのだが、じゃあ具体的にどういう技術や社会システムに転換していこうというのか、その青写真は全く見えない。「循環型社会」とは何なんだ?

そういったときには基本に立ち返って考えてみるしかない。環境問題の基本にあるのが〝エネルギーと物質あわせての拡散・劣化則〟すなわち、〈エントロピー増大則〉である。すべての材料資源は廃物となり、すべてのエネルギー資源は廃熱になるということである。もし、廃物や廃熱の捨て場=行先がなければ、地球は廃物・廃熱の充満した死の世界になる。

幸いなことに地球は、太陽から質の高いエネルギーを光として受けとり、廃熱を宇宙空間へ捨てている。その過程で地球上でさまざまな物質循環が起り、生命がはぐくまれている。このシステムが順調に働くかぎり地球は生命の活動する星として生き続ける。これが「新しい」エントロピー論の帰結であり、「循環型社会」を築くための基本認識でなければならない。

環境問題は、そういう自然の物質循環に乗らない物質を地下から掘り出したり、人工的に作り出したりして利用することから生じている。また、生命の基盤である自然環境を人工的に改変すること

によっても生じている。二十世紀に生きたわれわれは、そういう巨大な生産力＝破壊力を作り出してしまった。さらにまた、生命の根源をおびやかす環境ホルモンなどの微量化学物質を生み出してしまった。むやみに地下資源を掘り出したり人工物質を作らないで、資源の公正で有効な活用をはかること。これが環境政策の基本でなければならない。

経済・社会システムのあり方まで問う

これら現代の環境問題は、二十世紀の人類が獲得するに至った科学的認識と巨大な技術力の結果として生じたものであるが、同時に、人間の欲望を開発し続けることによって肥大化した資本主義経済システムによって引き起こされたものでもある。環境問題は、自然科学や技術の問題にとどまらず、経済・社会システムと密接不可分な関係にある。例えば、経済のグローバル化による大量な物資の流入・流出をそのままに「循環型社会」を築けるのか？ 私たちが地域の物質循環とコモンズ（地域共有の空間）の重要性を、はやりの「循環型社会」に対置するゆえんである。環境問題の解決に理系・文系の枠を超えた総合的な知が必要であることはいうまでもない。

『「循環型社会」を問う――生命・技術・経済』は、そういう問題意識に立って発足したエントロピー学会が開催した「二十一世紀市民チャレンジのための環境セミナー」の講義録を再編成して成書としたものである。スタイルや語り口は章ごと（執筆者ごと）に異なるが、生命系→技術→経済→社会と一貫した流れのなかで、理系・文系にまたがる視点が提示されている。

難しい用語はなるべく使わず、エントロピー論のエッセンスを伝えることに意をそそいだ。大学の環境関連の講義の教科書に、また市民活動の勉強会のテキストにと、楽しみながら活用していただければ幸いである。

（いの・ひろみつ／法政大学教授）

「循環型社会」を問う

（生命・技術・経済）

エントロピー学会編

責任編集＝井野博満・藤田祐幸

◎多分野の研究者と市民による学会の活動から生れた最良のテキスト。一人一人が環境問題を考える上で持つべき基本的認識を提示。

（執筆者）
柴谷篤弘／室田武／勝木渥／白鳥紀一／井野博満／藤田祐幸／松崎早苗／関根友彦／河宮信郎／丸山真人／中村尚司／多辺田政弘

■構成
Ⅰ 生命系と環境／Ⅱ 技術と環境
Ⅲ 経済と環境／Ⅳ 社会と環境

菊変型判　二八〇頁　二二〇〇円

アジアの「内発的発展」をフィールド・ワークで跡づける初の成果！

アジアの内発的発展

西川　潤

アジア各地に見られる新たな動き

アジア諸国は経済危機後、見たところ成長軌道に戻っているように見える。しかし、それは先進国、とくにアメリカへの輸出増加が支えになっており、アメリカの景気にかげりが見えるとたちまち、これらの国の経済にも暗い影が出る。また、それ以前に、すでに経済危機以来、都市と農村との格差や輸出依存型成長への反省、格差是正を内需拡大へとつなげる要求が高まってきており、これらの動きは多くの国で、民主化、政権の汚職腐敗の追及、地方分権、市民参加等の運動として、現れている。それと同時にアジアの人々の間に強く自己のアイデンティティを追求する地域主義の動きが強まっていることに注目したい。これらの動きをわたしたちは「内発的発展」と呼んでよいだろう。

内発的発展はすでに一九七〇年代以降、鶴見和子らによって理論化されてきた文化と経済社会変化を総合的に理解する理論パラダイムだが（『鶴見和子曼荼羅IX　環の巻』、藤原書店、参照）、今日のアジア社会の底辺からの変化は、これを内発的発展と呼ぶのにふさわしい。

すなわち内発的発展は、先ず第一に、単に外生的な発展の波に追随するのではなく、自分固有の文化を重視した発展を実現していく自立的な考え方なのだが、まさしく今日のアジアではこのような動きが草の根レベルではじまっている。

第二に人間を含む発展の主要な資源を地域内に求め、同時に地域環境の保全をはかっていく持続可能な発展路線だが、このようなコミュニティの環境保全に果たす役割は、高度成長下に環境が急速に悪化しているアジア諸国で、ますます重要なものになっている。第三に、これは地域レベルで住民が基本的必要を充足していくと共に、発展過程に参加して自己実現をはかっていくような路線にほかならない。その意味で、内発的発展は民衆参加、自立的な市民社会の興隆と不可分のものである。

各地のフィールド・ワークの成果

本書は、一九九〇年代のアジア諸国に

おけるこのような内発的発展の事例を収集したものである。

「**第Ⅰ部　論理的基礎——宗教・文化・教育の視点から**」では、タイとスリランカでの仏教に基づく開発及び南アジア各地でのノンフォーマル教育と開発(自己啓発)の関連に関する理論と実践を扱っている。内発的発展は自己のアイデンティティに基づく主体的な発展である以上、宗教や文化、教育の役割はきわめて大きい。それは同時に今の世界システムに規定された自己の世界観の内発的転換(〝かいほつ〟〝めざめ〟とこれらの運動の理論家たちは呼ぶ)のプロセスでもある。

「**第Ⅱ部　NGOの役割——運動の視点から**」では、内発的発展の担い手としての市民社会、NGO運動を分析している。すなわち、タイやスリランカでのスラム住民の自立運動が政府に新しい公共政策を形成させる過程、インド北西部での女性の協同組合作りが最貧困層の自立とエンパワーメント(権利の獲得)を導く様相、適正・中間技術の開発をめぐる南北交流が双方の学び合いを通じて自らの「開発」(第Ⅰ部でいう〝かいほつ〟、〝めざめ〟)を生み出す事情、等を検討している。

「**第Ⅲ部　地場産業・農村・島嶼——地域の視点から**」では、フィリピンでの地場産業の自立の条件の分析、バリ島地域社会での「伝統文化」の実態検証と独自の内発的変化のメカニズムの指摘、資源ベースの狭小な太平洋島嶼社会で自立のために海外とのネットワークを形成していく動きなど、地域興しの多面的な様相を検討している。いずれも、自立、内発的発展のためには現在の——世界システムと結んだ——「伝統的」社会構造の改革、人権と人間尊重の思考、そして住民参加に基づいた新しい社会形成の動きが必然となることを論じている。

これらの草の根レベルでの内発的発展の事例分析をとおして、わたしたちは今日のアジアの変化を社会の根底で動かしている民衆レベルの思考と行動を理解することに努めた。

アジア諸国の明日を占う一つの道しるべとして、多くの皆さんに読んで頂きたいと思う。

(にしかわ・じゅん／早稲田大学教授)

アジアの内発的発展

西川潤編

野田真里／米岡雅子／穂坂光彦／甲斐田万智子／田中直／佐竹眞明／中谷文美／松島泰勝

◎鶴見和子の「内発的発展論」を踏まえ、今アジアの各地に見られる〝経済成長から人間開発型発展へ〟の動きをフィールドワーク。

四六上製　三二八頁　二五〇〇円

環境ホルモン問題を、社会全体の問題として捉えるための新雑誌！

環境ホルモン問題の解決のために

堀口敏宏

市民の意見表明に寄与するために

今年一月に藤原書店から雑誌『環境ホルモン――文明・社会・生命』が刊行された。環境ホルモン問題を、専門家だけでなく市民の目の高さで考え、問題解決への糸口を探ろうとする、おそらく日本のメディアでは初めての試みであろう。

何より、この『環境ホルモン』が、環境ホルモン問題に対して何らかの不安や疑問、あるいは漠然とした〝危機感〟を感じている人々がさまざまな形で集う場になれば、と私は期待している。なぜなら、環境ホルモン問題の解決を図るためには、研究者や行政あるいは企業の担当者、マスメディアの力だけでは不十分であり、市民の直接的且つ積極的な参加や意思表示あるいは意見の表明などが不可欠と考えるからである。一般市民が参加し、研究者や行政担当者らとの双方向の情報・意見交換を行う過程で、汚染や影響の実態あるいは作用機に関して新たな発見がなされる可能性があり、種々の側面からの解析や市民の素朴な疑問に対する回答が環境ホルモン問題の整理や未解決の課題の抽出に役立つ可能性がある。また、こうした取り組みによって国民の間に環境ホルモン問題をめぐる共通認識が醸成され、それが世論となれば、環境ホルモン問題の解決に向けた施策――例えば、「予防原則」に則った政策等の〝処方箋〟――の実施に通じると考えるためである。そして、その延長線上に、これからの時代を生きていくための哲学――有限空間としての地球で生きていくために守るべき約束、あるいは皆が共有すべき基本理念――が確立される可能性も生じてこよう。

このように、『環境ホルモン』は、多くの発展的な可能性を内在した試みである。それが大いに展開していくことを期待するが、ここでは、特に研究者としての立場から、今後に向けての私見を述べたい。

従来のパラダイムでは見えない問題

環境ホルモン作用にはいくつもの作用様式が知られていて、またこれまでの毒性学では問題視されてこなかった低い濃度で影響が表れることがあると指摘され（「低用量効果」）、発生のごく初期の段階で特に敏感に反応する時期があり（「高感受期」）、不可逆的な影響が成熟年齢に達した後で顕在化するなどとして、次世代に及ぼす不可逆的な生殖への悪影響として問題視されている。また脳神経系や免疫系への影響についても指摘されている。こうした環境ホルモン作用が、従来

の毒性学の概念（あるいはパラダイム）の中では十分に説明できず、ゆえにパラダイムの拡張もしくは新たなパラダイムの構築が必要と指摘されている。

パラダイムの拡張か転換かについては現時点では意見が分かれるかもしれないが、ここでは、それがいずれであるにせよ、従来の毒性学に則った考え方では通用しないと考えた方がよい、と強調したい。すなわち、環境ホルモン作用を見出すためには、これまでの毒性学の考え方にとらわれずに、自由な発想（想像力）のもとで、起こり得る現象に対する作業仮説を設定し、試行錯誤しながら、その検証に取り組むことが求められている。また その際、現実に起きている事象を注意深く観察することが第一歩となるだろう。そこに何らかのヒントが潜んでいるかもしれないからである。そうした努力の積み重ねなくして、未知の環境ホルモン作用や影響事例を見出すことは不可能ではないだろうか。

適切な研究がなされていないだけ

また、環境ホルモンが人間に及ぼす影響やその実態、作用機構の解明に関する研究が重要であることは言うまでもないが、人間も生態系の一員として生きているのであるから、同じ環境の中で生きる野生生物の生殖異変などの実態にもっと目を向ける必要があるのではないだろうか。不幸なことに、日本には野生生物の異変を調べる研究者があまりにも少ない。環境ホルモン研究に多額の国家予算が計上されてきたが、現在までに日本の野生生物における生殖異変の新たな実例が明らかになったことがほとんどないに等しいのは、真に影響がないというよりも研究者の数が少なく、調査が十分になされていないことを反映した結果と捉えるべきであろう。また、行政主導の調査では、それを受託した調査主体が環境ホルモンによる影響をいかに調べるべきかについてあまりにも無知であり、不適切な調査手法で実施したがゆえに、影響があるのかないのか結論を下せないまま現在に至っているのが実状である。

この意味で、問題意識を持った一般市民の協力が不可欠である。あまりにも少ない研究者の眼だけでは、十分に行き届かない。また、研究者の層をもっと厚くするために市民の中から専門家が育つ必要がある。ここに、この問題に多くの人に関心を持ちつづけてほしいと私が願う理由の一つがある。またもう一つの理由は、胎児性水俣病患者の母親の指摘に始まった有機水銀の胎盤通過性の検証などに象徴されるように、専門家の間での〝常識〟の結果として見落とされているかもしれない重要事項への注目、あるいは再発見の可能性である。

環境ホルモン問題の解決には、文字通り、国民が一丸となって取り組む必要がある。

（ほりぐち・としひろ／国立環境研究所）

雑誌
環境ホルモン【文明・社会・生命】
特集・性のカオス　vol. 1　（年２回刊）
Ａ５判　三一二頁　三六〇〇円

リレー連載　バルザックがおもしろい 28

「人間喜劇」における女の性

大矢タカヤス

「なんでもみつかる」

パリのセーヌ河岸に「サマリテーヌ」という老舗のデパートがある。このデパートがかつて「サマリテーヌに行きゃなんでも見つかる」という宣伝文句を世にひろめたことがある。いろいろな広告媒体を使って、かなり長期間流していたので、少なくともある時期は大部分のフランス人がこの文句を知っていた。最近は長期に滞仏したことがないのでこれが今でも人の口にされているかどうか定かではない。ただ、私の場合、デパート名がいつの間にか「バルザック」に置き変って頭にしみついてしまった。それで、このデパートの近くを通るたびにこの文句が浮かび、それから「サマリテーヌ」が「バルザック」に変って、私はまたもバルザックを思ってしまう。

「サマリテーヌ」というのは「ギャルリー・ラファイエット」などのような華やかさはないが、近年も本店の周辺のあちこちに店舗を新設し、確かにあらゆるジャンルの商品を揃えているようだ。バルザックも彼の作品世界についての私の知識が広がってくるにつれて「なんでもある」という印象がますます強くなってくる。

「人間喜劇」におけるセックス

特に最近「人間喜劇」におけるセックスの問題が気になりだして、その観点から読んでいくと、次から次へと重大な暗示に気づく。まさに芋の蔓をぐいぐい引っ張っていく気分である。もともとバルザックがセックスの問題に関心があることは『風流滑稽譚』が存在することからも明らかであった。ただ、下ネタはそちらにまとめてお任せ、という傾向が研究者の間になきにしもあらずであった。しかし、『風流滑稽譚』と「人間喜劇」がその本質で結びついていることはつとにロラン・ショレが鮮やかに証明している。今後この視点からの読み方も加えられるべきであろう。そして、私の予想では、ここでもバルザックの独創性、革新性が明らかになるはずである。というのは、

セックスを本当に男と女の両側から見つめられたのはバルザックだけだったという気がするからである。

女性の側からも描いた

ここで私が対照的に意識しているのはジョルジュ・サンドである。あれほど結婚生活を初めとして男女の関係における不平等を過激に批判した女流作家が、なぜ女性の立場からセックスを問題にしなかったのかと、無いものねだりと知りながらも残念でならない。

『アンディアナ』の粗暴な夫とヒロインの性生活がどうであったかなどとは羞じらい深い作者は一言も触れていないし、まさに女の心と体の葛藤が主題である『レリア』においてさえ、セックスはきわめて抽象的な表現で言及されるのみで、レリアが一体セックスをどう感じていたかは読者が自分で想像をたくましくするしかない。それに引き換えバルザックにあっては、『谷間の百合』のヒロイン、白百合のごとくけだかいモルソフ伯爵夫人についてさえ、フェリックスを好きになってからは夫に対し体の交わりを拒否していたことが伯爵自身の愚痴から分かるのである。

バルザックが当時多くの女性読者の心を掴んだのは、このようにセックスを、男という自分の性を乗り越えて女の側からも感じ取り表現できたからに違いない。おそらく今日と同じように性に苦しみ、かつ悦ぶ当時の女性たちは、現代とは比べものにならない遠回しの表現であっても「人間喜劇」のあちこちに自分たちへのメッセージをしっかりと読み取っていたのであろう。

（おおや・たかやす／東京学芸大学教授）

triple 8 vision　3

わたくしは刹那に倖せをみた(Jonas Mekas)——林檎　吉増剛造

親友《とも》のメカスさん（Jonas Mekas、詩人、個人映像作家、リトアニア出身。紐育在住、……）の言葉を思い出していた。新作の見事な写真集『JUST LIKE A SHADOW』（二〇〇〇年九月、ドイツ、Göttingen）のページを静かにひらきながら、……。この言葉のなかを舞う細かなちりや色褪《あ》せが（その〃舞い〃や〃色褪せ〃の運動 or 運転が、……）めずらしくかつ懐かしい。〃I will not start to edit my film until dust piles on it or until the color begins to fade. フィルムに埃がふり積むかさ、色褪せ寸前になるまで「作品化」にはかゝらないのさ、……〃。何故こんなことが懐かしいのだろう、それを考えているときに覚える繁ミ、土、……。そして、なんだかさ、何か（糸屑かハリ……）を拾って摘《ツマ》ム、刹那の感覚、手のさきの感覚なのだろう、それを懐かしいと感じているらしい。

コンピュータ computer の液晶の画面を拭うとき会社のお嬢さん方は何を〃手先のさき〃に、〃画面のさき〃に感じているのだろう。「青山常運歩」（道元さんの言葉を先月も引いて、宇宙（青山）がひとゝきも絶間なく歩を運んでいることに触れたけれども、例えば、その「青山」の麓か林のなかを、ちいさな人影も又〃歩を運んでいる〃ことを知るとき「青山」は一段と大きく懐かしい、……）の運歩のかわりに、向うから〃手のさき／指《ゆび》〃を拾ってくれる

かげを想像しようかしらね。うん、それもよい。（そうだな、……。ちかごろ、わたくしたちは「運」というのを忘れてしまった、……それも、ま、いいけどさ、……）。

盲目の光のうろの蘇《いける》さん、奄美の精霊のような人の姓です。古フランス語の「殼」うろ——キリストの像の天秤《てんびん》が〃柔かい波の丘の下に〃——幽かにみえていた。

二行はきのう（二〇〇一年三月十三日夜、……）綴った詩行。奄美の一字姓の「蘇《いける》さん」から「活《い》ける」「鱗《うろ》／空《う》ろ」古期フランス語の「殼《から》」、……と迂《う》路《ろ》を辿ったのもたのしかった。（印刷所の方々、西秦志さん、ありがとう。先月号の嘉手納基地の金網の一個処の〃光〃の鱗（うろ）に、眼を瞠りました、……）写真はメカスさんの本の最終頁から。右脇の古タイプライターの字体も入れて、縦長に、——。

と、ここまで綴って（三日後、三月十八日、日曜日、西秦志さんから、）校正刷りが郵送で送られて来て、一目で、心が変る。一目で世界が変るということがある。写真を（写真の〃時〃を二〇〇〇年九月十九日、巴里、Charles de Gaulle 空港の）林檎にかえます。写真は黄と緑と小さなお人形のかげだけれども、今月のには、どんな色むらが出るのかしら。あみをかけてもいいですよ。これ誰の声だ。

（よします・ごうぞう／詩人）

連載

編集とは何か 4 第Ⅱ期

対談・座談会について

寺田 博

対談・座談会という形式がいつごろ創始されたのかわからないが、活字メディアにとって、すこぶる有効な形式だ。編集者は、一つの主題に通暁した複数の対話者を立てることによって、主題を深化させることができる。仮に、対話や座談が主題から離れて進行していっても、編集者が司会者もしくは覆面の出席者として、対話の方向を修正することができるという利点がある。したがって、主題を前面に押し立てた「特集」では、恰好の形式といえよう。

さらに、主題が明確でない場合でも、ある特定の思想や問題意識、専門知識を有する人の場合、この形式がより効果的に働くことがある。その人のなかで未整理、未完成の仮説であっても、同質の問題意識を共有する対話者を得ることで、その人の持つ思考過程が明らかとなり、主題が鮮明に浮かび上がることがある。このようなとき、同席している編集者のスリリングな喜びはひとしおで、それは読者にも伝わることになる。

しかし、編集者となってまもないころは、この形式になかなかなじむことができなかった。書き言葉にくらべると話し言葉は、感覚的な表現がよけいに入り過ぎ、論理の構造が曖昧なまま中断されてしまうことが多く、腑に落ちないことがしばしばだった。もっとも困惑するのは話題が裏話的になり、風聞に過ぎない事柄に推論が重なり、そのまま続いてしまうようなときだった。数多くの速記原稿を整理しているうちに、順序の入れ替えや大幅な削除の技術を覚えた。そして結局、この形式の鍵は、整理者の大胆な腕力に負うところが大きいことがわかってきた。また、この形式は対話者の適性の有無が大きく左右することもわかった。

ただ、時には話芸の達人という人がいて、飛躍した語り口や省略した言い方を論理とは関係なく活かす必要もあった。担当した対談では、江藤淳・吉本隆明両氏の「文学と思想」がもっとも忘れ難い。両氏とも速記ではあまり削除も加筆もされなかった。

（てらだ・ひろし／元文芸誌編集者）

連載　思いこもる人々　4

高麗美術館　鄭詔文様

岡部伊都子

京都の北区上岸町に朝鮮民族の造られた造型や出土品を集めた「高麗《こうらい》美術館」が開館されたのは、一九八八年十月二十五日でした。あの日、まことに晴れやかな美しい笑顔で千余人も集った祝賀客に接していらしたのは、理事長鄭詔文《ちょんじょむん》氏。朝鮮慶尚北道の憂忘里《うまんり》に生まれられましたが、日本の強制併合で幼い時ご両親に連れられてきて京都に定住。働きに働きぬかれた苦難の方ですが、成績優秀、お人柄の優しいすぐれた資質のお方でした。

本来は日本が朝鮮から学んだ古代からの歴史や文化を明らかにして社会教育しなければなりませんのに、日本は半島の土地も生命も奪い尽し、人々が否応なく流れ住まれた列島各地で、どんなにか無礼な偏見や差別に逢わせて。

私は京都へ移住して歴史家上田正昭先生、林屋辰三郎先生、司馬遼太郎先生ほかの諸先生に導かれて一九六九年三月に鄭詔文氏とお兄さんの鄭貴文《ちょんきむん》氏によって第一号が発行された『日本のなかの朝鮮文化』にご縁を得ました。ご兄弟は時代を超え、国別を問わず、在日の学者、研究者の参加を得て、日本人の蒙《もう》を啓《ひら》く講座や座談会、論文、臨地講演などを、次々と催されました。

初めて鄭家に伺った時、応接室に置かれていた白磁の大壺の気高さにうたれて思わず抱きしめ、敬愛の頬ずりをさせてもらった私。この白磁の大壺こそ鄭詔文氏に母国「李氏朝鮮」の美感覚を証し、それ以来、ご夫妻ともに誇りをもって一点一点収集される出発点となったのでした。そして数多くを集められたすべてを美術館に寄附、財団法人とされたのです。詔文様こそ、美の化身。

「もう、この美術館の中では、南北統一しています。平和的に統一したら一度ふるさとをたずねたい。」開館ご挨拶でそうおっしゃっていましたのに、残念にもその四ヶ月後亡くなってしまわれました。

このたび強制連行の事実証言から「百万人の身世打鈴《しんせたりょん》」という長篇映画を作られた前田憲二監督は、もう十四、五年前「鄭詔文先生をたずねて」渡来文化、白磁や青磁の話をきかれました由。あの白磁の大壺が何かを語るように大きな力の立ち昇ってくるのを感じとめられたそうです。

（おかべ・いっこ／随筆家）

連載　帰林閑話　81

半解亭日乗

一海知義

一九七七年一月二十七日、私は日記をつけはじめた。少年時代にも日記をつけた経験はある。しかしそれらはあとで恥ずかしくなって、おおむね廃棄した。

ところが一九七七年以降は毎日しつこく書きつづけ、二十数冊の日記帳が残っている。ただしその内容は、ほとんど感情をまじえない、きわめて事務的なものである。

二十年前、私は朝日新聞の夕刊に「日記から」と題する一連の雑文を書いた。その一つ「仕事メモ」(一九八〇年五月二十三日付、のち一九八七年新評論刊『読書人漫語』所収)の一節、

○月○日

朝、石湖居士集ヲ読ム。津田青楓アテ河上肇書簡一七四通届ク。中ノ詩歌、河上自選詩集ト校合、未見ノ作アリ。

夜『中国研究』ノ原稿十枚ホド書キ足ス。『思想』ゲラ校正。

こんな具合である。しかしごくまれにイタズラ書きをすることもある。

○月○日

夜、プー、子猫ヲ書斎デ産ム。漱石ダッタカノ句ニ「ヤスヤストナマコノ如キ子ヲウメリ」。

こういう部分は、読み返すと前後の状況がほうふつと浮かんできて、楽しい。だがこの種のことはできるだけ書かない。書く誘惑に負けて時間をとるからである。

誘惑にときどき負けながら、当分の間少なくとも河上全集の完結まで、日記帳は私にとって告白の場所でなく、メモ用紙でありつづけるだろう。

以上、あの頃の日記は、主として河上肇全集の編集メモだったが、八六年の全集完結後は、日常の些事も少しは書くようになった。

日記帳の背に「半解亭日乗」という題簽を貼っているのは、永井荷風の「断腸亭日乗」のパロディ、「半解亭」は本欄72回に書いた「半解散人」にちなんでの命名である。

(いっかい・ともよし/神戸大学名誉教授)

（アンコール・ワット、乳海攪拌のレリーフ／カンボジア）

連載・GATI　19

大蛇《ナーガ》の綱引き、アンコール・ワットの「乳海攪拌《にゅうかいかくはん》」

――王国の不老不死と尽きざる栄華への願いを込めた大レリーフ――

久田博幸
（スピリチュアル・フォトグラファー）

古代の東南アジア諸国は、印度《インド》と中国という巨大文明の結節点に位置してきたが、圧倒的な数量で、印度《インド》的宗教空間を建造してきた。

特に、白眉といわれるカンボジアのアンコール遺跡は、ヒンドゥー教と仏教の寺院建築を中心に一大宗教センターを形成していた。中でも十二世紀に完成したアンコール・ワットは世界でも無類の規模《スケール》を誇る寺院である。大きな壕と三重の大回廊に囲まれ、中心に須弥山《しゅみせん》を模した中央祠堂を配する。第一回廊壁面には古代印度《インド》の二大叙事詩『マハーバーラタ』や『ラーマーヤナ』が浮き彫り《レリーフ》され、再生の朝陽を浴びる東回廊には、かつて太陽神であり、宇宙の維持を司るヴィシュヌ神の「乳海攪拌」物語がある。

……ドゥルヴァーラ仙から呪いを受けたインドラ神ら神々は勢力を失う。助けを求められたヴィシュヌ神は自らも軸受けとなる亀《クールマ》となり、マンダラ山を攪拌の軸に、大蛇ヴァースキーを綱にして、左右に配した阿修羅《アシュラ》と神々《デーヴァ》に綱を引かせ乳海を掻き混ぜた。攪拌で生じた液体は勢力復活の甘露《アムリタ》となる……。アジア一帯に分布する綱引き祭の源でもある。

リレー連載 いのちの叫び 32

爺さんは

高木 護

七十四歳になった。

爺さんもいいところであるが、それよりも、人並みに爺さんになれてよかったなど、ほっとしている。そして、これまでよりもさらに、こんな世の中の役に立たないように、ためにならないように、邪魔にならないように心がけようと、思い新たにしていたのである。だが、それどころではなくなってきたようである。

戦地から持ち還った熱病の後遺症で、定職に就きそこなったから、人夫などをやりながらぶらぶらやってきたので、年金がないのは覚悟していたが、月に七、八万しかない収入から、アパートの部屋賃は勿論のこと、健康保険料だけではなしに、介護保険料とやらもとられるし、老人保険法による医療代も、これまでの五倍以上に跳ね上がってきた。

爺さんは早く死んでくれ、といわんばかりである。

それでも、わたしの場合は一汁一菜ならぬ、日に一食のめしと汁だけでよかったから、酒だけは朝だろうが、昼間だろうがなんのそので、呑みたいときに呑み、量は制限なしにしてきた。ところが、その酒代も保険料や医療代のせいで、こと欠く有様になってきた。

世の中の様々の悪徳にも、腹が立ってならなかったが、爺さんだからと目をつぶってきたのに、ただ一つの楽しみといってもいい酒が呑めなくなってきたというのは、なんとも腹立たしくてならない。こうなったら、爺さんだからとおとなしくしているのはやめて、むかし取った杵柄ではないが、土方飯場のころの腕を活かして、マイトでも抱き、気に入らないやつらを一人でも多く道連れにして、爆発してやるのもいいではないかと思うようになってきた。

これからの爺さんは、諦め顔やしあわせ顔をしていたら、それをいいことにいつ殺されないとも限らないから、大いに過激であるべきである。

（たかき・まもる／詩人）

三月新刊

学問への問いから大学を根底から問う！

別冊『環』②

大学革命

〈座談会〉多田富雄＋榊原英資＋川勝平太／飯田泰三＋市川定夫＋勝俣誠＋塩沢由典＋桑田禮彰

〈寄稿〉ウォーラーステイン／ブルデュー／北川東子／中内敏夫／古藤晃／全国主要21大学学長（京大、一橋大、早大、法大ほか）／山口昌男

菊大変型判　二五六頁　一八〇〇円

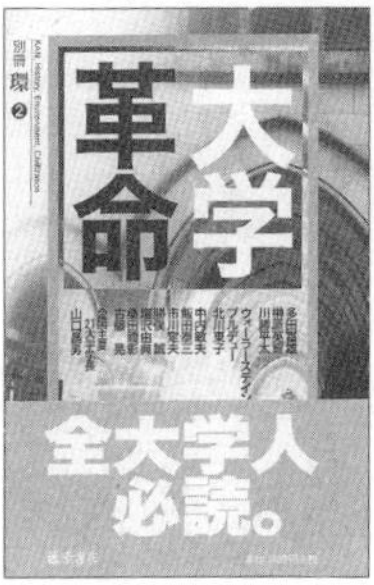

世界システム論を超える！

新しい学

二十一世紀の脱＝社会科学

I・ウォーラーステイン

山下範久訳・解説

一九九〇年代の一連の著作で、近代世界システムの終焉を宣告し、それを踏まえた知の構造の徹底批判を行なってきた著者が、人文学／社会科学の分裂を超え新たな「学」の追究を訴える渾身の書。

A5上製　四六四頁　四八〇〇円

「女と男の関係」を問う初の歴史、完結！

女の歴史（全五巻10分冊 別巻二）

I 古代②

G・デュビィ、M・ペロー監修

杉村和子・志賀亮一監訳

アナール派が達成した新しい女性史ついに完結。（**主要テーマ**）身体の政治学——生殖と禁欲の間で／ポリスにおける女性たちと儀礼慣習／女性たちの宗教的役割

A5上製　四八八頁　六八〇〇円

「岡部伊都子随筆集」第二弾！

岡部伊都子随筆集

京色のなかで

岡部伊都子

「微妙の、寂寥の、静けさの色とでも申しましょうか。この「色といえるのかどうか」とおぼつかないほどの抑えた色こそ、まさに「京色」なんです。」微妙な色調を書きわける文章家の珠玉の随筆集。

四六上製　二四〇頁　一八〇〇円

五月新刊

ロシア研究の世界的権威の最新作

ニコライ二世(仮)

中断された変革への移行

H・カレール=ダンコース
谷口侑訳

これまで秘匿されてきた資料の解禁を踏まえた、ロシア近代史の真実。ロシアの近代化に苦闘したロマノフ朝最後の皇帝の事業は革命政権の七五年によって中断されたという分析から、ニコライ二世の中断された課題こそが今のロシアの課題であることを示す問題作。

南方熊楠研究の最先端

転換期の巨人・南方熊楠

鶴見和子
編集協力=松居竜五

地球規模の視野から世界と日本との関係を見据えた巨人・南方熊楠。金字塔『南方熊楠』以降の鶴見和子による南方論を集大成、研究の第一人者・松居竜五との対談を加え、現代における南方の思想の読み方と、南方研究の最先端へと読者を導く。

藤原ビデオ

回生——鶴見和子の世界

発売　五月末

日本の思想史を総合的に浮彫る

内田義彦セレクション　4

日本を考える

内田義彦

河上肇、田口鼎軒、徳富蘇峰等を軸にしながら日本における資本主義と市民社会の成立を論じ、森鴎外等を通して日本固有の美意識、芸術観の根底を探る——西洋経済思想史研究者でありながら、自国日本の思想史的展開の過程に深い関心を示してきた内田義彦の秀逸の日本論。

世界の歴史教育を根底から問う問題作

新版 新しい世界史

世界で子供たちに歴史はどう語られているか

M・フェロー
大野一道訳

世界の歴史教育を根源から問い、世界史観に革命をもたらした歴史教育関係者必読の書。世界各地で語り継がれた民族固有の歴史や民話、権力の監視下にある教科書の歴史記述を丹念に拾い集めた大作。

読者の声

環境ホルモン vol. 1■

▼藤原書店の本誌出版に対する「志」の高さに敬意を払います。有難うございます。

（東京　短大講師　**佐藤礼子**　62歳）

思いこもる品々■

▼品物への愛着が作者の心の深い部分と結びついていて、そうした想いが、平和主義へと連なっているのが感じ取れます。表層的な平和志向・自然志向は、世にあふれていますが、岡部伊都子氏は独特です。病弱な思春期を潜り抜けてきた、鍛えられた存在である筆者が展開する多彩なエピソードは平安絵巻のようです。「ミーサー・オルゴール」からはつうせつに平和を願う琉球人のメロディが聞えてくるようです。人生の杖としての必読書。

（大阪　詩人　**萩ルイ子**　50歳）

韓国食生活史■

▼韓国で生活いたしました。食文化史の資料（韓国語）を理解することが出来なく、日本語版を求めていましたが、やっと書籍を見ることが出来ました。本書を読み勉強したいと思っています。

（東京　**右手和夫**　67歳）

言語帝国主義とは何か■

▼日本語の体系的教育を十分やらないまま、英語を学ばせるのはやめねばならぬと思った。

（岐阜　**八代勝美**　64歳）

環 vol. 3■

▼たいそう知的な季刊誌だと思います。こういう雑誌は珍しくなりました。今後とも質を落さぬようにして頂きたいものです。

（神奈川　元大学教授　**今尾哲也**　70歳）

市場独裁主義批判■

▼グローバリゼーションに対するブルデューの批判的見解には説得力がある。無批判にグローバリゼーションを受け入れようとしている国家や社会へ向けて、ブルデューの活動は重要な対抗運動となりうるであろう。

（東京　大学生　**乾誠人**　22歳）

リオリエント■

▼ブローデルの『地中海』に引き続き、遅ればせながら本書を拝読。西洋人でありながら、客観的データに基づく、バランスのとれた歴史感覚に声援を送りたい。翻って我が国の政治・経済・社会のリーダーにも一読願い、正当な歴史観・哲学を持って責務を果たして欲しいものと願うや切！

（東京　会社役員　**小林早苗**　64歳）

機■

▼一九四八年ごろ、小生、いわゆる新制中学の二年生の時、担任の先生、江口季好先生が、与謝野晶子の「君死に給ふことなかれ」を読み聞かせてくださった。同時に、ガリ版のプリントもいただき、小生は、めまいを覚えるほどの感動を受けた。岡部先生の文章（『機』二月号）を読み、今、その頃のことがあざやかによみがえる。担任の江口先生は、現在、東京で「日本作文の会」を引っぱる指導的先生。その頃は佐賀県の片田舎の新制中学の教師であられた。小生らをぐんぐんと引っぱってゆかれた先生。岡部先生の「〜の思いが国民へ伝わります」のことばに、小生は身を引き締める。岡部先生、ありがとうございました。

（福岡　高校講師　**森武茂樹**　66歳）

※みなさまのご感想・お便りをお待ちしています。お気軽に小社「読者の声」係まで、お送り下さい。掲載の方には粗品を進呈いたします。

書評日誌（二・一四～二・二七）

(書)書評　(紹)紹介　(記)関連記事

二・一四 (紹)朝日新聞「韓国食生活史」
二・一五 (記)『だれが「本」を殺すのか』小社関連記事（佐野眞一著、プレジデント社刊）
二・一六 (紹)山陰中央新報「新・古代出雲史」
(記)週刊読書人「西洋の支配とアジア」
(記)図書新聞「言語都市・上海」（和田博文）
二・一七号 (記)週刊ダイヤモンド「地中海」「ブローデル『地中海』入門」（浜名優美インタビュー、坪井賢一）
二・一八 (紹)東京新聞「環境ホルモン」Vol. 1
二・二五 (紹)毎日新聞「女と男の時空」
(紹)日本経済新聞「環境ホルモン」Vol. 1
二・二七 (紹)朝日新聞「環」Vol. 4
(紹)京都新聞「思いこもる品々」
二・二七号 (紹)週刊エコノミスト「社会科学をひらく」（榊原英資）
二月号 (紹)フィガロジャポン「わが世の物語」
二月号 (記)クロスロード「女の町フチタン」（木村秀雄）
二月号 (記)『経営者』二〇〇〇年私の読んだ本ベスト3「リオリエント」（川勝平太）
二月上旬号 (紹)出版ニュース「思いこもる品々」
三・三 (紹)共同通信配信（沖縄タイムス・岐阜新聞）「三島由紀夫vs東大全共闘 1969‐2000」
三・三～一三 (記)共同通信配信（高知・日本海・下野・徳島・福井・北日本・岐阜新聞）「がんと環境」
三・一五～二五 (記)共同通信配信（東奥・神奈川新聞）「西洋の支配とアジア」
三・一八 (記)聖教新聞「サンド―政治と論争」
三・二三号 (紹)週刊東洋経済「アフター・リベラリズム」（松原隆一郎）
三・二四 (記)日本経済新聞「リオリエント」
(紹)毎日新聞「二〇〇〇年この3冊」欄、「気候の歴史」（樺山紘一）
(紹)東京新聞「二〇〇〇年私の3冊」欄、「レジャーの誕生」（山田登世子）
(紹)読売新聞「二〇〇〇年私のベスト3」欄、「リオリエント」（山本博文）
三・二六 (紹)毎日新聞「がんと環境」（小島正美）
一・一三 (紹)図書新聞「IT革命――光か闇か」
一・一九号 (記)共同通信配信（神戸新聞）「韓国食生活史」（金丸弘美）
一・二一 (書)月刊言語「言語帝国主義とは何か」（暮沢剛巳）
一・二三 (紹)東京新聞「環境ホルモン」vol. 1（NGO）
(紹)中外日報「思いこもる品々」
一・二七 (紹)朝日新聞「韓国食生活史」
一・二八 (紹)日本経済新聞「西洋の支配とアジア」
一月号 (紹)朝日新聞「環」vol. 4
(書)月刊言語「言語帝国主義とは何か」（暮沢剛巳）
一月号 (書)中央公論「リオリエント」（渡辺利夫）
一月号 (記)短歌研究 鶴見和子の歌（小見山輝選）

お詫びと訂正

本誌三月号四頁一段目一行目に次のような誤りがありました。謹んでお詫び申し上げます。

誤 夢想 → 正 着想

◎リレー連載・古本屋風情⑮

今に合った〝古いもの〟を

――東京・神田 巌南堂書店――

数多くの古書店が軒を連ねる靖国通りを一本入ったさくら通り沿いに店を構える巌南堂書店は、そのガラス張りの近代的な店舗からは想像できないほど創業は古く、昭和十二年に先代の西塚定一《さだいち》氏が、当時可愛がってもらっていた巌松堂書店の主人から「巌」の一字を譲り受け独立したのが始まりである。

現在の店主は先代のご子息である二代目の定雄《さだお》氏。そして、二年前に店に入った三代目の定人《さだと》氏がそれを支える。扱っている分野は法律書、歴史・郷土史料が専門。天井の高い店内に棚ごとに分類され整然と並ぶ約二〇万冊ものその品揃えの中でも郷土史料の充実ぶりには目を見張るものがあり、それを目当てに足繁く通う研究者や専門家、歴史作家なども多い。

しかし、今やクリックひとつであらゆる情報を画面に呼び出せ、そこから必要な部分だけを印刷できてしまえるご時勢。史料を専門に扱う巌南堂書店にとっても、やはりその影響は大きいが、それでも、扱う分野を変えるつもりはないと言う。

「歴史があるからこそ今の私たちがあるのだし、私たちが生きている限りは史料がなくなることはないから」というのがその理由である。「確かに手軽で便利なものが他にあるのだろうけども、ここに置いてある史料には、その中で書かれている内容には勿論、そのものにも歴史が刻み込まれている。本そのものに触れ、匂いを嗅ぎ、染みを見詰め、身体的に歴史を感じ取る。人からそういう感覚がなくなってしまったら、人じゃなくなってしまうでしょ。」

そう話すのは定人氏（写真）であるが、未だ二十八歳。「神田では回りは皆自分のおしめを換えてくれたような人たちばかり。そんな中余り大きな事は言えないし、まだまだ解らないことも多いのだけども、古いものを勿論大切に踏襲しながらも、今に合った古いものを探してゆきたい。そして、今の皆が先へ先へと急ごうとする風潮に対して、その足元を固め直す為にも、この一軒の古本屋でバランスの一端を少しでも担ってゆくことができればと思いますよ。」

（記・溝尻敬）

（東京都千代田区神田神保町二の一三の一／〇三―三二六二―七二三三）

4月の新刊

学芸総合誌・季刊
『環　歴史・環境・文明』　第五号　＊
特集・国家とは何か
菊大変型判　四〇〇頁　二〇〇〇円

「循環型社会」を問う　＊
（生命・技術・経済）
エントロピー学会編
責任編集＝井野博満・藤田祐幸
菊変型判　二八〇頁　二二〇〇円

アジアの内発的発展　＊
西川潤編
四六上製　三二八頁　二五〇〇円

新版　女性史は可能か　＊
M・ペロー編／杉村和子・志賀亮一監訳
四六判　四五〇頁　三六〇〇円

5月以降の本

タイトルは仮題

ニコライ二世（仮）　＊
（中断された変革への移行）
H・カレール＝ダンコース／谷口侑訳

転換期の巨人・南方熊楠　＊
鶴見和子

内田義彦セレクション4
日本を考える　＊
内田義彦

新版　新しい世界史　＊
（世界で子供たちに歴史はどう語られているか）
M・フェロー／大野一道訳

回生（鶴見和子の世界）
藤原ビデオ

作家の戦中日記　上・下
野間宏

3月の新刊

別冊『環』❷
大学革命　＊
多田富雄・榊原英資・川勝平太他
菊大変型判　二五六頁　一八〇〇円

新しい学（21世紀の脱＝社会科学）　＊
I・ウォーラーステイン／山下範久訳
A5上製　四六四頁　四八〇〇円

女の歴史　I　古代②　＊　完結
デュビィ＋ペロー監修／杉村・志賀監訳
A5上製　四八八頁　六八〇〇円

京色のなかで　＊
岡部伊都子
四六上製　二四〇頁　一八〇〇円

好評既刊書

「東アジアの火薬庫」中台関係と日本
丸山勝＋山本勲
四六判　二六四頁　二二〇〇円

女教祖の誕生
（「如来教」の祖・媹姾如来喜之）
浅野美和子
四六上製　四三二頁　三九〇〇円

信用の理論的研究
飯田繁
A5上製　五〇四頁　八八〇〇円

雑誌（年二回行）
『環境ホルモン　文明・社会・生命』創刊号
特集・性のカオス
A5判　三一二頁　三六〇〇円

学芸総合誌・季刊
『環　歴史・環境・文明』　第四号
特集・日本語論
菊大変型判　三八四頁　二〇〇〇円

新・古代出雲史
（『出雲国風土記』再考）
関和彦／写真・久田博幸
菊大変型判　二三二頁　二八〇〇円

＊の商品は今号に紹介記事を掲載しております。併せてご覧戴ければ幸いです。

書店様へ

▼いつもお世話になっております。▼お蔭様で、学芸総合誌・季刊『環』は今月刊行の第五号（**特集「国家とは何か」**）で、創刊一周年を迎えることができました。書店様のお力添えの賜物、誠にありがとうございます。この間に本誌四冊と別冊二冊を刊行しました。バックナンバーを棚に是非、お揃えください。また、別冊②の『**大学革命**』、年度初めのこの時期、学生の皆様にもお薦めください。▼一月刊雑誌『**環境ホルモン**』は、新聞各紙で創刊が紹介され、売行好調です。七日には創刊記念のシンポジウムを開催しました。数多くの参加お申し込みをいただき、この問題の関心の高さを改めて実感しています。▼先月、完結の『**女の歴史**』（全五巻10分冊・別巻二）にあわせ、『**女性史は可能か**』新版で復刊いたしました。併せてご拡販ください。

東京国際ブックフェア・シンポ

「朝鮮半島と『日本』の関係を捉え返す」

——網野善彦著『「日本」とは何か』をめぐって——

〈パネラー〉
高銀《コウン》（韓国の詩人・思想家）
渡辺京二（日本思想史）
赤坂憲雄（民俗学）
（司会）**姜尚中**（政治思想）

〈日　時〉二〇〇一年四月二〇日（金）午後五時半開場／午後六時開会
〈場　所〉東京ビッグサイト会議棟（臨海新都心・江東区有明）
〈定　員〉一〇〇名（先着順）
〈参加費〉千円
＊希望者は小社まで電話でお申込み下さい。
＊予定パネラーの網野善彦氏はやむなき事情により欠席。変更させて戴きます。

●ご案内●

▼ホームページURLは次の通り。http://www.fujiwara-shoten.co.jp/
▼小誌購読料は、一年分二〇〇〇円です。ご希望の方は必要事項をご記入の上左記口座番号までご送金いただければ幸いです。
振替・00160-4-17013　藤原書店

●五月号予告●

ロシアの改革とニコライ二世　H・カレール＝ダンコース
女性史を書くとは　M・ペロー
南方熊楠とわたし　鶴見和子
内田義彦とわたし　福田歓一
有明海問題の真相　広松　伝
バルザックがおもしろい 29　鈴村和成
いのちの叫び 33　金任順
〔連載〕吉増剛造・岡部伊都子・寺田博・一海知義・久田博幸
・タイトルは仮題

スタッフ募集

応募資格
▼年齢・性別・学歴不問（来春卒業者可）
▼知力・体力・気力に自信のある人
▼英・仏語他外国語堪能者優遇
・**職種**
▼編集／営業
・**提出書類（郵送）**
▼作文「出版と私」（二〇〇〇字）
▼履歴書（写真貼付）
・**〆切**
▼四月二五日（消印有効）
＊選考の上、試験日を通知します。

出版随想

▼先日、京にお住いの岡部伊都子さん宅を訪ねた時のこと。近著『思いこもる品々』の表紙に使った水仙の写真を絵と間違う方がいたことを話すと、「あの水仙はね。年に一度岩壁に咲く花で、わたくしの友人から毎年頂くんよ。」と岡部さん。「そこらで売ってる（商品として温室で栽培されている）ものとは、力が違う、勢いが違うの。内から湧き上がってくる力があるんよね。」と。正直、はっとした。確かに、言われてみれば、口にする物は、養殖物やブロイラー物、温室促成栽培物と自然に育った物とは全然味が違うと前々から感じてはいたが、観る物に対しては、そうした感性が欠落していた。恥ずかしい限りだ。我々が、自然の緑の中に佇むと〝気〟を養われるように感じたり、野原や山に咲く花を見て美しいなあと感じるのは、その花や木々から発するエネルギーと魂が、我々を魅了して止まないからだろう。自然の中の微々たる存在にすぎない人類が、自己のエゴのために、自然破壊の限りを尽くし、大量のニセ物の人工物を生産してきた。今や人間は、その人工化合物から「しっぺ返し」を受けつつある。

▼三月末、アメリカのブッシュ大統領が、三年余前に京都で行われた地球温暖化防止のための気候変動枠組条約（京都議定書）を支持しない声明を出した、という。世界最大のCO_2排出国のアメリカが離脱すると、この「議定書」が意味をなさなくなる。その理由はともかく、指導者が範を示さず、傍若無人に振舞うとどうなるかは、これまでの歴史が教えてくれる。（亮）